国家社会科学基金项目"中国GDP核算误差
订及其影响机制研究"（12CTJ015）
中央高校基本科研业务费项目"'双循环'机
经济增长质量提升研究"（2072021091）

Feasibility Analysis on
Quality Assessment for
Chinese GDP Statistics

中国GDP数据
质量评估的可行性研究

王 华◎著

经济管理出版社
ECONOMY & MANAGEMENT PUBLISHING HOUSE

图书在版编目（CIP）数据

中国 GDP 数据质量评估的可行性研究/王华著 . —北京：经济管理出版社，2022.12
ISBN 978-7-5096-8898-4

Ⅰ.①中…　Ⅱ.①王…　Ⅲ.①国内生产总值—国民经济核算—研究—中国　Ⅳ.①F222.33

中国版本图书馆 CIP 数据核字（2022）第 250855 号

组稿编辑：何　蒂
责任编辑：何　蒂
责任印制：许　艳
责任校对：张晓燕

出版发行：经济管理出版社
　　　　　（北京市海淀区北蜂窝 8 号中雅大厦 A 座 11 层　100038）
网　　址：www. E-mp. com. cn
电　　话：（010）51915602
印　　刷：唐山玺诚印务有限公司
经　　销：新华书店
开　　本：720mm×1000mm/16
印　　张：13.5
字　　数：211 千字
版　　次：2022 年 12 月第 1 版　　2022 年 12 月第 1 次印刷
书　　号：ISBN 978-7-5096-8898-4
定　　价：88.00 元

前　言

从很多方面看，关于宏观经济统计数据质量的评估研究似乎都已是"夕阳产业"了。

本书选题接续笔者和金勇进教授于 2010 年出版的专著《统计数据质量评估：误差效应分析与用户满意度测评》，可视为对该领域第三种研究范式（也可谓国内主流范式）的考察。2010 年至今，伴随中国宏观经济的跌宕起伏，政府绩效考核标准合理转向，政府统计管理体制应实而变，GDP 指标已从万众瞩目到终于"走下神坛"。彼时颇具重要性的研究议题（如 GDP 数据质量评估），如今却显得有些不合时宜了。不仅如此，单就经济统计的专业性而言，所谓第三种"范式"的 GDP 数据质量评估（方法），与 GDP 核算标准及其统计实践并无太多实质关联，评估过程既因自身局限而难免错讹，易于导致误读误判者所在多有，更遑论让评估结果发挥其现实指导价值了。本书研究进展至中段时，笔者对此种范式的有效性已经偏向悲观，自觉其适用性不足了——这也正是书题中关键词"可行性"的思想来源，笔者其实更多意指其不可行性。

然而在另一方面，我们又必须体认到，国内针对 GDP 数据质量的量化评估研究实际发轫于主流经济学界，而非经济统计学界，关于 GDP 的资料来源、核算过程以及最终的数据表现，两类研究者之间可能存在一定的"知识鸿沟"——笔者曾亲见一位取得丰硕研究成果的经济学者，在得知 GDP 是由估计（而不是精确计算）得来时所表现出的讶异神情。正因如此，当一位并不精通 GDP 核算原理的"非专业"学者就 GDP 数据的异常表现提出质疑时，纯粹基于核算专业视角的解读和回应或许并不能想当然地起到答疑解惑的效果。毕竟，在中国 GDP 数据集当中显现的诸多不协调、不一致特征确为客观事实，其对经济量化分析可能造成的影响实在还难以准确估量。在此意义上，基于统计数据用户角度对 GDP 数据质量加以考察，其目的可能不（仅）在质量评估本身，而更在于对经济量化分析中基础数据的可用性进行审视，进而对量化分析结果的可靠性有所自我省察。

鉴于以上考虑，本书最终将研究目标界定为：在基础层面，对 GDP 数据质量评估研究进行方法论评判，明确已有各类评估方法对于揭示 GDP 核算误差机制及其影响效应（GDP 数据不一致性特征）的现实可行性；前已述及，这一层面的研究结果整体是偏向负面的，已有评估方法的适用性并不可观，为此进一步构建对于 GDP 核算误差的整合性估算框架，以实现对不同评估方法的功效互补以及对相关研究成果的有机融通和相互佐证，力求推动该领域研究不断取得"边际效益"。在数据应用层面，结合对 GDP 数据质量概念的解构，针对 GDP 数据集内部一致性特征（包括地区数据、部门数据、价格平减数据以及修订数据的可衔接性或协调性），以及 GDP 数据与其他相关数据之间的外部一致性特征进行分析诊断；争取立足数据用户视角，呈现 GDP 数据在时间维、空间维以及跨部门层面上的可用性。总体上，相当于是在方法论"不可行性"之外的一种应用"可行性"探索。

作为国家社会科学基金项目的资助成果，本书在研究和写作过程中得到了多方助益。课题组成员郭红丽、陶然、吕萍、范芹等给予了专业协助，庞新生、巩红禹提供了宝贵资料和交流建议，魏珊珊提供了关键的技术支持，刘乐、詹绍菓参与了数据搜集和课题结项工作，在此一并致以诚挚谢意。书稿付梓有赖经济管理出版社何蒂主任的细致审读，此中成效要归功于他们（但文责仍由笔者自负）。最后还要感谢厦门大学台湾研究院双一流经费的终极支持。

遗憾的是，本书成果的系统性和深刻性还未能达到预期。既然初衷在于求索这一领域的学术拓进，虽然时移世易，仍期待读者攻瑕指失，以利精进。

目　录

第一章　导论

第一节　研究背景

20 世纪 80 年代，中国启动建立以国民账户体系（System of National Accounts，SNA）为标准的国民经济核算体系，开展针对国内生产总值（Gross Domestic Product，GDP）指标的年度和季度的生产核算与使用核算，并于 1993 年开始正式对外发布以其为核心指标的一系列宏观经济数据，实现了从物质产品平衡表体系（System of Material Product Balances，MPS）向 SNA 体系的全面转换。同时，通过对 1952 年以来历史数据的两次重大补充，以及基于全国性普查（第三产业普查和经济普查）资料对历史数据的多次系统修订，中国 GDP 数据序列在（资料来源与覆盖范围的）完整性、（跨部门和跨时期的）可比性、适用性等方面逐渐趋于优化。政府统计部门致力于推动统计数据发布制度与国际标准相对接，GDP 数据发布的及时性和透明度也得以不断提升。

然而，中国 GDP 核算存在明显的"路径依赖"。受以往计划经济体制与 MPS 核算体系的影响，在很长一段时间内，中国 GDP 核算方法的合理性与核算结果的准确性并不能令人完全信服。以世界银行为代表的国际组织，认为中国统计体系在基本概念、调整范围、调查方法等方面存在很大缺陷，导致中国官方公布的 GDP 总量数据被低估，而 GDP 增长速度则被高估。世界银行在其 1994 年发表的专题报告中，将中国官方 1992 年 GDP 数据大幅上调了 34.3%，并以此为依据，对 1992~1997 年中国人均 GDP 数据都进行了相应上调（Keidel，1994）；直到 1998 年，才又重新采纳了中国官方的数据（许宪春，1999）。联合国国际比较项目（International Comparison Program，ICP）于 2001 年编制的第 6 版宾州世界表（Penn World Table），则采纳了 Maddison（1998）关于中国 GDP 的估算数据，而后者将 1978~1995 年中国的年均实际 GDP 增长率下调了 2.39 个百分点（Holz，2006a）。

同一时期，在地区 GDP 核算中存在的问题也开始受到各界关注。自 1997 年起全国各省份地区生产总值的汇总结果持续超过国家层面的 GDP 核算结果，差异率长期维持在 10% 上下，2004 年甚至接近 20%；地区生产总值增长率的加权平均值同样普遍超过国家层面的 GDP 增长率，21 世纪以来这种差异一直稳定在 2.5 个百分点以上，2013 年之后才显现减少趋势（具体可参见后文第三章第四节的分析）。虽然 GDP 分级核算会造成一定程度的跨省域重复核算，但长时间、大幅度的地区数据高估，还是暴露了地区 GDP 核算过程中的各种潜在干扰因素，显示地区 GDP 核算方法的不尽合理，引发了社会各界的多重负面解读。

中国 GDP 数据与其他相关统计数据之间也存在明显的不协调现象。2001 年，美国经济学家 Rawski 发文《中国的 GDP 统计出了什么问题?》，指出 1997~2000 年中国 GDP 的高速增长明显背离了能源消耗、城镇就业、消费者价格指数等指标的走势，与现实不符，并将 1998 年的 GDP 增长率由官方的 7.8% 大幅下调为 2.2%。"一石激起千层浪"，该文在国内外引起强烈反响，更成为之后相关各界对中国 GDP 数据进行交叉检验的一个可行"范本"。2007 年，时任辽宁省委书记的李克强在谈及跟踪省域经济动向时，也主张用电力消费量、铁路货运量和银行贷款发放额替代 GDP 指标，以挤掉统计数据中的水分。综合这三项指标，英国《经济学人》杂志编制了所谓的"克强指数"（Li Keqiang Index），发现其与官方 GDP 数据的总体走势一致，但波动幅度却远大于后者；鉴于三项指标更具真实性，认为"克强指数"比官方 GDP 数据更能反映中国经济的现实状况。

随着围绕中国 GDP 数据质量①的相关负面证据被不断披露，来自外界的批评之声亦不绝于耳，中国政府统计的公信力遭受到普遍质疑。尽管如此，一个别具意味的现象却是，GDP 指标丝毫不减其在国内外各个领域中的受关注程度和被采用程度，并以其极高的知名度（虽然未必是美誉度）进入了民众的认知范围；每逢官方 GDP 数据发布，也都毫无例外地会成为媒体热议的话题。尤其在经济管理学界，GDP 仍然是经验研究中最为核心的指标，官方数据也仍然是相关研究中主要的（甚至是唯一的）数据来源。实可谓"责之深"却又"爱之切"。

之所以出现如此矛盾的现象，原因既在于 GDP 指标本身的信息价值不容忽视——作为"20 世纪最伟大的发明"之一，GDP 在反映经济总量方面的功能是其他指标所无法替代的；也在于针对中国 GDP 数据质量的质疑与批评，其背后的方法逻辑往往不够严谨，结果的可信度并不高。政府统计部门旨在增进数据质量的一系列制度改良②以及对于数据质量状况的公开诠释③，虽然无法有效降低公众疑虑，但至少在其基础数据的充足性与权威性方面有所立基，作为国家层面GDP 核算主体的国家统计局没有数据造假的主观动机也为各界公认。与之相比，统计系统外部相关主体（主要是学者和新闻媒体）不断从 GDP 及其相关指标数据中发现逻辑"漏洞"，但在进行交叉检验乃至生成替代性数据序列时仍高度依赖政府统计的系列指标和基础数据，且（因基础数据掌握程度的不完备）需建立诸多不尽合理的研究假设，具体检验（评估）方法的科学性在学界内部亦未能形成共识；即使得以提供显性的评估成果，也难以保障其可靠性与可用性。

总体而言，针对中国 GDP 数据的质量状况提出质疑与批评相对容易，但若要对 GDP 数据中的具体误差水平（或真实的 GDP 水平）给出准确评估却异常困难。正如任若恩（2002）认为 Rawski（2001）关于中国经济的"低增长猜想"正确地提出了问题，但却给出了错误（不可信）的答案。即便是如 Maddison 这

---

① "统计数据质量"是一个多维度的概念，针对"GDP 数据质量"，已有的研究文献与媒体评论主要关注于其中的"准确性"特征，也被称为"可靠性""真实性"或"可信度"。

② 例如，中国政府统计体系着力推进统计立法与执法，推行垂直化管理，不断改进资料采集与核算方法；并于 2002 年加入由国际货币基金组织出台的《数据公布通用系统》（General Data Dissemination Systems，GDDS），于 2015 年采纳《数据公布特殊标准》（Special Data Dissemination Standards，SDDS），以提升统计核算过程的规范性与透明度。

③ 例如，政府统计部门加强关于宏观经济数据的统计核算方法的知识普及、设立统计开放日、针对特定统计事件（通常表现为社会公众对数据质量的质疑）给予专业性回应等。

样终身致力于在世界范围内、上千年时间跨度下进行经济统计与跨国比较的著名经济计量史学家，其对中国经济增长的估算结果也受到了多方的批评（Holz，2006a；许宪春，2016）。Holz（2014）总结指出，1998 年以来旨在揭示中国国家层面数据造假的企图从未成功。时至今日，到底中国 GDP 数据中的质量问题有多严重，其实际的可用性有多大？是否存在更为科学、合理的方法，可据以得到对中国 GDP（增长率）的更准确的估算结果？都仍然是未解的难题。

第二节　研究目标

任何关于中国 GDP 数据质量的评估研究，其最理想的成果应是能对中国官方 GDP 核算结果中的误差结构与误差水平进行"精确"测算，并给出可予替代官方数据序列的"真实"结果。这其中涉及两项关键因素：核算客体确实存在（从而有可能加以客观测量和反映）以及测量数据易于获取。然而，由于 GDP 核算本身涉及对社会经济现实的复杂定义，经济统计活动（技术）也具有极大的不确定性，不论是从理论上还是从方法论上看，所谓的"真实"GDP 结果并不是独立于经济统计活动之外的客观存在；同时，可用以核算国家范围 GDP 的所有微观数据，其对外的公开程度也非常有限。因此，来自政府统计系统外部的学术主体在进行 GDP 数据质量评估研究时，实际无法确立任何客观的评判标准，也难以获取和利用必要的微观数据。在检验并揭示官方数据中的逻辑漏洞之外，对于所有"建设性"的评估实践，都不可能苛求其实现对官方数据序列的完全替代。

针对包括 GDP 在内的宏观经济统计数据，郭红丽和王华（2011）曾指出，已有的质量评估研究均无法依照数据"准确性"的严格定义来展开，只能采取替代性做法，即针对待评估指标与参照指标之间的"一致性"[①] 进行检验，将待

---

① 根据当前统计界的理解，一致性（Coherence/Consistency）反映数据之间逻辑关联及相互符合的程度，其包含四个重要的子维度：即在数据集内、跨数据集、跨时期以及跨区域的一致性（OECD，2003），同时也涵盖了可比性（Comparability）与可衔接性的概念内涵。

评估指标与参照指标之间的一致性作为评判前者准确性的前提基础。事实上，中国 GDP 国家数据与地区数据的无法衔接，GDP 数据与其他相关指标数据的不协调，也恰恰都是关于指标数据一致性（而非准确性）的直接证据。虽然一致性与准确性两者在统计数据质量的意涵上并不等同，但就中国 GDP 数据集的现实质量状况进行考察，前者显然是后者的必要条件——至少在现实条件下，可以将统计数据之间的一致性视为满足良好质量标准的先决要素。从 GDP 数据在经济数量分析中承担的功能来看，以其为核心的一系列统计指标之间的一致性特征所能产生的影响，相比准确性而言也会更为显著和深刻。

基于上述考虑，本书的研究目标为：在对已有研究文献进行系统梳理的基础上，一方面从整体层面对 GDP 数据质量评估的方法论进行探讨，考察各类评估方法对于揭示 GDP 核算误差机制及其影响效应（GDP 数据不一致性特征）的现实可行性；另一方面则直接针对官方统计数据的一致性特征进行分析，考察地区间数据衔接调整和官方数据修订的合理性及其对 GDP 数据现实适用性的影响；通过两相综合比较，最终判定中国 GDP 数据的现实质量特征。更具体地，本书将 GDP 数据质量问题归结为在特定误差发生机制下 GDP 核算结果在时间维和空间维上的"联动"特征；虽然无法对 GDP 核算过程的各个环节（的误差效应）进行细部审视，但可以从数据用户的立场出发，以其对 GDP 数据适用性的要求为基准，重点对时间维和空间维上 GDP 数据的一致性表现加以评判。

第三节　研究内容与结构安排

围绕预期研究目标，本书研究内容主要包括彼此关联的三个部分：一是对中国 GDP 核算制度及其核算误差发生机制进行考察，借助若干量化方法呈现 GDP 核算误差的特征事实，以此为后文相关研究奠定必要基础。二是探讨两类通行评估方法（指标重构方法与计量模型方法）在 GDP 数据质量评估中的实践功效，揭示两类方法对 GDP 核算误差机制的切实反映能力；进而构造针对 GDP 核算误差的整合性的估算框架，以促成不同评估方法的功效互补。三是针对 GDP 官方数据中存在的两种不一致特征（地区差异以及由历史修订造成的系统差异），通过分析利用不同方法对 GDP 地区数据进行衔接调整的有效性，以及 GDP 历史数据修订可能造成的影响效应，反向呈现中国 GDP 核算误差的现实影响机制。本书具体遵循的技术路线如图 1-1 所示。

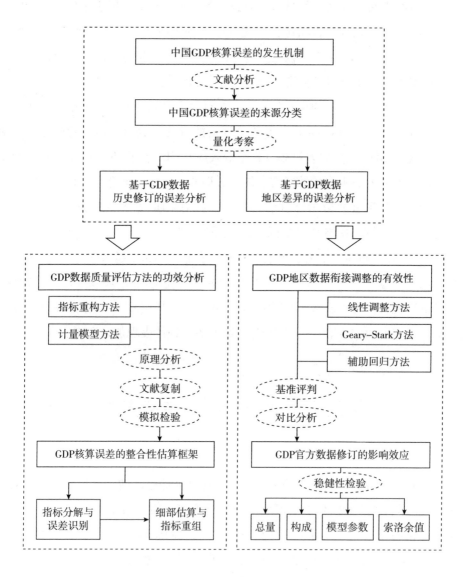

图 1-1　本书研究技术路线

实际结构安排如下：第二章为研究综述。针对中国 GDP 数据质量评估的定量研究成果进行梳理和总结，识别出已有研究中几类不同的方法逻辑和研究脉络；从评估内容、评估方法、评估结果等不同层面进行综合对比分析，揭示现有研究中存在的问题，进一步明确本书研究的着力点。

第三章主要考察中国 GDP 核算误差的发生机制。根据已有研究所揭示的中国 GDP 数据中的误差表现，结合对于中国 GDP 核算方法制度的合宜性的分析，提出关于 GDP 核算误差发生机制的若干假设；基于 GDP 数据的历史修订与地区差异情况，依照反事实分析的推理逻辑，考察 GDP 核算误差的特征事实，探讨其中设计误差（包括覆盖误差与估算误差）与操作误差的发生机制和影响模式。

第四章针对 GDP 数据质量评估中最典型方法——指标重构方法——的原理与功效进行分析和比较；基于第三章对于 GDP 核算误差发生机制的设定，分析指标重构方法（具体又可区分为物量指数外推法和价格指数缩减法）能否有效揭示 GDP 核算误差的成因，能否准确反映 GDP 数据的质量水准。结果表明，虽然该类方法在构造基准指标时仍然存在很多缺陷，但其评估功效还是值得肯定的。

第五章针对计量模型方法在 GDP 数据质量评估方面的原理与功效进行分析。通过方法原理解析以及基于 GDP 核算误差机制设定的模拟检验，结果表明，计量模型方法（具体又可区分为基于计量模型的参数可靠性分析方法与异常数值识别方法）的评估功效非常有限，不足以揭示有关 GDP 数据质量的大部分问题，因而其评估结果的可用性不大。

第六章专门探讨基于指标重构方法的 GDP 核算误差估算框架的构建思路和原理，以期推进该领域研究的体系化，提供对现有研究进行整合和提升的基础框架。该框架满足理论基础可靠性、技术可行性、问题可辨识性以及系统兼容性等要求，为该领域研究成果的系统整合以及对于中国统计实践的指导价值的切实发挥提供了稳健的方法平台。

第七章针对中国 GDP 地区数据的衔接问题，对各种可行方法的合理性和适用性进行深入探讨，尝试据此建立当下最合宜的衔接方法（体系）。结果表明，以总量一致、结构稳定、比例协调、细部优先、序列连贯等标准加以考察，现有方法往往只能满足其中部分标准，难免存在不尽人意之处，衔接结果的可靠性因而不易保障；相对而言，基于面板数据模型的衔接调整方法具有更好的适用性。

第八章以全要素生产率测算作为综合性的考察对象，分析 GDP 官方数据的历史修订所能造成的影响效应。结果表明，国家统计局依据 SNA2008 的研发资本化核算标准对 GDP 和固定资本形成历史数据所进行的系统修订，对于全要素生产率的相关测算结果仅产生了较低程度的、不尽稳定的影响；从长期来看，数据修订的影响效应并不显著。

第九章针对中国 GDP 数据中的多项内部一致性特征进行考察分析，具体包括分部门不变价 GDP 数据序列的可衔接性及其对于产业结构的反映准确度、GDP 增长率修订数据的因素构成及其潜在的可靠性，以及地区 GDP 数据官方修订的时空模式及其因素构成。结果表明，在现有 GDP 数据集中，仍然表现出或多或少的不一致性，可能会对整体 GDP 数据质量造成一定的负面影响。

第十章为总结部分，同时对中国官方统计数据（GDP 数据）质量问题的体制因素和社会因素进行分析，探讨在非技术层面的问题解决路径。

第四节　研究创新

相对于该领域的已有文献成果，本书研究的贡献和创新主要体现在以下几个方面：

第一，对中国 GDP 核算误差的发生机制从整体层面给出了一系列显性假设，据此确立了对 GDP 数据质量评估功效的评判标准。以往研究或者局限于对 GDP 核算误差细部（制度或技术）因素的讨论，却无法对整体误差特征给予明确判定；或者纯粹以计量模型等方法来评估 GDP 数据的一致性表现，却忽视其潜在的数据生成机制，因而相关研究成果的实际指向性都有所缺失。

第二，对中国 GDP 数据质量评估中的两类典型方法（即指标重构方法和计量模型方法）的实际功效进行了分析检验。以往研究由于缺乏对 GDP 核算误差机制的显性认知，评估结果的功效实际不得而知，也难以相互佐证，其方法论探索的意义往往大于数据评估的意义。借助功效分析，可以对不同研究的实践价值予以深刻检视，避免对各类评估方法的误用和对其评估结果的误读。

第三，构建了一个 GDP 核算误差的整合性估算框架，提供了从指标"解构"到"重构"的系统路径，有助于 GDP 数据质量评估任务的分解与整合。基于此框架，可以实现对不同评估方法的功效互补以及对相关研究成果的有机融通和相互佐证，切实推动该领域研究不断取得"边际效益"，并最终累积生成具有实际价值的研究成果。

第四，提供了一种关于中国 GDP 数据质量问题的新认知模式，即不再单纯追求从技术层面进行误差水平的"精确"测算和对官方数据序列的替代，而是以统计数据用户的需求为导引探讨 GDP 数据质量改进的可能方向。具体则是开展了对地区 GDP 数据的衔接实验，从中探讨不同衔接方法的有效性；并对官方数据修订的影响效应进行评估，从而反证 GDP 数据对用户需求的满足程度。

第二章 文献综述

随着中国国民经济核算体系由 MPS 体系转向 SNA 体系，并对外发布 GDP 数据，其 GDP 核算的具体方法与制度缺陷开始备受国内外经济统计学界的关注，关于 GDP 数据质量的评估研究也陆续涌现。本章主要针对该领域的定量研究成果进行梳理和总结，以此呈现不同的方法逻辑与研究脉络。

第一节 针对 GDP 总量及其增长率
数据的独立估算

国外学界较早就注意到中国 GDP 生产核算过程中对于"非物质""非生产"性服务部门产出贡献的低估，以及在计算经济增长率时采用"可比价格"方法对价格变动的低估。出于国际比较的目的，遵循 SNA 核算规则重构 GDP（或部门增加值）及其增长率数据，由此得到独立于官方数据的估算结果，并以之作为评判中国官方 GDP 数据准确性的参照标准。国外学界的研究结果一致表明，中国官方 GDP 数据中存在明显的核算误差，其绝对水平被系统低估，而增长率则被持续高估。

Keidel（1994）较早地开展了对中国 GDP 的估算与调整。Keidel 指出，中国的 GDP 核算结果由于统计覆盖范围的不足和价格体系的不合理而存在低估，具体包括因低估耕地面积而导致粮食和蔬菜产量被低估，因遗漏较大规模的非正规经济和地下经济而导致农村工业和服务业企业的产出被低估，因对公共商品和服务估价过低而导致城镇和乡村的住房支出被低估等。在具体的范围调整中，Kei-del 将 1992 年农业部门中粮食和蔬菜的产出价值分别调高了 10% 和 30%，将农村工业和服务业的产出分别调高了 10%~15% 和 50%~60%，将住房服务支出调高了 40%。在估价调整中，通过提高住房和其他房地产业的价格，降低除纺织业以外其他消费品制造业的价格，再利用 1987 年投入产出表将 GDP 上调了 18.3%。世界银行根据 Keidel（1994）的研究对中国官方 1992 年的 GDP 数据进行了大幅上调，综合调整比率达到 34.3%（许宪春，1999）。

Maddison（1998）基于类似考虑，对 1952~1995 年中国三大部门的增加值分别进行估算，据此重构不变价 GDP 数据序列。针对农业部门，利用联合国粮农组织和中国国家统计局的基础数据资料，分别估算 6 个基准年份中 125 种农牧业产品的产出与中间投入，并插补得到农牧业的不变价增加值序列。针对工业部门，直接采用伍晓鹰（Wu，1997）的估算结果，利用官方基础数据分别建立 17 个工业行业的产出物量指数，再根据 1987 年投入产出表中各行业的增加值数据加权汇总得到整个工业部门的不变价增加值序列。针对第三产业中的"非生产性"服务业部门，Maddison 认为中国的 GDP 核算大大低估了住房服务和军事支出，也可能遗漏了国有单位为职工免费提供的福利，基于此将该部门在基准年份 1987 年的增加值上调了 1/3，并以该部门就业人数的变化来反映实际增加值的增长。再结合国民经济其他部门的官方数据，最终估算得到 GDP 的年均增长率在 1952~1978 年为 4.4%，1978~1995 年为 7.5%，均明显低于官方的相应数值 6.1% 和 9.9%。Maddison 和 Wu（2008）又进一步将几类项目的估算更新到了 2003 年。

Wu（1997，2002，2013）专门对中国工业部门的增加值数据序列进行了跟踪估算。在 Wu（1997）估算的基础上，Wu（2002）对其基础数据来源以及估算的时间范围进行了扩充。Wu 具体利用《中国工业统计年鉴》、日本一桥大学经济研究所（IER）的"战后中国工业价格数据库"等提供的 163 种工业产品的产量和价格数据，建立 1949~1997 年 17 个工业行业的（基于 1987 年价格）产出物量指数；进而根据 1987 年中国投入产出表中提供的各行业当年增加值数据，加权汇总得到整个工业部门的不变价增加值序列。估算结果表明，工业增加值的年均实际增长率在计划经济时期（1949～1978 年）为 10.3%，在改革时期（1978～1997 年）则为 8.7%，同样均低于官方统计结果的 11.5% 和 12.0%。Wu 据此认为官方统计数据高估了中国工业的增长速度，其原因主要在于官方采用苏联式"可比价格"体系所造成的价格缩减不足效应，以及企业和地方对于工业产值数据的虚报。

Wu（2013）进一步指出，在利用单一标准价格权重来构造物量指数、以重构中国工业增长率数据序列时，存在替代性偏差以及增加值率固定不变的缺陷，因此断定 Maddison 和 Wu（2008）的估算存在上偏误差；而通过引入 2002 年和 2007 年的投入产出表与价格权重，可以更好地反映中国在加入 WTO 以后基于市场定价与自由政策环境的相关变动情况。最终估算得到中国工业增加值的年均实际增长率在 1952～1977 年为 9.1%，在 1978～2012 年为 7.1%，而官方估计值则分别为 11.3% 和 11.5%。该结果仍然表明官方数据高估了中国 GDP（工业增加值）的增长率，同时还确证了 Maddison 和 Wu（2008）的观点，认为官方数据更倾向于对增长率序列中表现的波动予以平滑化处理。

与上述研究对各部门产出中实物量（变动）的强调相比，另一类研究更加关注于不同年份名义产出中的价格变动因素。任若恩（Ren，1997）接受中国官方现价 GDP 的核算结果，但认为在估算 GDP 增长率时所采用的"可比价格法"与国际上广泛使用的生产指数法和价格指数缩减法并不接轨，官方发布的增长率数据可能存在上偏误差。针对 1985～1994 年三大产业的现价增加值序列，Ren 分别选取农业与副业产品的购买价格指数、工业产品的生产者价格指数以及居民消费价格指数内的服务性专门指数进行价格缩减，从而得到以不变价格估计的各产业增加值（进而 GDP）的时间序列。估算结果表明，研究期间的 GDP 年均增长率为 6%，而官方的相应结果则为 9.8%。

以 Ren（1997）的估算为基础，Movshuk（2002）又综合了 7 个主要部门的价格指数对 GDP 进行缩减，发现 1991～1999 年官方隐含的 GDP 缩减指数因低估真实的价格变动，导致每年的实际 GDP 增长率被高估了大约 2 个百分点，而在 1993～1995 年的高估尤其明显。Young（2000，2003）则将 GDP 拆分为 6 个产业部门，并应用双缩法对各部门的总产值和中间投入分别进行价格缩减，最终得到 1978～1998 年 GDP 年均增长率的估算结果为 7.2%（同期官方数值为 9.1%），略低于应用 Ren（1997）方法（三部门单缩法）得到的结果。

Keidel（2001）针对支出法 GDP 的各个组成部分进行了价格缩减，其中对城镇和农村居民消费应用的价格缩减指数分别为城镇和农村消费者价格指数（Consumer Price Index，CPI），对政府消费应用全国 CPI，对资本形成应用官方的投资缩减指数，对贸易余额则应用的是零售价格指数（Retail Price Index，RPI）。估算结果表明，支出法 GDP 的年均实际增长率低于官方生产法 GDP 的增长率。[1] 但环比的增长率序列表现出较大的波动性，有些年份的估算结果低于相应的官方数值，有些年份则又高于官方数值，例如 1989 年的增长率为-2.5%，比官方公布的结果 4.1%低出了 6.7 个百分点，1997~1999 年的增长率也显著低于官方结果，而 1990 年和 2000 年的增长率回升程度又都高于官方数值。Keidel（2001）认为造成这些差异的原因主要在于研究中采用的价格指数与官方 GDP 数据中隐含的价格缩减指数有所不同。

第二节　针对 GDP 数据可信度的交叉检验

评估中国 GDP 数据质量的另一方法脉络，是依据宏观经济指标之间"应当"存在的相关性，以其他相关指标（的线性组合）作为参照基准，对 GDP 的变动趋势进行交叉检验。如果两者之间出现明显背离，则判定 GDP 数据不准确、不可信。具体可用的方法，则包括对相关指标之间短期变动趋势的直接比对，以及借助计量经济模型对一系列指标之间长期变动趋势的系统考察。

在相关研究中，能源消费增长率的参照价值被给予高度关注（Chern and James，1988）。Rawski（1993）较早注意到中国生产率数据与能源消费统计中存在许多不协调之处，主张应该深入研究中国是如何统计能源消费实物量的，并以此作为评估"实际" GDP 增长率的一种途径。进而 Rawski（2001）发现，1997~2000 年中国实际 GDP 累计增长 24.7%，同期能源消耗却下降了 12.8%，

---

[1] 中国官方没有正式公布按支出法计算的 GDP 增长率。

这意味着在此期间单位 GDP 的能源消耗下降了 30%——这似乎是不可能的，因为能源效率的快速增长并不是中国经济的特点，甚至于在 1997~1998 年热电、焦炭、炼油等生产中能量转换的效率都是下降的；另外，1997~2000 年城镇就业人口仅增长 0.8%，而消费者价格指数则下降了 2.3%。中国经济高速增长的同时伴随能源消耗相对下降、就业人口增长缓慢、通货紧缩等现象，这表明由中国官方统计数据所宣示的经济增长明显与现实不符，因而可以判定 GDP 统计数据中存在严重的上偏误差。

孟连和王小鲁（2000）选取价格指数、工业产品产量增长率、货物运输/周转总量以及工业消费电量/工业消费综合能源量的增长率等理论上与经济总量（或工业增加值）增长速度应保持高度正相关的指标，对中国经济增长统计数据的可信度进行研究，结果发现：①1996~1998 年各种价格指数显著低于 1979~1981 年和 1989~1990 年两次经济紧缩时期，而同期 GDP 指数却高于前两个时期，大大偏离正常可能的范围。②1978~1990 年以工业产品产量估计的工业生产年平均增长率为 9.89%，比工业增加值增长率统计值 10.09%仅略低 0.2%；而 1991~1997 年工业生产年平均增长率估计值为 12.14%，比统计值 16.24%低 4.1 个百分点。③以 1991 年为转折点，工业增加值的增长明显向上偏离货物运输/周转总量以及工业消费电量/综合能源量的增长趋势——而在此之前的几十年间，三者的发展趋势基本是同步的。对于上述超常偏离或增长，难以在技术进步或生产率提高等方面找出合理的解释，因而只能将之归因于经济增长数据中存在统计误差。

作为对上述方法的技术拓展，计量模型方法得到了与常规研究反向逻辑的应用，即通过拟合计量经济模型，分析模型参数估计值在经济意义上的合宜性、跨区间的可比性与跨时期的稳定性；如果模型估计结果明显有悖于社会经济常识，则认为统计数据有误。Adams 和 Chen（1996）建立了用于估计中国能源消费对 GDP 的弹性系数的回归模型，结果表明，1978~1994 年，中国能源消费对 GDP 的弹性系数平均为 0.45，大大低于 1974~1993 年亚洲平均水平（1.12）；对于电力消费的考察发现了类似的结果，该时期中国电力消费对 GDP 的弹性系数为 0.94，而亚洲平均水平为 1.63；中国电力消费对工业 GDP 的弹性系数为 0.63，而亚洲平均水平为 1.67。由于中国自改革开放以来的经济增长带有明显的高能耗特征（大多数能源消耗工业部门增长得最快），能源使用效率一直未见明显提高，因此断定是中国官方统计夸大了中国 GDP 的增长率。

孟连和王小鲁（2000）针对 1953~1997 年工业、第三产业和 GDP 生产函数建立计量模型，区分整个样本期间、改革时期（1978~1997 年）以及"统计指标超常"时期（1992~1997 年）三个研究时期，来估计相应的综合要素生产率（也即全要素生产率）的增长率。根据工业生产函数的建模估计结果，1992~1997 年工业综合要素生产率增长率突然由前一时期的平均 2.5% 跃升至 7.3%，这很难使人信服，因为没有证据表明在此期间发生了史无前例的技术进步的加速，1992 年政策变革以及之后迅速增加的外资投入也不足以引起上述生产率的跃升；因此可以判断主要是由增长率统计的虚增所导致。对于 GDP 生产函数的建模估计结果表明，GDP 增长率统计中同样存在虚增现象，但虚增幅度要小于工业增长率虚增的幅度，这是因为第三产业增长率没有大幅度的虚增。

为了尽可能好地解释中国宏观经济活动的总体特征——GDP 增长，Klein 和 Ozmucur（2003）选取了足以覆盖能源、交通、通信、劳动力、农业、贸易、公共部门、工资、通货膨胀等各方面信息的、具有代表性的、来源相对独立的 15 个经济变量的变动率，利用 1980~2000 年的年度数据，从 15 个解释变量中提取不超过 4 个主成分（以解决解释变量间的多重共线性问题），用于对 GDP 增长率的回归方程的估计。结果表明，据此得到的变量和方程的显著性、拟合优度和残差性质等各项统计指标都很好（相关变量主成分的变动与中国实际 GDP 的变动保持一致），而由主成分还原得到的 15 个基本经济变量的变动率与中国官方统计的 GDP 增长率都保持正相关关系。由于模型参数估计结果完全符合经济规律，不能从中得出中国经济增长速度在官方统计数据中被明显高估的结论。阚里和钟笑寒（2005）、周国富和连飞（2010）、Mehrotra 和 Pääkkönen（2011）以及 Fernald 等（2013）基于同样的方法逻辑，检验了中国（地区）GDP 增长率数据的真实性，结果也都未能发现 GDP 数据失真的系统证据。

计量模型评估方法的另一种分析途径是考察以 GDP 作为被解释变量的模型拟合残差，借助各种诊断统计量识别数据集中偏差或影响较为显著的异常数值点。周建（2005）较早地将统计诊断（异常数值识别）方法应用于统计数据质量评估，其选取全社会固定资产投资增速、就业人员数增速、电力消费增速和科技拨款增速作为解释变量，建立了基于 GDP 增速的生产函数模型。通过考察当各解释变量处于某个参数水平时，它们是否能够支撑相应的 GDP 增长速度，从而判断其数据质量的高低，同时识别对模型估计有重要影响的异常数值点。通过建模估计，计算 GDP 增速的模型拟合值与实际统计值之间的百分比误差以及各类残差统计量，发现在 1978~2000 年的 23 个样本点中，只有 1984 年与 1993 年的样本点为显著的异常点；拟合误差绝对值最高为 3.7%，但大多数拟合误差绝对值都在 1%以内（占样本点总数的 73.9%）；由于模型拟合误差在可容忍的范围内，因此认为 GDP 增速的统计数据是比较可靠的。

杨冠琼（2006）利用相同方法探索典型省份 1978~2004 年经济增长数据的可信度。通过拟合地区 GDP 及三大产业增加值对于一系列解释变量的结构化计量模型，对模拟增长率和统计增长率之间的绝对误差进行分析判断，结果发现，计量模型具有较为优良的模拟与预测能力，GDP（增长率）模拟结果与统计数值之间的相对/绝对误差大多是可接受的，显现不出 GDP 自身的真实性问题；但相对于统计增长率而言，模拟增长率的波动性较大，显示前者的平稳性有经过人为"加工"处理的可能性。同时，基于各产业增加值的模型模拟结果，计算各产业增加值增长率及其加权和，也可得到 GDP 的模拟增长率，其明显高于统计增长率和其他结构模型的模拟结果，说明各产业增加值与 GDP 间应有的内在关系被破坏了，GDP 数据和各产业数据受到了人为的"污染"。

刘洪和黄燕（2007）基于 1978~2003 年 GDP 的 ARMA 模型，对 2004 年 GDP 数据的准确性进行评估，结果发现报告期的 GDP 并非异常值。刘洪和黄燕（2009）以及卢二坡和黄炳艺（2010）则通过拟合 GDP 的生产函数，利用多种诊断统计量分析各样本点对模型结果稳定性的影响，发现少数年份样本点的诊断统计量较为异常，可列为可疑数据。为改进基于计量模型的异常数值识别方法的评估效果，卢二坡和黄炳艺（2010）、卢二坡和张焕明（2011）主张采用稳健回归方法，以避免数据"污染"的不良影响；刘洪和昌先宇（2011）、刘洪和金林（2012）则致力于计量模型的结构改进，分别采用了含隐变量的状态空间模型和半参数模型，同样从 GDP 数据序列中识别出个别年份的异常情况。

第三节 针对 GDP 构成数据的评估与修订

作为一个系统性的总量指标，GDP 按照不同的核算方法可以进行不同角度的拆分，具有不同的组成结构。已有多项研究针对中国 GDP 的具体构成项目进行数据质量评估；除了前述 Wu（1997，2002，2013）对中国工业部门增加值数据序列的重构估算，还包括对行业基础数据的修订、对支出法 GDP 项目的数据重估，以及对其他相关指标数据的修订等。

Holz 和 Lin（2001）指出，中国工业统计的主要问题在于统计定义和分类标准的频繁变动。由于工业企业统计覆盖范围与分类标准的变动，工业产出时间序列在 1993 年和 1998 年存在断点，在此前后的数据不具有可比性。虽然在经济快速转型期间对统计标准的调整有其必要性，但国家统计局对于这些调整变动较少给予细致说明，也未公布可用于进行断点前后数据衔接的重叠年份的多口径数据（Szirmai et al.，2005），外部用户在数据分析中难以处理时间序列的不一致性。在此方面的具体数据修订来自陈诗一（2011）。针对 1980 年以来中国工业行业分类标准前后不匹配、工业经济指标统计口径前后不一致以及 20 世纪 80 年代分行业数据较多缺失的问题，陈诗一（2011）利用可得的官方原始数据，通过行业归并、缺失数据补充、统计口径调整以及价格平减等手段，构造了 38 个工业行业的投入产出面板统计数据库。这也是迄今为止国内针对经济统计数据重构的最大规模的单项研究。

Keidel（1994）对于中国 GDP 的调整也涉及特定的几类支出法项目：在居民消费中，认为中国统计体系低估了农民自产自用粮食的价格，将其价值上调 20%；住房服务支出存在范围和估价两方面的低估，为此调高 40%；而鉴于农村地区调查及保障资源的短缺，将农村服务支出中的人文服务和其他服务分别上调 50% 和 60%。在政府消费中，主张将企业亏损补贴处理为政府的货物和服务购买以及政府对相应接受者的分配，因为这部分政府补贴是对企业以优惠价格提供货物和服务的补偿，不应作为 GDP 的负项加以处理，为此根据中国 1987 年投入产出表中的企业亏损数据将政府消费上调7%。在资本形成总额中，认为中国对不能销售或不能按计算产出时所采用的价格销售的产出存货增加的计算存在严重的不一致性，存货增加大于采用一致性估价所应有的价值量，将存货增加下调1/3；另外，也需调整固定资本折旧率，以校正折旧费的低估，但不会影响到GDP 的数值。

针对支出法 GDP 中居民消费支出项目的估算方法，Holz（2004）考察了国家统计局在相关出版物中给出的具体说明，发现几种版本在细节上的解释并不一致，因而对消费支出数据估算程序的透明度和可靠性提出质疑。Holz 指出，1994～1996 年住户调查的执行方案发生了变化，住户调查所得数据以及由此估算的居民消费支出数据在此前后不可比；根据住户调查数据计算居民消费支出数据的方法可能经常改变，各类居民消费支出项目与相应住户调查数据之间的比率关系在各年间存在明显的波动，但其背后具体的操作规则却不清楚；由于对农村人口和城镇人口的比重计算有误，由此综合得到的整体消费支出数据存在下偏误差。鉴于以上问题的存在，Holz 认为中国居民的消费支出项目乃至整体支出法GDP 的数据质量不容乐观。

朱天和张军（2014）通过对中国官方的居民消费支出估算程序进行分析，认为官方统计数据严重低估了居民消费支出规模，并重新估算了中国的消费率（居民消费支出占 GDP 的比重）。具体采用使用者成本法重新估算居民自有住房的虚拟租金，以此替代国家统计局基于房屋建筑成本的虚拟折旧；对由公司账户付费的私人消费进行初步估算，将这部分企业公款消费计入居民实物收入以及居民消费；用资金流量表中住户部门可支配收入（减去自有住房虚拟租金后）乘以根据住户收支调查数据所得到的居民消费率重新估算（除自有住房及金融服务等以外的）居民的实际消费支出。其估算结果与 2009 年的官方居民消费支出数值相比上调了 56.9%，总消费支出上调了 41.56%，GDP 也相应上调了 11.72%。由此计算得到中国的"真实"消费率比官方公布的水平高出 10 个百分点以上，超过 GDP 的 60%，与东亚高收入经济体在其快速增长时期的消费率非常相似。

朱天等（2017）进一步考察了中国投资数据的质量，根据国家统计局公布的核算方法，对 2004～2012 年支出法 GDP 中的固定资本形成总额进行估算，所得结果比官方公布的数值多出了 64%，与全社会固定资产投资总额非常接近。据此推论，官方公布的固定资本形成总额数据是在对全社会固定资产投资总额进行大幅度"缩水"或"打折"后计算出来的，可能是直接或间接利用生产-收入法GDP数值减去最终消费支出和净出口的余项倒推而来，并非真正意义上的独立核算结果。由此，官方对于最终消费支出的低估（朱天、张军，2014）将导致对于资本形成的高估，这两个支出法项目的官方数据与真实情况相差甚远，都不宜作为经济分析、政策讨论和学术研究的依据；主张在保证生产-收入法核算的GDP总量尽可能准确的前提下，暂时不将支出法作为独立核算GDP的一个方法。

第四节 针对 GDP 数据地区差异的分解评估

长期以来，中国的GDP核算采取由国家统计局统一制定方法制度、国家与地区分级核算的方式，由此在国家GDP数据中存在的质量问题，也必然存在于地区GDP数据当中。同时，地区GDP核算结果的汇总值与国家GDP核算结果之间难免存在或多或少的差异，而现实情况则是这种差异（以下简称为"地区差异"）几乎已经成为中国GDP统计的"常态"，并被视作数据质量不佳的显性证据（Holz，2004；Koch-Weser，2013）。[1] 目前已有较多量化研究致力于探查这种地区差异的来源和结构，讨论消除地区差异的可行方法；或是针对地区层级GDP数据中可能存在的质量问题，对其可信度进行检验。

王志平（2004）对地区GDP之和与中央公布的全国GDP进行了比较，发现前者在1985~1995年一直偏低，自1996年起前者开始超过后者，且两者之间的绝对误差和相对误差都呈现出不断扩大的趋势；认为受不科学的发展观和不正确的政绩观所影响，在各地区之间存在"GDP（增幅）情结"，导致GDP核算数据的准确性得不到保障。潘振文和安玉理（2003）指出，由当时的统计管理体制所决定，各级行政区域都有核算本区域GDP的需要，而从资料来源、核算方法、

---

[1] 国家统计局自2020年起开始实施地区生产总值的统一核算改革，并基于全国经济普查结果对地区生产总值数据进行系统修订，从而实现了地区生产总值汇总数与国内生产总值数据的基本衔接。本书第九章将专门考察地区GDP数据修订的时空模式。

人员素质等各方面看，区域越小，核算的难度越大，只有国家一级才能保障国民经济核算的完整性和科学性；从生产角度和使用角度进行分解考察，发现第三产业、货物和服务净出口以及资本形成总额是造成 GDP 数据地区差异的主要原因。蔡志洲（2003）针对支出法 GDP 全国与地区数据的衔接研究发现，存货增加是几类支出法项目中地区差异最大的项目，其地区合计数值高达全国数值的 10 倍，货物和服务净出口的地区合计数值与全国数值相比误差也在 40%以上。

随着几次全国经济普查之后的资料补充与数据修订，GDP 数据地区差异的规模和结构不断有所改变。刘玮和刘迅（2008）对 2006 年生产法 GDP 数据的地区差异进行考察，发现第二、第三产业增加值的地区差异分别占到整体差异的60%和40%；而在支出法 GDP 的两组数据中，居民消费基本一致，政府消费地区合计数据高出 5%，固定资本形成总额地区合计数据高出 18%，存货增加地区合计数据是全国数据的 1.7 倍，货物和服务净流出地区合计数据仅为全国的 1/3。曾五一和薛梅林（2014）则发现第二产业（尤其是工业增加值）的地区差异是引起生产法 GDP 地区差异的主要原因。郭红丽和王华（2017）发现，GDP 数据的地区差异在 1997~2004 年有不断扩大之势，到 2004 年时相对差异率已经接近20%，此后则一直维持在 10%上下；在 1993 年全国第三产业普查至 2004 年第一次全国经济普查期间，第三产业增加值的地区差异是其主要部分，而到 2005 年以后，第二产业增加值的地区差异转而成为 GDP 地区差异的主要部分。

Ma 等（2014）分析了 2005~2011 年中国 GDP 数据和能源消费数据中的地区差异，发现第二产业是前者的最大来源，占总差异的比重平均为 77.39%，并呈现上升趋势；第三产业所占比重则从 2005 年的 33.29%显著下降到 2011 年的10.7%，研究期间平均为 22.56%。在第二产业中，工业部门又贡献了大部分的地区差异。经济普查后基于国家和地区之间统计覆盖范围不均衡而进行的数据调整，在降低第三产业部门增加值数据差异的同时，对工业部门数据差异的消除作用非常有限，反而使其（相对比重）更加凸显出来。同时通过对诸如统计覆盖率不足、数据收集方法不科学、重复核算此类技术因素的分析，认为各种技术性解释都不足以有效揭示 GDP 数据地区差异的成因。

除了探查 GDP 数据地区差异的具体结构和成因，另有部分研究则致力于对地区层级 GDP 数据的可信度进行交叉检验，并识别其中数据质量较差的特定地区。阙里和钟笑寒（2005）建立了 1984～2001 年地区 GDP 变动的平行数据模型，没有发现 GDP 数据质量存在系统、长期错误的证据，但河北、安徽、广西、河南、江西 5 个省份的固定效应显著高于除沿海 5 个省份以外的其他省份，鉴于其经济增长的"要素"优势并不突出，认为可能存在"非经济"因素对 GDP 增长数据的影响。周国富和连飞（2010）采用类似的空间面板数据模型检验 2005～2008 年地区 GDP 的可靠性，发现地区 GDP 数据整体上不存在明显的失真现象；在空间固定效应方面，显著为正的有东部沿海 7 个省份，排除经济因素和社会因素，其 GDP 数据仍有可能存在一定程度的高估；显著为负的有中西部 14 个省份，其 GDP 数据极有可能存在一定程度的低估。

张建伟等（2015）基于"克强指数"（耗电量、铁路货运量和银行贷款额的加权组合）和传统 GDP 构造了 GDP 偏离度指标（两者之间的相对偏差），以此反映地区 GDP 的可靠程度。结果发现，中国 GDP 偏离度可分为三个阶段，自 1985 年以来中国 GDP 偏离度在不断增加，特别是 2009 年之后，偏离度增长显著；长三角、京津冀、中部地区一直是偏离度较高的地区，西部四川 GDP 偏离度也开始拉大。对 GDP 偏离度建立空间计量模型，其估计结果表明国家政策、经济发展阶段以及投资对 GDP 偏离度有重要影响。

徐康宁等（2015）采用全球夜间灯光数据来测算中国的实际经济增长率，力求从一个相对客观的视角验证中国经济增长以及 GDP 统计数据的真实性。通过对 1992～2012 年中国省级面板数据的计量分析，结果显示，无论是全国整体还是各省份，研究期间实际经济增长率的平均值与官方统计数据都不完全吻合，全国整体低 1.02 个百分点，东、中、西三大区域低约 1.5～1.8 个百分点，且经济欠发达地区的差距要大于经济发达地区。剔除统计技术因素，认为存在地方 GDP 统计数据被夸大的可能性。

尽管存在上述研究成果，但对于具体哪些地区（省份）GDP 数据的质量问题更大（或更小）实际并未取得共识，这使得旨在消除 GDP 数据地区差异的衔接研究也因此缺乏可靠的参照依据。吕秋芬（2009）通过对多种数据衔接方法的比较分析，主张采用"自上而下"和"自下而上"相结合的核算方法来解决地区与国家间数据衔接的问题；利用 Geary-Stark 产出估算方法，以地区职工总人数和职工平均工资指标作为依据来分劈 2005～2007 年的国家数据，结果表明初步衔接后地区与国家数据间的差距显著缩小，但个别地区衔接前后差异较大，集中体现在北京、河北、黑龙江、海南、宁夏、新疆等地区。向书坚和柴士改（2011）利用 2005~2009 年地区与国家 GDP 数据，对于三种衔接方法（即 Geary-Stark 产出估算方法、线性调整法与辅助回归法）的效果进行比较分析，最终认为在理论上和衔接效果上辅助回归法更为可取。总体而言，由于缺乏充分可用的数据和参照信息，上述衔接研究结果的可靠性还难以保障，仅仅在方法论层次具有一定的意义。

第五节　针对 GDP 数据官方修订结果的影响评估

根据国家统计局制定的数据发布制度，年度 GDP 核算按照初步核算、初步核实和最终核实三个步骤进行，核算结果会经历两次例行修订；在此基础上，还会利用全国普查资料，对 GDP 的历史数据进行系统修订（许宪春，2002，2006a，2006b；金红，2011）。每次修订都会对 GDP 的总量、结构、增速以及与其他宏观经济指标的比例（或相关）关系造成一定影响，同时也可能暴露更多 GDP 数据的质量问题，引发相关研究对于官方数据修订合理性的检验和评估。

许宪春（2006b）对国家统计局分别于 1995 年和 2006 年发布的两次 GDP 历史数据修订结果进行了比较，其中第一次是在 1993 年全国第三产业普查后对 1978~1992 年数据的修订，第二次是在 2004 年全国经济普查后基于资料来源变化对 1993~2004 年数据的修订，以及基于核算方法变化对 1953~2004 年数据的修订。两次修订都对普查年度（1991/1992 年和 2004 年）的 GDP 总量和第三产业增加值给予了大幅上调；从普查年度向前追溯，历史时期的 GDP 修订额和修订比率基本都呈逐渐减小的趋势。相对而言，第二次历史数据修订的范围更宽，修订幅度也更大。在 2008 年第二次全国经济普查之后，国家统计局对当年 GDP 的修订比率已明显小于第一次经济普查，对于历史数据的修订也仅回溯到 2005 年。金红（2011）据此认为，由于国家统计局下大力气改进 GDP 核算的数据资料来源和核算方法，GDP 数据质量得以明显提高。

GDP 总量的修订势必会影响到以其为参照基准的相关数量分析。针对第二次历史数据的系统修订，许宪春（2006c，2006d）分析了税收收入、广义货币数量（M2）、进出口总额、能源消耗量、研发经费支出等指标与 GDP 的比率（比重）及其弹性系数所受到的影响。由于 GDP 总量数据上调，导致 1993~2004 年的上述比率和弹性系数都有所下降。基于修订前后相关经济指标取值的变化，伞峰（2006）认为我国经济结构不合理的状况有所缓解，但"双稳健"经济政策的主基调不应改变。李建军（2006）测估了 GDP 数据修订前后中国均衡货币供给水平变化与货币缺口的差异程度，发现国民经济核算漏洞（未观测经济）对经济产出的均衡水平具有明显影响，并且大部分年份的货币缺口都有所扩大；同时，未观测经济所吸收的货币规模也有逐年扩大的趋势，对货币政策决策的影响越来越大。

沈利生和王火根（2008）测算了 GDP 数据修订对于其隐含平减指数所造成的影响，并着重分析后者与居民消费价格指数和固定资产投资价格指数之间的协调关系。在 2004 年全国经济普查后的数据修订中，GDP 名义增长率的增加幅度大于实际增长率的增加幅度，意味着 GDP 的隐含平减指数也相应增大了。根据生产法和支出法 GDP 的构成，GDP 平减指数应该是三大产业部门增加值平减指数的加权和，并介于消费价格指数与固定资产投资价格指数两者之间；但从 GDP 数据修订的结果来看，居民消费价格指数和固定资产投资价格指数并未有所调整，而 GDP 平减指数的上调则导致其向上偏离了由前两者所界定的合理范围。此外，GDP 平减指数的上调主要是源于第三产业平减指数的上调，而第三产业的价格变动又应与消费价格变动有密切关系，因此反推判定，国家统计局对于第三产业平减指数和 GDP 平减指数的修订是不合理的。

郑挺国和郭辉铭（2011）则针对 GDP 数据从初步核算、初步核实到最终核实，直至经济普查后系统修订的各个环节，考察了 GDP 数据修订对于经济周期阶段性测定的动态影响。通过建立中国季度 GDP 实时数据，利用区制转移模型对经济周期进行测定，研究结果表明，GDP 数据修订引致中国经济周期的阶段性测定发生了深刻变化：在 2005 年第二季度至 2006 年第四季度之间从低速增长改变为高速增长；GDP 数据修订对经济周期高平均增长率的影响要大于其对低平均增长率的影响；GDP 数据修订对经济周期平均增长率的影响方向与其是否影响经济周期阶段性负相关，当 GDP 数据修订不影响（影响）经济周期阶段性时，它对高、低平均增长率都具有同向（反向）影响。鉴于此，GDP 数据修订可能导致无法准确认识和把握宏观经济形势，并深刻影响宏观经济政策的制定和实施。

Holz（2014）考察了中国官方 GDP 数据修订的合理性，认为国家统计局在基于普查结果对 GDP 历史数据进行系统修订时，虽然利用趋势离差法对之前一段时期的名义数值进行上调，但"不愿意"向前修订 GDP 的实际增长率，而是让隐含的平减指数来承担名义数据修订的大部分后果；类似于沈利生和王火根（2008），通过分析数据修订前后相关指标之间协调关系的变化，证明这种处理本身是有问题的。针对 2004 年经济普查后的历史数据修订，反推发现工业部门和建筑业部门的隐含平减指数分别被予以调增和调减，但经济普查并未收集相关价格数据，这种价格调整的原因和依据因而缺失；对于历史时期工业和建筑业名义增加值的调整，势必影响到在计算第二产业部门历年加权平均增长率时各自的权重，这又使得数据修订前后第二产业实际增长率的保持不变显得很不合理。国家统计局对于年度 GDP 数据的例行修订也存在类似问题。若假定官方初始数据中隐含的平减指数是可靠的，则 1993 ~ 2004 年中国 GDP 的实际增长率应高于官方公布的数值。

针对国家统计局在改革研发支出核算方法后对 1952 ~ 2015 年 GDP 与固定资本形成总额历史数据的修订，王华（2017a，2018）分析了资本存量与全要素生产率（Total Factor Productivity，TFP）估算所受到的影响。结果表明，此次修订使得各年份的 GDP 与固定资本形成总额都有所增加，并且近 20 年来两者的修订率都呈现不断上升态势；中国实施研发资本化核算对于近期 GDP 的影响已经达到发达国家的整体水平，研发活动在资本形成中的作用越来越显著。在此基础上，资本存量序列得以系统性地向上修订，且与官方对于投资流量（固定资本形成总额）的修订率呈现相似的历史路径。同时，基于两种生产函数形式测算得到的 TFP 增长率在多数年份都存在较为稳定的小幅正向调整，尤其在 1992 年之后这种正向调整的幅度更为明显，对于经济增长的贡献率因而显著提升；而研发资本投入的增加对 TFP 增长率具有显著正向影响。

第六节　研究评述

鉴于 GDP 核算过程和指标构成的复杂性以及数据质量概念的多维度特征，针对中国 GDP 数据质量的定量评估研究，虽然已有较大的涵盖范围，但不论在评估内容的完整性方面，还是在评估方法的合理性方面，都仍有很大的可探讨空间；而由各项研究所得结果的实践指导价值，在学界也未能达成共识，甚至在不同评估结论之间还可能存在大量的分歧与矛盾之处。

首先就评估内容而言，各类研究实际对应于 GDP 核算误差的不同来源。Keidel、Maddison、Ren、Young 等针对中国 GDP 总量及其增长率数据的评估，大都起因于对中国 GDP 核算制度与方法设计的合理性的质疑，旨在生成独立于中国官方数据的 GDP 估算结果，借以替代官方数据并用于国际对比和经济分析；其结果是估计出中国 GDP 核算误差的"确切"水平，并且这种误差的发生服从系统性、持续性的作用机制，因而在时间维度上表现出较为明显的路径依赖特征。Wu、朱天等针对 GDP 构成数据的估算也是基于同样的出发点。而 Rawski、孟连和王小鲁等基于相关指标的短期波动，以及 Adams 和 Chen、Klein 和 Ozmucur、周建、刘洪等基于计量经济模型的长期趋势拟合，对中国 GDP 数据可信度所进行的交叉检验，目标则是寻找 GDP 时间序列数据中被人为干预的证据[①]，实际更加关注于由不合理的政府统计管理机制所滋生的统计干扰和数据造假；其结果是识别出 GDP 核算结果存在异常的个别时点（时段）或个别地区。

其次就评估方法而言，定量标准下的 GDP 数据质量评估其关键在于针对 GDP 指标确立一套能够与之进行比较的参照基准。Maddison、Wu、Ren 等利用各产业部门的基础产量和价格数据的加权综合结果来重新构造 GDP 的增长率序列（不变价 GDP 序列），实际上就是以这种重构指标作为官方 GDP 数值的参照基准（本书将此类方法统称为"指标重构方法"）。Rawski、孟连和王小鲁等是

---

① 阙里和钟笑寒、徐康宁、卢盛锋等则将此拓展至评估地区之间 GDP 截面数据的可信性。

以相关经济指标的变动趋势作为参照基准（可将此类方法统称为"趋势比对方法"），虽然与指标重构方法在操作原理上有较大不同，但参照基准的确立同样独立于官方 GDP 数据。而基于计量经济模型的评估研究，则是将模型参数估计量的合宜取值或被解释变量的拟合值作为参照基准（可将此类方法统称为"计量模型方法"）；由于引入了更多指标在更广时空范围内的数据，据此构造的参照基准相对于趋势比对方法而言更为稳健，但模型中通常包含了待评估的官方 GDP 数据本身，其核算误差会对模型估计结果造成不容忽视的影响。

最后就评估结果而言，相关研究可能得出中国官方 GDP 数据质量或优或劣（GDP 核算误差或有或无、或大或小）的不同结论，这具体取决于基础数据的充实度和上述参照基准的构造特征。指标重构方法的运用往往能够"立竿见影"地呈现官方数值与指标重构结果之间的差异，并将后者视为潜在的"真实"数据序列。以目前的实际结果看，相关的独立估算研究普遍倾向于得出官方 GDP 绝对水平被系统低估、增长率被持续高估的结论。以相关指标的短期波动为基准检验 GDP 增长率的可信度，趋势比对方法的运用也更易于揭示出 GDP 数据与其参照基准之间的不一致、不协调之处，并将之解读为政府（统计）部门因"GDP 增幅情结"（王志平，2004）而对 GDP 增长率数据所进行的平滑处理，从而使之背离了相关指标的变动趋势。计量模型方法在实质上相当于趋势比对方法的一个复杂版本，是以多项相关指标的综合变动趋势来构造参照基准；但因在"综合"过程中纳入了官方 GDP 数据的信息，使得最终构造的参照基准序列不会系统性地偏离官方序列，只能据此识别出个别时点（地区）的显著误差（且必然同时有正有负）。

正是由于上述诸多差异的存在，应用不同类型方法得到的评估结论经常相互矛盾和抵触。这不仅无助于统一对中国 GDP 数据质量的认识，更衍生出针对各类研究中评估方法规范性与评估结果可靠性的质疑和争论。例如，针对 Rawski（2001）关于中国经济的"低增长猜想"，Lardy（2002）即以进口额和财政收入这两项指标作为反证，指出认为中国经济增长在过去四年里严重衰退的观点与进口和税收强劲增长的事实（两者增长率分别高达 70% 和 90%）不符；张新和蒋殿春（2002）指出，中国官方公布的就业数字一直与 GDP 增长没有太大关系，不足以作为评估 GDP 增长数据可信度的参照依据；任若恩（2002）通过对多个国家能源增长数据与 GDP 增长数据之间关系的考察，认为关于经济增长率与能源增长率应该大致相等的假定是不成立的。Rawski（2002）则在其答辩性的文章中指出，Lardy（2002）的分析参照变量财政收入和进口额都存在高估倾向，以其作为反证的可靠性存疑。

Holz（2006a）针对 Maddison（1998）的独立估算过程进行了全面检验，认为 Maddison 对中国 GDP 增长率的重估结果并不可靠。一是 Maddison 关于非生产性服务业部门劳动生产率零增长的假定不符合中国转型期间第三产业快速发展的现实，其对就业人数的处理也不能准确反映该部门的真实就业增长情况；二是在工业部门采用的 Wu（1997）基于物量外推方法得到的估算结果，因为在构造工业产出物量指数时忽略了产品质量的改进和新产品的开发，产品数据选取的涵盖范围也有所不足，易于遗漏由技术进步和质量提升带来的增长和中小规模私人工业企业生产的迅速增长，而用产品产量增长率替代增加值增长率的做法显然也并不严谨。上述估算方法上的严重缺陷最终导致对各部门增加值以及 GDP 的实际增长率的系统性低估，据此对官方数据的调整是不成立的。Maddison（2006）和 Holz（2006b）进而对此展开"直面"论辩，但并未能达成任何共识。

应用计量模型方法检验 GDP 数据可信度也存在根本的技术局限性。杨冠琼（2006）指出 Adams 和 Chen（1996）可能忽略了中国能源生产中的瞒报问题，导致对中国能源产出弹性的低估。任若恩（2002）更是认为孟连和王小鲁（2000）基于对全要素生产率的估计来发现经济增长率中统计误差的研究方法是"完全不能接受的"，因为全要素生产率的计算取决于方法和数据两类要素的复杂组合，其结果本身还存在很大的不确定性。周建（2005）则承认基于异常数值识别方法检验 GDP 数据质量，其效果会受到数据"污染"问题的影响，从而产生"掩盖"（纳伪）现象和"扩大化"（弃真）现象。许永洪等（2017）的模型分析结果表明，GDP 增速与物理指数之间存在一定作用机制，但其影响模式可能会发生阶段性变化，不能因两者的偏离而简单否定 GDP 数据的准确性。当因经济结构变化而导致变量之间的固有统计关系不复成立时，利用不同指标的模型组合来反映 GDP 增长率只能提供很弱的结果（Plekhanov，2017）。

理想的 GDP 数据质量评估研究，应当既能"破"——揭示 GDP 数据的质量状况（误差水平）及其成因（误差机制），又能"立"——提供对官方 GDP 核算结果的显性修订，借以生成更为可信和可用的替代性 GDP 数据（集）。为达到这一目标，要求将各类评估研究的成果加以有机整合，以实现相关成果的功效互补，从而尽可能地展现 GDP 数据质量问题的全貌。但由目前的文献梳理结果可知，一方面，由 GDP 核算过程本身的复杂性所决定，已有的各类研究大多仅关注 GDP 核算误差的某些局部因素，无法对 GDP 官方数据的整体误差给出较为准确的估算；另一方面，受限于基础资料的不足，现有研究基本上只能采取间接估算的方法，需要以较强的理论（或方法论）假设作为支撑，而从不同的假设出发所导出的估算结果，通常并不具备直接的可比性，也缺乏有效的整合路径。受此影响，本领域的研究和实践至今还无法形成"破""立"结合、相互佐证且渐次进展的整体脉络和共通格局。

综合上述分析，现有针对 GDP 数据质量评估的各类研究具有不同的理论基础，遵照不同的方法原理，追求不同的评估目标，因此要求采取不同的评估研究路径，最终则只能归属于不同的学科范畴。[①] 而该领域的研究主体也从未形成真正的"学术共同体"，彼此之间一直缺乏可据以进行学术信息交流的共同话语平台，无法通过有效"对话"以相互取长补短，最终也难以发挥研究成果在学术方面的累积效应和实践指导作用。对于政府统计部门和广大数据用户而言，有关中国 GDP 数据质量的各种"破"的论断固然不容忽视，但各种"立"的主张却往往申述无力，无法令人信服。鉴于此，本书一方面力求对各类评估研究方法的合理性进行审慎评判，另一方面则尝试从统计数据用户的立场出发，探讨对官方GDP 数据的内、外部修订成果的可用性。

---

① 例如，应用指标重构方法的评估研究可归入国民经济核算研究范畴，而应用计量模型方法的评估研究则适宜归入统计数据诊断研究范畴，两者在形式和内容上都具有极大差异。

第三章　中国 GDP 核算误差的
发生机制

　　不可否认，中国 GDP 数据中存在诸多表明其质量不佳的显性证据，但这些证据并不成体系，表现出极大的偶然性特征。考虑到中国 GDP 数据中核算误差的产生有其深刻的方法、制度与社会根源，任何一项旨在评估 GDP 数据质量的研究，唯有在揭示 GDP 核算误差的发生来源与作用机制方面有所作为，进而有助于生成对官方数据的合宜修订结果，才能切实发挥评估功效。换言之，GDP 数据质量评估不应停留于单纯探索性的研究，更应该能够服务于对 GDP 核算方法及其数据生成过程的批判与再认识。

　　本章尝试利用可获取的相关数据，通过呈现中国 GDP 核算误差的特征事实，对其发生机制进行直观且尽可能全面的分析检验，以提供对各类 GDP 数据质量评估方法进行功效评价的初步参照标准。具体则是对中国 GDP 核算误差的以下可能特征加以系统考察：第一，核算误差在整体上表现为正向还是负向，也即 GDP 数据被高估还是被低估？第二，核算误差表现为个别年份、个别地区的随机性误差，还是表现为在时间维度或空间维度上的系统性误差？第三，核算误差主要来源于 GDP 的哪些构成部分，是工业增加值还是服务业增加值？是物量统计还是价格统计？是原始登记误差还是后期汇总处理误差？

第一节 GDP 核算误差的基本分类

GDP 核算是一项庞杂的系统工程，可以从多个角度和层面来识别其中可能产生的核算误差。总体而言，按照不同的参照标准，可以对 GDP 核算误差进行不同的界定，例如 GDP 实际核算结果与核算标准之间的差异、国内标准与国际标准之间的差异①（其具体结果可称为"中国标准差值"）以及国际标准与理论概念之间的差异②（其具体结果可称为"国际标准差值"）。本书研究仅讨论 GDP 实际核算过程因背离我国相应的 GDP 核算标准而产生的误差③，也即将 GDP 核算误差界定为 GDP 实际核算结果（实际值）与严格按照我国 GDP 核算标准得到的结果（真实值）之间的差异。进一步地，还可以将 GDP 核算误差区分为设计误差与操作误差两类，前者是指因政府统计调查方法设计的不完善而产生的误差，后者则是指调查统计过程中的人为误差。有关 GDP 核算的各个概念范畴之间的关系可简要表述如下：

$$真实值(中国标准值) = 理论值 + 国际标准差值 + 中国标准差值 \qquad (3-1)$$

---

① 许宪春（2001）指出，由于统计基础相对薄弱，以及受资料来源限制，我国现行 GDP 核算与 SNA（1993 年）的 GDP 核算标准，在生产范围、基层单位和产业部门分类、总产出、中间投入和增加值的定义、增加值的估价、固定资本消耗、混合收入、金融媒介服务、最终消费、建筑工程、贵重物品、计算机软件、娱乐文学和艺术品原件共 12 个方面存在差异。自 2002 年中国第一个官方正式的国民经济核算体系《中国国民经济核算体系（2002）》颁布以来（"SNA 的修订与中国国民经济核算体系改革"课题组，2012a），两者之间的衔接程度不断得以提升。而 SNA（2008 年）针对 GDP 核算，在研究与开发支出、武器系统支出、间接计算的金融中介服务、非寿险服务总产出、雇员股票期权等方面处理方法的改变（"SNA 的修订与中国国民经济核算体系改革"课题组，2012b），又进一步造成中国 GDP 核算标准与 SNA 之间的差异。

② 目前关于 GDP 核算的国际标准是由联合国（UN）、世界银行（WB）、国际货币基金组织（IMF）、经济合作与发展组织（OECD）、欧盟委员会（European Commission）等国际组织制定的 SNA（国民账户体系），形成于 1953 年，并于 1968 年、1993 年及 2008 年进行了三次重大修订。SNA 提供的核算标准与西方经济学中关于 GDP 的概念界定之间同样存在若干差异，许宪春（2003a）从 GDP 的定义、生产范围、构成项目等方面对此进行了比较分析。

③ 国内标准与国际标准之间以及国际标准与理论概念之间的差异（可通称为"理论误差"），相对而言是透明的、可控的；而实际核算结果与国内核算标准之间的差异则更为隐蔽，对于 GDP 数据可用性的影响往往也更大，真正具有评估方法论研究的必要性。

实际值＝真实值+设计误差+操作误差 (3-2)

本书所谓的 GDP 核算误差的"发生机制"，即专门讨论式（3-2）中设计误差与操作误差的可能来源及其对于 GDP 总量、增速、构成等项数据在时间维和空间维上的影响模式。其中，设计误差主要包括源于抽样调查的随机性抽样误差[①]、统计覆盖范围缺陷导致的覆盖误差、基于不完备统计资料进行估算产生的估算误差等；操作误差则主要源于原始登记与中间汇总过程中的主、客观疏漏与误操作。

一、覆盖误差

中国传统的国民经济核算体系源自于苏联的物质产品平衡表体系（MPS），其与国有经济独大的计划经济体制相适应；在转向国际普遍接受的国民账户体系（SNA）的过程中，一方面对于服务业部门的覆盖范围严重不足，另一方面也对迅猛发展起来的其他所有制经济缺乏有效的统计手段，这些在统计覆盖范围方面的缺陷造成 GDP 核算在较长时期内都存在大面积的漏算，从而产生覆盖误差。

Wu（2000）总结了因中国统计体系的覆盖范围缺陷而导致 GDP 被低估的若干论断，指出由于受到 MPS 的长期影响，中国的统计体系倾向于低估服务业（特别是其中的"非生产性"服务部门）的贡献，也会低估那些实物形式的或通常不经过市场交易的收入或支出项目的价值；如农村和城镇的住宅服务、个人服务、产出中的自给性消费、劳动者的实物福利，以及国防工业生产对产出的贡献都有可能被低估了。Xu（2002）也指出，受资料来源限制，中国的居民住房服务核算遗漏了多种服务类型，导致居民住房服务增加值以及 GDP 总量数据的低估。

Keidel（2001）在针对中国 GDP 支出法核算结果的评估研究中指出，形成于计划经济时期的基层数据报表体系和制度已经严重不适应中国不断发展的市场经济。根据社会零售数据、农业产出数据、货物和服务的分配和销售的企业数据以

---

① 与理论上的 GDP 概念相比，现实 GDP 核算过程中要考虑调查成本与时效性问题，因此数据资料的获取只能建立在抽样估算的基础之上，抽样误差是妥协于现实的、不可避免的代价。而只要有明确的抽样方案，GDP 核算的抽样误差就是可测的，并且对于 GDP 核算结果只产生随机性的影响（而不会导致系统性偏差），因此也不作为本章讨论的内容。

及城乡住户调查资料来核算住户消费支出时，遗漏了许多消费行为（包括农村居民之间的交易）；根据企业投资记录、年初固定资本消耗的估计值以及存货价值的年初和年末数据来核算投资总额时，也低报了国家控制部门（包括国有企业、城镇集体企业和农村一些大型集体企业）之外的投资和库存活动。

21 世纪以来，统计调查网络的日益绵密与各类统计调查技术的快速发展，为 GDP 核算体系扩大对服务业活动的覆盖范围奠定了有益的现实条件；而基于数次全国性普查的系统修订，统计覆盖误差（尤其是针对服务业而言）也得以显著消除。因此可以预期，GDP 核算结果中的覆盖误差存在逐渐减小的趋势。但随着社会发展与经济转型速度日益加快，许多迅速成长的（新兴）服务业仍然难以在 GDP 估算中得到充分反映（Shiau，2005）；未观测经济（包括非正规经济、地下经济、影子经济乃至非法经济等多种类型）的存在，也是消除 GDP 覆盖误差所要面临的长期挑战。

二、估算误差

GDP 核算建立在必要的统计估算基础之上，由此产生的估算误差主要表现为以下两个方面：一是在 GDP 总量核算中，对于实物交易、非市场交易和虚拟交易项目的价值，利用可获得但存在严重偏差的数据资料进行估算。前述 Wu（2000）归纳的若干统计覆盖范围缺陷的表现，实际应属于估算误差的范畴——服务或实物产品的生产与交易主体和标的可能是明确的，但因缺乏合理的价格估算技术，最终导致对相应部分增加值的错误估计（通常是倾向于对价格与价值的低估）。Xu（2002）则认为国有和集体企业向本单位职工及其家庭提供的福利性服务，因为服务收费很低（甚至免费），相应的服务增加值往往被低估，并且由于企业将相关服务支出列为成本又进一步抵减了企业主营业务的增加值；而对于居民住房服务，按照历史成本（而非重置成本）或采用较低的折旧率来计算固定资本折旧，也会造成增加值的低估。

二是在 GDP 增长率估计中，对于价格变动因素的处理不恰当。在 2002 年之前，农业和工业不变价增加值的计算仍基于传统 MPS 体系下统计部门事先制定的不变价格，由企业各自计算其不变价产值。但这种不变价格可能过分倾向于反映（较低的）国家挂牌价格，而不能充分反映其他主要受市场影响的（较高的）

价格（Maddison，1998）；且由于替代周期较长，难以有效应对新产品与新企业的不变价产出的计算问题。[①] 2002 年以后，改为以双缩法、单缩法和外推法计算各行业的不变价增加值，但价格指数编制的合理性、总产出与中间投入价格变动的差异性、产出质量的稳定性等诸多因素，仍会影响到不变价增加值以及 GDP 增长率估计的准确性。[②] 总体而言，已有研究多数倾向于认为中国的 GDP 增长率估计存在价格缩减不足效应，增长率因而被高估。

估算误差的存在，具有其明晰的统计系统与估算方法论根源，在一定时期内会维持在相对稳定的水平；而当统计数据采集系统得到较大幅度的改进，拥有了新的资料来源，或估算方法得以转换时，对于估算误差的水平（乃至方向）都会产生系统性的影响。例如，借助全国第三产业普查、基本单位普查与经济普查，国民经济各部门（尤其是服务业）的资料来源缺口得到极大弥补，基础资料日趋健全，统计估算过程及其结果的可靠性因而具有不断提升的空间。同时，随着经济市场化程度的提高，实物交易和非市场交易的范围与规模渐趋收缩，可资利用的价格数据则日益丰富，预期针对这些项目的估算误差也应有不断减小的趋势。

三、操作误差

对于 GDP 核算的操作误差，大体存在以下两个方面的原因：一是统计系统的资源条件仍然不足，基层统计人员的工作素养仍有待提高，加之统计报表任务过多且其设计不尽合理，原始数据采集过程的质量管理手段缺失，导致基层统计工作环节存在大量的报表误填，甚至以"估计"代替"统计"的现象。从本质上讲，这类操作误差的发生未必服从某种稳定的机制，但若考虑到政府统计系统（尤其是基层统计）的运作存在路径依赖，则可以预期这类误差应当会对 GDP 水

---

① 企业可能会将基准年份不存在的新产品以其现价代替"不变价"，在基准年份尚未开业的企业也倾向于将"现价"和"不变价"产出报告成相同的数字（Wu，2002）。

② 目前中国价格指数的编制仍然不全面，缺乏服务业生产者价格指数与服务贸易价格指数，在不变价核算中只能替代以居民消费价格指数中对应的服务项目价格指数与货物贸易价格指数（Xu，2009）。而与双缩法相比，单缩法实际上假定总产出与中间投入具有相同的价格变动幅度，当总产出与中间投入的价格变动不同时，计算结果会出现较大偏差；物量外推法则在质量变化的调整方面存在困难（郑学工、董森，2012）。

平产生系统性的影响。二是当政府过于注重宏观经济增长目标的达成时，就有动机对其管辖区域内的企业运营和统计数据生产施加干预，而统计系统独立性的缺乏，则使这种干预成为可能；而企业也同样有夸大产出增长的利益动机（Woo，1998）。这种"激励"制度会导致对价格水平的低估和对产出与质量改进的夸大（Maddison，1998）。

政府统计系统借助多种措施开展统计质量管理，以期降低操作误差的规模及影响。对源于基层统计的误差因素，通过加大资源配给与人力培训力度，简化统计报表工作——如使基层统计人员只提供原始数据（不参与原始数据的汇总处理），尽量提高源头数据的可靠性。对源于地方层面的干扰因素，国家统计局注意到地方 GDP 数据自我膨胀的"冲动"，通过统计执法、"挤水分"、统计系统垂直化管理与 GDP 下算一级等方法多管齐下，试图消除国家层面 GDP 与地方 GDP 汇总结果之间的巨大差距，其效果在近年来已然显现。

四、规制性误差

在上述设计误差与操作误差之外，中国 GDP 核算结果中还存在一类特殊的"规制性误差"，即由于中国推行特殊经济管理体制而对 GDP 核算结果的准确性所产生的影响效应。中国传统的计划经济体制具有明显的二元经济特征，对于 GDP 核算的影响突出表现为价格的扭曲效应——中国过去通常将制造业产品价格抬高，同时将初级产品特别是农产品和服务业产品的价格压低；及至在经历价格改革之后，中国的价格体系在某种程度上仍然存在着对某些工业制成品定价较高和对某些农产品定价较低的现象。这种价格扭曲的净效应使中国 GDP 水平被严重低估（Wu，2002）。为配合政府价格政策而给予企业的财政补贴也导致最终消费支出与 GDP 总量的减少（Xu，2002）。

如果将覆盖误差与估算误差视为由于统计主体（中国官方统计体系）自身缺陷而造成的结果，规制性误差则只能归因于统计客体（中国国民经济系统）的不完备性。按照式（3-1）和式（3-2）的定义，规制性误差的产生实际并不违背中国统计标准，甚至也不意味着中国统计标准与国际统计标准之间有所差异，但却会严重影响到 GDP 数据的国际可比性。同样，本书研究预期规制性误差在中国转向 SNA 体系初期（也恰恰是市场经济体制的建立初期）可能会较为显著，但随着价格形成机制与价格结构的变化，将逐渐趋于消失。因此，该类误差将不作为本章以下部分讨论的内容。

第二节　GDP 核算误差的量化呈现方法

对于前述各种来源的 GDP 核算误差，运用指标重构方法的已有研究可在一定程度上加以反映，但相关结果未必具有必然的可靠性，这还取决于具体指标重构原理的合理性、基础数据的充分性以及价格缩减指数的匹配性等条件能否得到满足。许宪春（2016）指出，此类研究所使用的方法仍然不够科学，资料不够完整，因而得出的结论并不符合我国实际情况。本章拟采用一种更为直观的方法来揭示中国 GDP 数据中可能存在的误差模式，主要利用由官方公布的统计数据产品中可以发现的两方面显性证据来加以推断：一是 GDP 数据的历史修订；二是国家层面 GDP 数据与各省份地区生产总值汇总结果之间表现出的显著差异。

根据国家统计局制定的数据发布制度，年度 GDP 核算按照初步核算、初步核实和最终核实三个步骤进行（许宪春，2002，2006a），核算结果依次发布于次年上半年的《中华人民共和国统计公报》和《中国统计摘要》、次年 9 月的《中国统计年鉴》以及隔年的《中国统计摘要》和《中国统计年鉴》。在初步核算阶段，可用于 GDP 核算的资料较少，主要以国家统计局有关专业司提供的专业初步统计资料（快报）为基础进行估计和推算。在初步核实阶段，国家统计局各专业年报统计资料、国务院有关部门年报统计资料和部分行政管理资料陆续获得，估算的结果更为准确。而在最终核实阶段，所需的各种统计资料、行政管理资料和会计决算资料基本齐备，核算结果的准确性进一步提高。由此可见，随着数据资料的完整程度与准确程度的不断提高，在经历两次例行修订之后，GDP 数据中的覆盖误差与估算误差可以得到一定程度的控制与消除；而观察两次例行修订的方向与幅度，则可以初步判断覆盖误差与估算误差的作用机制与大致水平。

在例行修订的基础上，国家统计局还会利用全国普查资料，对 GDP 的历史数据进行系统修订（许宪春，2002，2006a，2006b；金红，2011）。目前 GDP 历史数据已经过六次系统修订，即 1993 年全国第三产业普查后对 1978~1992 年数据的修订，2004 年第一次全国经济普查后对 1953~2003 年数据的修订，2008 年第二次全国经济普查后对 2005~2007 年数据的修订，2013 年第三次全国经济普查后对 1978~2012 年（支出法）数据的修订，2016 年研发支出核算方法改革后对 1952~2015 年数据的修订，以及 2018 年第四次全国经济普查后对 2014~2017 年数据的修订。其中第一次修订仅涉及第三产业，根据普查年度基础资料来源的变化情况，利用相关指标（如劳动报酬等）对历史数据进行推算；之后几次修订则同时覆盖第二和第三产业，除利用普查资料扩大生产活动核算范围外，还对具体构成项目的核算口径、资料来源和计算方法等进行了调整。通过考察 GDP 历史数据修订的结果，可以清晰地呈现 GDP 核算误差（覆盖误差、估算误差、规制性误差）的长期发生机制。

中国 GDP 实行分级核算，国家与省级资料来源并不一致，因此国家层面的 GDP 数值与各省份地区生产总值的总和之间难免存在差异（以下简称"地区差异"）。实际情况则是，GDP 数据的地区差异已经成为最直观、最显著、受到社会各界批评最严厉的数据质量问题。对于其发生来源，已有文献多归于跨地区经济活动的重复核算、基层统计虚报与地区基础资料不完备等因素，都属于本章所讨论的覆盖误差、估算误差或操作误差的范畴。进一步地，在不同行业、不同需求项目中，GDP 数据地区差异的表现也有所不同（蔡志洲，2003；曾五一、薛梅林，2014）。对于这些地区差异的纵向观察，有助于从另一个侧面揭示 GDP 核算误差的发生机制，从中呈现较长时期内不同层级 GDP 核算过程中所存在各类型误差的系统性与可持续性特征。

虽然 GDP 数据序列的历史修订并不意味着最新结果中不存在误差，国家数值与地区加总数值之间也仅能相互参照，但至少在各个数据序列之间存在着可靠程度的不同，可以将修订后数据序列与国家层级数据序列视为"准可靠"数据序列。[①] 依照反事实分析的推理逻辑，对于 GDP 核算的初始结果与修订结果之间

---

① 例如蔡志洲（2003）针对支出法 GDP 全国与地区数据的衔接，向书坚和柴士改（2011）对于三种 GDP 数据衔接方法的比较，都是将国家 GDP 数据作为标准，对地区 GDP 数据进行相应调整。

的差异，可理解为在没有发生历史修订的情况下，中国 GDP 数据序列中所隐含的核算误差。实际上，对于那些在各个系统修订年份之前所进行的 GDP 数据质量评估研究而言，上述核算误差恰恰是其要努力探查的目标所在（至少是其中的重要部分）。对于 GDP 数据的地区总和与国家数值之间的差异，（同样以国家核算结果为基准）也可理解为在中国 GDP 核算以地区核算为主的情况下，中国 GDP 数据序列中被放大的那部分核算误差。本书研究假设上述两类核算误差的方向、规模和结构对于中国 GDP 核算误差的总体特征具有足够的代表性，借此能够有效呈现 GDP 序列中的误差模式与潜在的发生机制。

第三节　基于 GDP 数据历史修订的误差分析

本节具体以历年《中国统计年鉴》为考察对象，以 1978 年作为考察起点，针对各年份 GDP（增长率）数据经历的修订，将次年《中国统计年鉴》中发布的初步核实数据作为"初始结果"①，将经二次例行修订后在隔年《中国统计年鉴》中发布的最终核实数据作为"核实结果"，将在 2020 年《中国统计年鉴》中发布的数据作为"最新结果"，考察同一年份 GDP 数据从初始发布到例行修订、再到最新（系统）修订全过程中被修订的绝对规模与相对比率（百分比），结果如表 3-1 所示。

表 3-1　1978~2019 年中国 GDP 数据的历史修订情况

年份	GDP（当年价）				GDP 增长率（不变价）			
	初始结果（亿元）	核实结果（亿元）	最新结果（亿元）	修订比率（%）	初始结果（%）	核实结果（%）	最新结果（%）	修订百分点
1978	3588	3588	3679	2.53	11.70	11.70	11.70	0
1979	3998	3998	4101	2.56	7.60	7.60	7.60	0

---

① 需要说明的是，本节将在《中国统计年鉴》中发布的初步核实数据（而非在《中华人民共和国统计公报》和《中国统计摘要》中发布的初步核算数据）视为"初始结果"，是考虑到在强调数据纵向可比性的计量经济学研究中，《中国统计年鉴》的数据被采用的概率要远高于后两种数据载体（出版物）。

年份	GDP（当年价）				GDP 增长率（不变价）			
	初始结果（亿元）	核实结果（亿元）	最新结果（亿元）	修订比率（%）	初始结果（%）	核实结果（%）	最新结果（%）	修订百分点
1980	4470	4470	4588	2.63	7.81	7.81	7.81	0
1981	4775	4775	4936	3.37	4.48	4.48	5.17	0.690
1982	5182	5182	5373	3.69	8.25	8.25	8.93	0.684
1983	5787	5787	6021	4.04	10.44	10.44	10.84	0.393
1984	6928	6928	7279	5.06	14.56	14.56	15.14	0.577
1985	8527	8527	9099	6.70	12.89	12.89	13.44	0.552
1986	9688	9688	10376	7.11	8.48	8.48	8.94	0.455
1987	11307	11307	12175	7.67	11.12	11.12	11.69	0.572
1988	14074	14074	15180	7.86	11.24	11.24	11.23	−0.009
1989	15998	15998	17180	7.39	4.34	4.34	4.19	−0.152
1990	17681	17681	18873	6.74	3.89	3.89	3.91	0.017
1991	20188	20188	22006	9.00	8.00	8.00	9.29	1.291
1992	24020	24363	27195	13.22	13.19	13.60	14.22	1.028
1993	31380	34515	35673	13.68	13.41	13.54	13.87	0.462
1994	45006	46622	48638	8.07	11.80	12.66	13.05	1.251
1995	58261	58478	61340	5.29	10.55	10.51	10.95	0.399
1996	68594	67885	71814	4.69	9.61	9.59	9.93	0.321
1997	74772	74463	79715	6.61	8.80	8.80	9.23	0.427
1998	79396	78345	85196	7.30	7.80	7.80	7.84	0.034
1999	81911	82067	90564	10.56	7.10	7.14	7.67	0.572
2000	89404	89442	100280	12.17	8.00	7.95	8.49	0.495
2001	95933	97315	110863	15.56	7.30	7.50	8.34	1.040
2002	104791	105172	121717	16.15	7.96	8.30	9.13	1.173
2003	117252	117390	137422	17.20	9.30	9.50	10.04	0.734
2004	136876	159878	161840	18.24	9.50	10.08	10.11	0.608
2005	183085	183868	187319	2.31	10.24	10.43	11.40	1.160
2006	210871	211924	219439	4.06	11.09	11.65	12.72	1.632
2007	249530	257306	270092	8.24	11.93	13.04	14.23	2.297
2008	300670	314045	319245	6.18	8.95	9.63	9.65	0.700
2009	340507	340903	348518	2.35	9.11	9.21	9.40	0.287

年份	GDP（当年价）				GDP 增长率（不变价）			
	初始结果（亿元）	核实结果（亿元）	最新结果（亿元）	修订比率（%）	初始结果（%）	核实结果（%）	最新结果（%）	修订百分点
2010	401202	401513	412119	2.72	10.44	10.45	10.64	0.197
2011	472882	473104	487940	3.18	9.29	9.30	9.55	0.256
2012	518942	519470	538580	3.78	7.65	7.65	7.86	0.207
2013	568845	588019	592963	4.24	7.67	7.68	7.77	0.097
2014	636139	643974	643563	1.17	7.27	7.30	7.42	0.156
2015	685506	689052	688858	0.49	6.91	6.90	7.04	0.128
2016	744127	743586	746395	0.30	6.69	6.72	6.85	0.159
2017	827122	820754	832036	0.59	6.86	6.76	6.95	0.090
2018	900310	919281	919281	2.11	6.57	6.75	6.75	0.185
2019	990865	986515	986515	-0.44	6.11	5.95	5.95	-0.159

注：GDP 修订比率=（最新结果/初始结果-1）×100%；GDP 增长率的修订百分点=最新结果-初始结果。

资料来源：1978~1992 年的"初始结果"数据均源自《中国统计年鉴（1993）》，其他各年"初始结果"数据源自下一年的《中国统计年鉴》；"核实结果"数据源自隔年的《中国统计年鉴》；1978~2018 年的"最新结果"数据源自《中国统计年鉴（2020）》，2019 年"核实结果"（也即"最新结果"）数据源自国家统计局统计数据库。

由表 3-1 和图 3-1 可知，各年份的现价 GDP 数据在由初步核实到最终核实的例行修订过程中，除 1996~1998 年以及 2017 年外，普遍经历了向上调整的过程，其中各个普查年度（1993 年、2004 年、2008 年、2013 年和 2018 年）的上调幅度均为各阶段顶峰，修订率分别达到 9.99%、16.81%、4.45%、3.37% 和 2.11%，其余年份的修订率大都不超过 1%。由此表明，在初步核算与初步核实阶段，现价 GDP 数据中覆盖误差和估算误差的综合效应以低估为主。而在全国普查之后对于 GDP 历史数据的系统修订过程中，由国家统计局采用的"趋势离差法"的特性所决定，自普查年份往前推移，各年份的修订率渐次减小，但修订方向都为正向。在几次系统修订之间，以第一次全国经济普查之后的修订幅度为最大，其次是全国第三产业普查，而第二、第三、第四次全国经济普查之后的修订幅度则渐次减小；表明在经历了前两次普查之后的基础资料补充与核算方法调整后，近年来 GDP 核算结果中覆盖误差与估算误差的规模得到了较好的控制与消除。

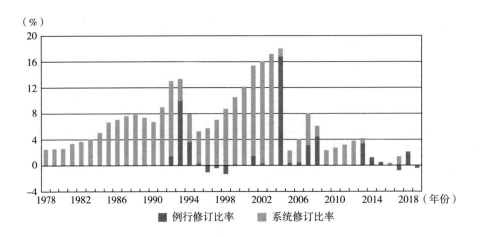

图 3-1　1978~2019 年中国 GDP 数据的历史修订情况

而由表 3-1 和图 3-2 可知，对于 GDP 增长率数据的修订结果与已有研究观点相反，除个别年份外，GDP 增长率数据同样经历了普遍向上调整的过程。由于国家统计局主导的历次 GDP 数据系统修订的重点都在于统计覆盖范围的扩展与物量统计结果的调整（并且越早年份上调的幅度越小），对于价格缩减因素则未给予有针对性的调整处理，导致不变价 GDP 的增长率反而有所提高。因此可以断言，因价格缩减不足而导致的估算误差仍然隐藏在有关 GDP 增长率数据的最新核算结果当中，尚未得到有效修订。

将 GDP 历史修订数值（也可视为初始核算误差）具体分解到三大产业部门，可以对比呈现不同产业部门当中核算误差的严重程度。图 3-3 中第三产业增加值历史修订比率的图形形态，与图 3-1 中由初始结果到最新结果之间的综合修订比率（即例行修订比率与系统修订比率的加权和）的图形形态非常相似，只是具体数值更高；对于第一、第二产业增加值的历史修订比率相对而言则微乎其微。在图 3-4 中，同样是第三产业增加值增长率的历史修订百分比的图形形态与图 3-2 中 GDP 增长率数据的综合修订百分比的图形形态最为相似（两者的相关系

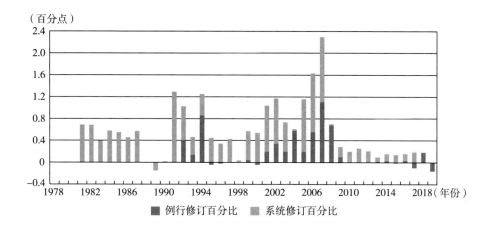

图 3-2　1978~2019 年中国 GDP 增长率数据的历史修订情况

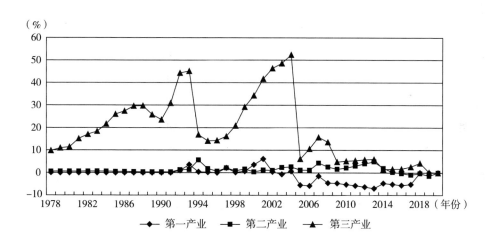

图 3-3　1978~2019 年中国三次产业增加值的历史修订情况

数达到 0.849），并且具体上调幅度也明显高于第一、第二产业。可以认为，服务业部门增加值核算中发生的误差是中国历次 GDP 数据修订的重点所在，也是 GDP 核算误差的主要来源所在。

将 GDP 历史修订数值具体分解到支出法 GDP 的三个组成部分，即最终消费、资本形成总额以及货物和服务净出口，可以对比呈现不同 GDP 使用部分核

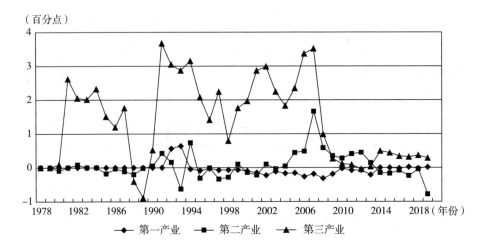

（百分点）

→ 第一产业 ■ 第二产业 ▲ 第三产业

图 3-4　1978~2019 年中国三次产业增加值增长率的历史修订情况

算误差的严重程度。[①] 由图 3-5 可知，对于支出法 GDP 数据的修订主要发生于 2004 年第一次全国经济普查年度之前，且对最终消费支出的修订幅度较大（修订比率接近 19%），对资本形成总额的修订幅度相对较小（但也超过了 5%）。由此可知，在最终消费和资本形成总额的初步核算（核实）过程中，都存在较大程度的漏算；而 2005 年之后针对资本形成总额数据的修订出现频繁下调，显示其中估算误差的构成和影响更趋复杂。值得注意的是，与针对生产法（收入法）GDP 数据的历史修订不同，针对支出法 GDP 数据的历史修订可以认为是"一次性"完成的，即在 2004 年经济普查之后，直接对 1978~2003 年的数据进行推算，因此仅在 2004 年呈现一个修订"尖峰"；而在之后三次全国经济普查后的修订幅度相对较小，显示在最终消费和资本形成总额估算中的覆盖误差得到了较好控制。

---

　　① 如果真正从使用角度考察一国的经济产出（GDP），其可被用于国内消费（最终消费减去其中的进口部分）、国内投资（资本形成总额减去其中的进口部分）与出口三种用途；而支出法 GDP 所包含的最终消费、资本形成总额与（货物和服务）净出口三个部分，实际只是统计核算意义上的划分，这其中净出口（出口减去用于最终消费和投资的进口）在很大程度上承担了统计误差项的角色（表现为基数较小，且有正有负）。正因如此，在历年支出法 GDP 数据修订过程中，净出口项的修订幅度（及其波动幅度）巨大，难以针对其进行有效的核算误差分析，故在图 3-5 中省略。

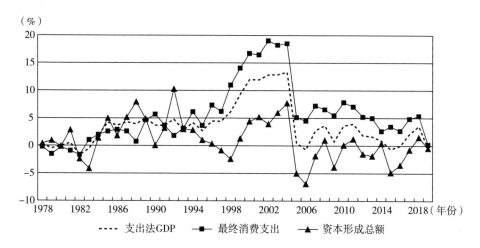

图 3-5　1978~2019 年中国支出法 GDP 及其构成数据的历史修订情况

第四节　基于 GDP 数据地区差异的误差分析

虽然已有研究普遍倾向于认为国家层级的 GDP 核算结果会比地区核算结果更加准确，但并没有理由认为在地区核算中存在的各类误差来源不会作用于国家核算，两者可能仅仅是程度上的差别，而非机制性、实质性的差别。同样以历年《中国统计年鉴》为考察对象，将 1990~2019 年 GDP 及其增长率的初步核实数据与各省份地区生产总值（增长率）的汇总数据进行比较，通过考察两者之间的纵向差异形态与具体构成，也有助于在一定程度上揭示（国家层级）GDP 核算过程中各类型误差的发生机制。实际差异情况如表 3-2 所示。

单纯由基础资料来源不同所导致的 GDP 数据地区差异未必具有稳定的方向和模式，然而由表 3-2 以及图 3-6、图 3-7 可知，自 1997 年以后，地区生产总值汇总结果持续超过国家层级的 GDP 核算结果；1997~2004 年，这种地区差异不断扩大，到 2004 年差异率已经接近 20%，此后又基本维持在 10% 上下，直到 2014 年起才开始趋于收敛。不仅是水平数据，GDP 增长率数据的地区差异也呈

表 3-2　1990~2019 年中国 GDP 数据的地区差异情况

年份	GDP			GDP 增长率		
	国家数值（亿元）	地区总和（亿元）	差异率（%）	国家数值（%）	地区加权（%）	差异百分比
1990	17681	17178	-2.85	3.89	4.96	1.07
1991	20188	19555	-3.14	8.00	8.73	0.73
1992	24020	23953	-0.28	13.19	15.55	2.36
1993	31380	34228	9.07	13.41	16.47	3.07
1994	45006	45348	0.84	11.80	14.74	2.94
1995	58261	57633	-1.08	10.55	11.86	1.31
1996	68594	68584	-0.01	9.61	11.88	2.27
1997	74772	76957	2.92	8.80	11.02	2.22
1998	79396	82780	4.26	7.80	9.67	1.87
1999	81911	87671	7.03	7.10	8.79	1.69
2000	89404	97209	8.73	8.00	9.63	1.63
2001	95933	106766	11.29	7.30	9.45	2.15
2002	104791	118021	12.63	7.96	10.61	2.65
2003	117252	135539	15.60	9.30	12.17	2.87
2004	136876	163240	19.26	9.50	13.44	3.94
2005	183085	197789	8.03	10.24	13.13	2.89
2006	210871	231053	9.57	11.09	13.74	2.65
2007	249530	275625	10.46	11.93	14.39	2.46
2008	300670	327220	8.83	8.95	11.73	2.78
2009	340507	365304	7.28	9.11	11.65	2.54
2010	401202	437042	8.93	10.44	13.13	2.69
2011	472882	521441	10.27	9.29	11.80	2.51
2012	518942	576552	11.10	7.65	10.30	2.65
2013	568845	630009	10.75	7.67	9.47	1.80
2014	636139	684349	7.58	7.27	8.29	1.02
2015	685506	722768	5.44	6.91	7.84	0.93
2016	744127	780070	4.83	6.69	7.35	0.66
2017	827122	847140	2.42	6.86	7.31	0.45
2018	900310	914707	1.60	6.57	6.94	0.37
2019	990865	985333	-0.56	6.11	6.44	0.33

资料来源：根据各年份《中国统计年鉴》整理计算。GDP 增长率地区加权时采用上年份各地区生产总值占地区生产总值总和的比重作为权数。

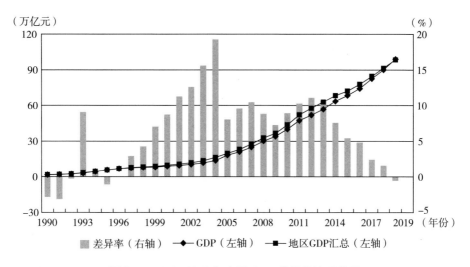

图 3-6　1990~2019 年中国 GDP 数据的地区差异

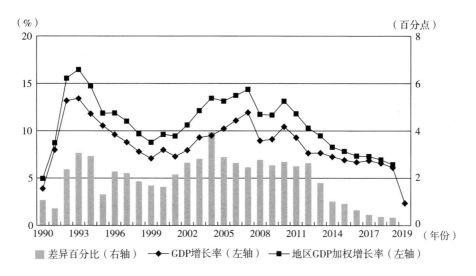

图 3-7　1990~2019 年中国 GDP 增长率数据的地区差异

现清晰格局，地区生产总值增长率的加权平均值同样普遍超过国家层级的 GDP 增长率，21 世纪以来这种差异基本稳定在 2.5 个百分点以上，2013 年之后才有所缩减。导致出现这种稳定的地区差异的深层原因，以前述跨省域经济的重复核算、地区数据虚报为据，实际正反映出 GDP 核算过程中覆盖误差、估算误差与操作误差的综合效果以持续性的数据高估为主。而鉴于国家层级的 GDP 核算与地区核算采用同样的方法制度，两者的基础资料来源又有很大程度的重叠，即使是在推行一系列的统计管理体制改革之后，预期相应的误差效应在国家层级核算结果中仍然难以完全免除。

细究中国GDP数据地区差异的构成，由图3-8可知，在1993年全国第三产业普查至2004年第一次全国经济普查期间，第三产业增加值的地区差异是其中的主要部分，即GDP数据的地区差异主要由第三产业差异引起，后者占前者比重最高时甚至接近100%。而到2005年以后，第二产业增加值的地区差异转而成为GDP地区差异中的主要部分。这表明在经过大规模的基础资料补充与核算方法修正之后，第三产业核算结果的地区差异得到了有效遏制；而2004年之前第三产业增加值的大幅度提升，也使得该部门的地区差异得以进一步消除。

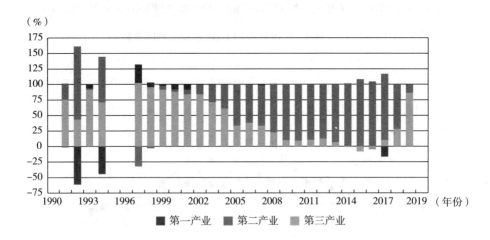

图3-8 1990~2019年中国GDP数据地区差异的产业分解

注：《中国统计年鉴》中未提供1995年各地区的分产业增加值数据，1996年GDP数据的地区差异接近于0，故1995年、1996年地区差异的产业分解结果未予呈现。

与此相似，对于GDP增长率数据的地区差异，如图3-9所示，在2003年之前一直是以第三产业增长率的地区差异为主要特征，第三产业增长率的地区加权结果（在1991年和1992年）甚至一度高于全国核算结果6个百分点以上；而到2004年之后，第二产业增长率的地区差异"后来居上"，其地区加权结果普遍高于全国核算结果3个百分点以上。2013年第三次全国经济普查以来，各大产业（尤其是第二产业）增长率的地区差异有明显缩减，导致GDP总量及其增长率数据中的地区差异也得以有效缩减（见图3-6和图3-7）。这表明第二产业增加值核算结果的地区差异也得到了有效控制，数据可衔接性进一步提升。

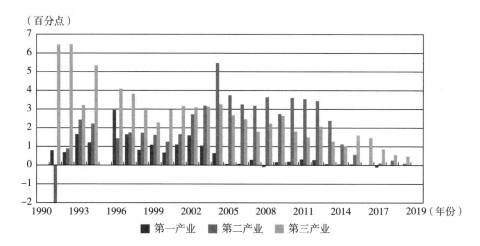

图 3-9　1990~2019 年中国三次产业增长率数据的地区差异

第五节　小结

本章基于 GDP 数据的历史修订与地区差异情况，依照反事实分析的推理逻辑，考察 GDP 核算误差的特征事实，探讨其中设计误差（包括覆盖误差与估算误差）与操作误差的发生机制与影响模式。结果表明：第一，以各年份现价 GDP 数据的例行修订和系统修订情况来看，由覆盖误差和估算误差造成的综合效应是以低估 GDP 的规模为主；并且这种低估具有时间维度上的持续性（或曰误差机制上的系统性和自相关性）。同时，在经历了前两次普查之后的基础资料补充与核算方法调整后，近年来 GDP 核算结果中覆盖误差与估算误差的规模得到了较好的控制与消除。如果对于上述覆盖误差和估算误差的构成进行考察，可以发现服务业部门增加值核算中发生的误差是中国历次 GDP 数据修订的重点所在，也是 GDP 核算误差的主要来源所在；在最终消费和资本形成总额的初步核算（核实）过程中，也都存在较大程度的漏算。第二，以 GDP（增长率）数据的地区差异格局来看，地区层级 GDP 核算过程中覆盖误差、估算误差与操作误差的综合效果以持续性的数据高估为主，其中尤其以操作误差的影响最为显著；以 2004 年为界，之前时期第三产业增加值的地区差异是其中的主要部分，之后时期则转而以第二产业增加值的地区差异成为 GDP 地区差异中的主要部分。预期在国家级 GDP 核算中也可能存在同样模式的操作误差效应。

根据上述分析结果，关于中国 GDP 核算误差的发生机制，大致可以归结为以下几个方面：第一，GDP 核算的统计覆盖范围不够全面，始终存在较为严重的覆盖误差，导致对 GDP 水平的持续性低估；在通过普查补充基础数据资源、逐步建立对服务业的常规统计调查体系、切实修订（上调）服务业增加值数据的同时，不断涌现的新兴行业与经济活动、未观测经济的存在，仍是覆盖误差的重要来源。第二，GDP 总量估算中对于一些组成项目的处理方法不当，由此造成系统性的估算误差；这种估算误差的构成非常复杂，但又具有相当的透明度，当估算或处理方法得以在条件成熟时进行转换之后，相应的误差会得到有效消除。第三，GDP 增长率估算中对于价格缩减因素的处理方法不当，如价格指数编制不合理或缺乏适用的价格缩减指数，造成对 GDP 增长率的估算错误（目前判断高估的可能性更大）；这部分误差在历次的数据修订中并未得到有效解决。第四，操作误差严重损害 GDP 核算基础数据的准确性，这类误差在普查结果与常规统计结果的比对、国家核算结果与地区加总结果的比对中有所暴露，但暴露程度还远不充分；尽管如此，操作误差对于 GDP 核算结果的整体影响仍然表现出某种"有迹可循"的稳定模式。

以此为基准，针对 GDP 数据质量的评估研究，应该致力于达成以下几项目标：第一，能够对上述有关 GDP 核算误差发生机制的一系列假说进行有效检验，切实反映核算误差的水平、方向、构成及其时空关联特征；第二，能够有助于对官方 GDP 数据集的补充、衔接与修订，甚至是重新构造更准确、更合宜的 GDP 数据集，提供对官方数据集的一种合理替代；第三，能够确保评估研究结果满足"可加性"要求，为其可能的进一步改进预留"接口"，容许不同评估研究彼此之间的相互佐证与借鉴，以此推动该领域研究的累积式进步。对于上述目标的实现程度越高，相应的数据质量评估方法就越具有实际评估功效；反之，若无法达成上述（至少一项）目标，相应的数据质量评估方法就是缺乏评估功效的。

第四章 指标重构方法的评估功效分析

本章针对 GDP 数据质量评估中最典型方法——指标重构方法的原理与功效进行分析和比较；基于第三章对 GDP 核算误差发生机制的设定，分析指标重构方法能否有效揭示 GDP 核算误差的成因，能否准确反映 GDP 数据的质量水准。

第一节 GDP 数据质量评估研究的目标设定

针对宏观经济数据（GDP 数据）质量的评估，已有研究提出了多种类型的评估方法。王华和金勇进（2009，2010a）基于若干准则，将相关方法归为逻辑规则检验、经验参数比对、相关指标变动趋势比对、基于模型的异常数值识别与参数可靠性分析五类，并从辅助资料类型、参照标准、方法应用的技术假定、比较逻辑以及导致评估结论发生误判的因素等方面，对各类评估方法的适用条件进行了对比分析。具体的方法特征如表 4-1 所示。

表 4-1　各类统计数据准确性评估方法的适用性比较

评估方法	辅助资料类型	参照标准	方法应用的技术假定	比较逻辑	误判因素
A（逻辑规则检验）	同度量指标	同度量指标及其加减运算结果	逻辑包含、平衡关系	是否违背逻辑平衡关系	同度量指标含误差、统计制度缺陷

评估方法	辅助资料类型	参照标准	方法应用的技术假定	比较逻辑	误判因素
B（经验参数比对）	相关指标	经验比率、比例	比率、比例关系稳定	是否偏离经验比率	相关指标含误差、比率标准变化
C（相关指标变动趋势比对）	相关指标	相关指标的变动率	变动趋势相近	是否偏离相关指标变动趋势	相关指标含误差、相关关系变化
D（基于模型的异常数值识别）	相关指标	模型预测值	变动趋势相近	是否偏离模型预测值	相关指标含误差、数值突变的客观背景
E（基于模型的参数可靠性分析）	相关指标	不同区间、时期的模型参数	模型参数可比、稳定	是否出现参数突变	模型设定不当、参数突变的客观背景

资料来源：截取自王华和金勇进（2010a）。

适用性是针对宏观经济数据（GDP 数据）质量评估方法的一项重要的评价标准，主要强调在应用特定评估方法时，其隐含的技术假定能否得到满足；唯有在满足相关技术假定的情况下，该评估方法才是适用的，得出的评估结论才是可靠的，否则就可能导致不必要的误判，如将实际可靠的数据判定为准确性差，或者将含有误差的数据判定为准确。郭红丽和王华（2011）给出了适用性评价的三项内容，即参照指标（辅助资料）应是准确无误的，待评估指标与参照指标之间的一致关联关系是客观存在并且相对稳定的，以及统计数据一致性与准确性两种特征之间也应存在必然的内在逻辑关联；并设计了一系列可行的适用性检验方法。

然而在具体开展宏观经济数据（GDP 数据）质量评估研究时，对于评估方法适用性的检验并非易事。已有的评估研究基本以期刊论文或学位论文为载体，受其篇幅限制，往往仅能揭示繁复的宏观经济数据质量问题的"冰山一角"，而开展适用性检验却要触及庞大的"冰山主体"，其工作量远非单一研究所能承受。郭红丽和王华（2011）也指出，目前可用的适用性检验方法都"面临着实质性的困难"，都是不充分的；对于各种检验方法本身的合宜性，都是"证伪易而证实难"。受此影响，已有研究大多有意无意地回避了对于所采用评估方法的适用性（技术假定）的显性论述，更奢谈开展必要的适用性检验。而适用条件的不明确性，也导致相关评估研究仅体现出方法论探讨的意义，其评估结论的可靠性与现实指导价值却无以保障。

有鉴于此，本书研究转向 GDP 数据质量评估研究的另一项评价标准，即考察评估方法的实施功效（有效性）。结合第三章对 GDP 核算误差发生机制的讨论，以及对 GDP 数据质量评估目标的设定，针对特定评估方法的实施功效进行评价，其可行性要远高于适用性评价，虽然 GDP 数据序列的历史修订并不意味着最新结果中不存在误差，国家数值与地区加总数值之间也仅能相互参照，但至少在各个数据序列之间，存在着可靠程度的不同，可以从中确定"准可靠"数据序列。① 由此即可应用各类数据质量评估方法开展实际评估，考察评估结果能否有效呈现待评估 GDP 序列中的误差模式，能否提供可用的修订信息，从而有助于推动待评估 GDP 序列向"准可靠"数据序列的不断逼近。

在适用性与评估功效（有效性）两项评价标准之间，实际存在着一定程度的功能递进关系，其中适用性强调评估方法的前提假定，而功效则强调评估方法的实施效果。特定的评估方法若不能产生明显的实施效果，讨论其前提假定是否能够满足并没有太大的实质意义；反之，即使能够产生一定的实施效果，却也未必意味着对于前提假定的满足；换言之，特定评估方法具备评估功效是其满足适用性的必要条件（但非充分条件）。就此意义而言，针对 GDP 数据质量评估方法开展功效检验，实际可以缩小评估方法的可行集，降低之后适用性检验的工作量；这也正是本书研究的技术着力点所在。

以表 4-1 为基础，对于逻辑规则检验方法（评估方法 A），其直观的应用原理较为简单，但非常强调统计体系中同度量统计指标之间应当遵循的特定统计核算规则；当可资利用的同度量指标数据足够充分时，甚至可据以重构待评估指标的数据序列（或数据集），以此作为评判官方统计数据准确性的参照标准，本书将此方法命名为"指标重构方法"。至于评估方法 B 至评估方法 E，这几类方法都是以待评估指标的相关指标作为辅助资料，在技术原理上实际具有一脉相承的关系。与经验参数比对和相关指标变动趋势比对方法相比，基于计量经济模型的

---

① 第三章中提供了关于 GDP 的 4 个数据序列，实际还可以构造出更多在可靠性方面有所差异的数据序列和数据集。

异常数值识别与参数可靠性分析方法（本书统称为"计量模型方法"）针对完整的数据序列展开评估，其方法原理更为严谨，评估过程更为稳健，评估结果的信息量也更为丰富，因此在评估方法 B 至评估方法 E 中仅针对计量模型方法进行功效评价。本章和第五章将分别针对指标重构方法和计量模型方法开展功效分析，直观呈现两类方法的实际可用性。[①]

第二节　指标重构方法的基本原理

相比于计量模型方法从经济统计指标的相关性特征入手，寻找 GDP 数据"异常"变动的外部证据，指标重构方法则是强调考察 GDP 数据的内部构成：首先对 GDP 按照某种核算规则进行必要的解构，进而利用可获取的基础数据资料，对相应部分进行重新估算，最终将估算结果汇总得到对官方 GDP 数据的替代序列，并以其作为参照标准来评判官方数据的准确性。

根据 GDP 核算方法，不论是生产法、收入法与支出法核算结果，还是由国内生产总值核算到地区生产总值核算，抑或是由年度核算到季度核算，GDP 数据均具有如下多级汇总结构[②]（以生产法核算下的三级汇总数据结构为例[③]）：

$$Y_t = \sum_{i \in S} Y_{it} = \sum_{i \in S} \sum_{j \in S_i} Y_{ijt} = \sum_{i \in S} \sum_{j \in S_i} \sum_{k \in S_{ij}} P_{ijkt} Q_{ijkt}, \ t = 1, \ 2, \ \cdots, \ T \qquad (4-1)$$

其中，由 GDP 核算范围所决定的全集为 S，按照某一分类规则，可得初级互斥子集（初级统计单元）S_i（$\cup_i S_i = S$）和二级互斥子集（二级统计单元）S_{ij}（$\cup_j S_{ij} = S_i, \ i \in S$），以及二级子集中具体的基层统计单元 $\{ijk \mid k \in S_{ij}, \ j \in S_i,$

---

① 实际上，计量模型方法与指标重构方法在宏观经济数据质量评估研究领域中也恰恰得到了最为广泛的应用；相对于其他方法而言，两者的方法原理也更具一般化意义。

② 考虑到国家核算与地区核算、年度核算与季度核算的核算方法与资料来源都不尽一致，由下一层级数据到上一层级数据，彼此之间并非简单的汇总关系，本书仍侧重于讨论同一地区层级、同一时间频率下，基于特定核算方法所得结果的多级汇总结构。

③ 按照我国目前的国民经济行业分类标准，生产法下 GDP 的数据汇总层级当然不止三级，具体可包括三次产业、行业门类、大类、中类、小类直至产品等多个层级。本节为方便起见，仅讨论三级汇总数据结构，但相关论述内容同样适用于更多层级的汇总数据。

$i \in S$ ；而基层统计单元在第 t 期的产出（增加值）和价格可分别表示为 Q_{ijkt} 和 P_{ijkt}[①]，相应汇总得到上一级单元（行业分类）的增加值依次为 Y_{ijt} 和 Y_{it} ，最终得到整体层面的 GDP 结果为 Y_t 。

由式（4-1）可知，GDP 数据序列 $\{Y_t,\ t=1,\ 2,\ \cdots,\ T\}$ 实际是由众多行业部门乃至产品类别的产出序列 $\{Q_{ijkt} \mid k \in S_{ij},\ j \in S_i,\ i \in S;\ t=1,\ 2,\ \cdots,\ T\}$ 和价格序列 $\{P_{ijkt} \mid k \in S_{ij},\ j \in S_i,\ i \in S;\ t=1,\ 2,\ \cdots,\ T\}$ 构成的，而所谓的产出序列又可以分为总产出序列与中间投入序列（本书将其统称为基础数据序列）。GDP 数据质量正是取决于这些基础数据序列的质量水准。

在实际 GDP 核算过程中，由于统计覆盖范围缺陷和基础数据资料的不完备，只有部分二级单元的增加值数据可以得到完整的统计汇总，另一部分则因基础数据序列的不可得而只能进行估算，最终得到 GDP 的估计值如下所示：

$$\hat{Y}_t = \sum_{i \in S} (Y_{i1t} + \hat{Y}_{i2t}) = \sum_{i \in S} \left(\sum_{j \in S_{i1}} Y_{ijt} + \sum_{j \in S_{i2}} \hat{Y}_{ijt} \right) = \sum_{i \in S} \left(\sum_{j \in S_{i1}} \sum_{k \in S_{ij}} P_{ijkt} Q_{ijkt} + \sum_{j \in S_{i2}} \hat{Y}_{ijt} \right)$$

$$(4-2)$$

其中，初级子集 S_i 被进一步区分为两个互斥子集 S_{i1} 和 S_{i2} ，S_{i1} 中所有二级单元的基础数据序列可得，可以进行完全统计（结果记为 Y_{i1t} ）；S_{i2} 中二级单元的基础数据序列不（完全）可得，只能估算各自增加值数据（即 $\hat{Y}_{ijt}$ ）进而得到 $\hat{Y}_{i2t}$ 。由此产生了指标重构方法的第一种应用类型，即利用可统计二级单元 $\{ij \mid j \in S_{i1},\ i \in S\}$ 的信息来推估不可统计二级单元 $\{ij \mid j \in S_{i2},\ i \in S\}$ 的数据，具体如下所示：

$$\hat{Y}_{it} = Y_{i1t} + \hat{Y}_{i2t} = \sum_{j \in S_{i1}} Y_{ijt} + \sum_{j \in S_{i2}} \hat{Y}_{ijt} = f(Y_{i1t}),\ i \in S;\ t=1,\ 2,\ \cdots,\ T \qquad (4-3)$$

其中，$f(Y_{i1t})$ 是 Y_{i1t} 的函数。

对于 GDP 增长率核算，关键在于可比价格 GDP 数据序列的估算，具体如下所示：

$$Y'_t = \sum_{i \in S} Y'_{it} = \sum_{i \in S} \sum_{j \in S_i} Y'_{ijt} = \sum_{i \in S} \sum_{j \in S_i} \sum_{k \in S_{ij}} P_{ijk0} Q_{ijkt},\ t=1,\ 2,\ \cdots,\ T \qquad (4-4)$$

其中，P_{ijk0} 表示与基层统计单元的产出相对应的基期价格。本书第三章第一

---

① 若 Q_{ijkt} 为产品产量，还需考虑对其中间投入的扣减。为简便计算，此处不作具体讨论。

节已有说明，事先制定的不变价格可能导致价格缩减不足，目前实际采用的核算方法是价格缩减法与物量外推法的结合，可得核算结果为：

$$Y'_t = \sum_{i \in S} (Y'_{iPt} + Y'_{iQt}) = \sum_{i \in S} \left(\sum_{j \in S_{iP}} \frac{Y_{ijt}}{IP_{ijt}} + \sum_{j \in S_{iQ}} Y_{ij0} IQ_{ijt} \right), \quad t = 1, 2, \cdots, T$$

$$(4-5)$$

其中，初级子集 S_i 被区分为两个互斥子集 S_{iP} 和 S_{iQ}，S_{iP} 中的二级单元采用价格缩减法核算不变价增加值，IP_{ijt} 表示对应于特定二级统计单元的价格指数；S_{iQ} 中的二级单元采用物量外推法核算不变价增加值，IQ_{ijt} 表示对应于特定二级统计单元的物量指数（生产指数），Y_{ij0} 则为该二级单元的基期增加值。

在实际核算中，由于数据汇总层级的确定具有较大弹性，价格指数与物量指数也可以在不同层级进行编制，更有部分指数尚未具体编制（只能用同类型指数予以替代），导致相关指数的代表性和精确度不尽一致。在此方面，指标重构方法的应用重点，即在于探讨选取各类价格指数序列 $\{IP_{ijt} \mid j \in S_{iP}, i \in S; t = 1, 2, \cdots, T\}$ 与物量指数序列 $\{IQ_{ijt} \mid j \in S_{iQ}, i \in S; t = 1, 2, \cdots, T\}$ 的匹配性与准确性。

第三节　指标重构方法的实践功效评析

指标重构方法在中国 GDP 数据（主要是 GDP 增长率数据）质量评估中的应用，基本体现为两种方法逻辑，即 Maddison（1998）、Wu（1997，2002）以及 Maddison 和 Wu（2008）采用的通过实物产量增长数据（物量指数）的加权平均来估算中国生产法 GDP 或部门增加值实际增长率的"物量外推法"，以及 Ren（1997）、Keidel（2001）和 Young（2003）采用的利用各类价格指数对名义 GDP 的各个构成项目进行缩减调整的"价格缩减法"。以下专门针对两类文献，分析其中指标重构方法的评估功效。

Maddison（1998）提供了对 1952~1995 年中国生产法 GDP 时间序列的重新估算，具体涉及其中的农牧业、工业和"非生产性"服务业三个部门，其估算程序如表 4-2 所示。

表 4-2　**Maddison 关于中国 GDP 不变价序列的重构程序**

部门	操作要点	具体说明
农牧业	基础数据	1952 年、1957 年、1975 年、1978 年、1987 年、1994 年的物量与价格数据
	统计对象	农作物、畜禽产品共 125 种
	数据来源	国家统计局、联合国粮农组织（FAO）
	估算方法	6 个基准年份：基于式（4-4）与 1987 年价格的可比价格估算法； 其他年份：插补
	估算内容	1952~1995 年的不变价产出与中间投入、不变价增加值
	估算结果	与林、渔、农副业官方数据加总后，整个农业部门的增加值比官方高出 610 亿元（1987 年）；其年均实际增长率在 1952~1978 年为 2.2%，在 1978~1995 年为 3.4%，而官方结果分别为 2.1% 和 3.3%
工业	基础数据	1949~1997 年的产量与价格数据
	统计对象	17 个工业行业的产品共 163 种
	数据来源	《中国工业统计年鉴》、日本一桥大学经济研究所（IER）"战后中国工业价格数据库"
	估算方法	基于式（4-4）与 1987 年价格编制物量指数； 基于式（4-5）与 1987 年增加值的物量外推估算
	估算内容	1949~1997 年的不变价增加值
	估算结果	整个工业部门增加值的年均实际增长率在 1949~1978 年为 10.3%，在 1978~1997 年为 8.7%，而官方结果分别为 11.5% 和 12%
"非生产性"服务业	基础数据	1987 年增加值、1952~1995 年就业人数
	统计对象	第三产业部门中除交通运输、仓储和邮政业，批发和零售业，住宿和餐饮业之外的其他服务行业
	数据来源	国家统计局
	估算方法	调增 1987 年名义增加值，以就业人数增长率替代实际增加值增长率
	估算内容	1952~1995 年的不变价增加值
	估算结果	该部门增加值的年均实际增长率在 1952~1978 年为 4.2%，在 1978~1995 年为 6.7%，而官方结果分别为 5.5% 和 11.8%
其他	林业、渔业、农副业，建筑业，交通运输、仓储和邮政业，批发和零售业，住宿和餐饮业，均直接采用官方数据	

注：针对工业部门采用了 Wu（1997，2002）的估算结果。

资料来源：整理自 Maddison（1998）和 Wu（2002）。

在表 4-2 中，对于农牧业，主要遵循式（4-4）的方法逻辑，利用 6 个基准年份 125 种农作物和畜禽产品的物量与价格数据，估算其基于 1987 年价格的农牧业增加值，并对每两个基准年份之间各年份的不变价增加值进行插补。对于工业部门，采用 Wu（1997）的估算结果，首先是遵循式（4-4）的方法，利用研究期间 163 种工业产品的产量和价格数据，编制 17 个工业行业的基于 1987 年价格的产出物量指数；进而遵循式（4-5）中物量外推法部分的方法逻辑，以 1987 年各行业的增加值作为权重，加权汇总得到整个工业部门的不变价增加值序列。对于第三产业中除运输通信业、商业和餐饮业以外的"非生产性"服务业部门，在对基准年份（1987 年）增加值上调 1/3 的基础上，假定中国该部门的劳动生产率为零增长，仅以其就业人数的变化来反映实际增加值的增长，由此估算该部门不变价增加值序列；可以认为该过程主要是遵循了式（4-3）的方法逻辑。

基于上述三部门不变价增加值序列的重新估算，结合国民经济其他部门[①]的官方数据，Maddison（1998）最终构造出 1952 ~ 1995 年中国的不变价（1987 年价）GDP 时间序列。Maddison 和 Wu（2008）则进一步将几类项目的估算更新到2003 年，所得结果及其与官方统计数据之间的差异如图 4-1 至图 4-4 所示。

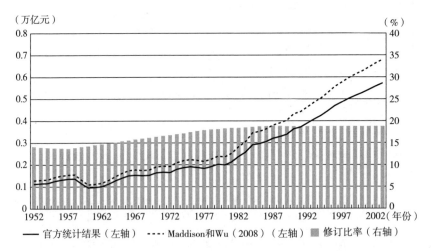

图 4-1 Maddison 和 Wu（2008）对 1952~2003 年中国

农业增加值序列的重构（1987 年价）

---

① 包括第一产业（农业部门）中的林业、渔业和副业，第二产业中的建筑业，第三产业（服务业部门）中的交通运输、仓储和邮政业，批发和零售业以及住宿和餐饮业。

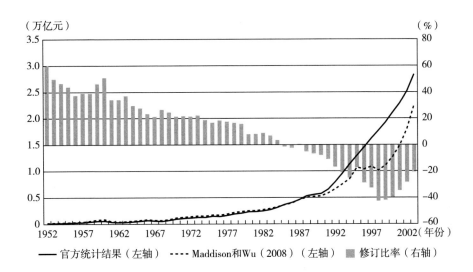

图 4-2　Maddison 和 Wu（2008）对 1952~2003 年中国

工业增加值序列的重构（1987 年价）

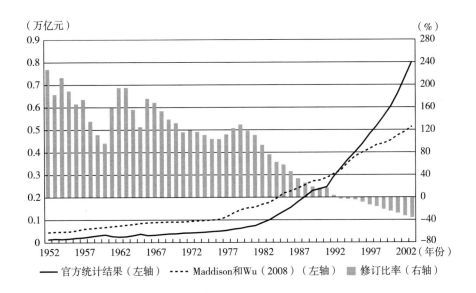

图 4-3　Maddison 和 Wu（2008）对 1952~2003 年中国

"非生产性"服务业增加值序列的重构（1987 年价）

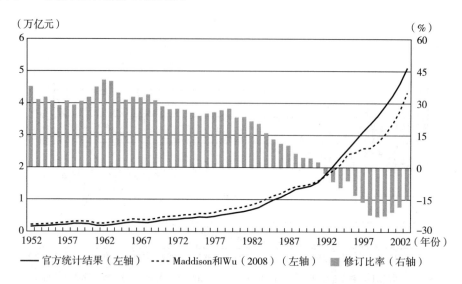

图 4-4　Maddison 和 Wu（2008）对 1952~2003 年中国 GDP 序列的重构（1987 年价）

　　由图 4-1 可知，Maddison 和 Wu（2008）对中国农业部门增加值数据的修订是较为"温和"的，其中对官方的增加值水平序列普遍向上调整了 14%~19%，对官方增长率序列的修订则非常微弱，整个评估区间的年均增长率仅比官方数值高出 0.1 个百分点。由图 4-2 可知，Maddison 和 Wu 对基准年份 1987 年之前中国工业部门的不变价增加值数据进行了上调，对 1987 年之后的数据则进行了下调，整体效果则是工业增长速度被向下修订；20 世纪 90 年代以后，两个序列的形态差异较大，显示官方增长率数据存在被"平滑化"的可能性。由图 4-3 可知，"非生产性"服务业部门增加值数据被修订的幅度最大，虽然在基准年份 1987 年的增加值水平被上调了 1/3，但由于采用了较低的就业人数增长率来替代反映该部门的产出增长速度，整体呈现为缓和增长形态，且从 1993 年开始低于官方水平。由图 4-4 可知，由于工业部门在被修订的三个部门中所占份额最大，最终 Maddison 和 Wu（2008）对 GDP 序列的修订效果也与图 4-2 所示对工业部门的修订效果相当一致。

　　结合图 3-1 至图 3-4 所示的官方历史修订情况进行对比分析，Maddison 和 Wu（2008）对于农业部门产出数据的修订方向与官方修订保持了一致（但前者的修订幅度远大于后者），对于 20 世纪 90 年代工业部门增长率的修订与官方修订也有一定的相似之处，而对于服务业部门①和 GDP 的修订则与官方修订结果缺乏一致性和可比性。考虑到 Maddison（1998）、Wu（2002）以及 Maddison 和 Wu（2008）所采用的基础数据满足客观可信度，估算过程非常透明②，估算结果与官方数据之间的差异具有清晰的现实背景与方法论意涵，尤其反映了各部门产出在定价方面可能存在的问题，因此可以认为，相关估算研究具有官方修订所不具备的另类评估功效。OECD 的非成员合作中心（CCNM）2000 年发布的报告《中国国民经济核算：来源与方法》③ 认为，中国官方对于 GDP 增长率的估算结果提供了一条上边界，Maddison（1998）则提供了一条下边界，真实的 GDP 增长率应当介于两者之间。

与物量外推法强调各部门产出中的实际物量因素相比，价格缩减法更加关注于不同年份名义产出中的价格变动因素。表 4-3 整理了 Ren（1997）、Young（2000）与 Keidel（2001）应用价格缩减法重构中国 GDP 序列的操作程序。三项研究都遵循了式（4-5）中价格缩减法部分的方法逻辑，其中前两项分别针对中国生产法 GDP 序列进行三部门单缩法和六部门双缩法处理，但所得结果相差不大；第三项则是针对中国支出法 GDP 序列的构成项目进行价格缩减处理。具体估算结果如图 4-5 和图 4-6 所示。

表 4-3　基于价格缩减法重构中国 GDP（指数）序列的相关程序

文献	操作要点	具体说明
Ren（1997）	基础数据	1985~1994 年三大产业的现价增加值
	估算方法	三部门价格缩减法（单缩法）
	价格缩减指数	第一产业：农业与副业产品购买价格指数 第二产业：工业产品生产者价格指数 第三产业：居民消费价格指数中的服务性专门指数
	估算结果	研究期间 GDP 的年均增长率为 6%，官方相应结果则为 9.8%

①　Maddison（1998）以及 Maddison 和 Wu（2008）仅修订了第三产业中的"非生产性"服务业部门，但必然会导致整个第三产业实际增长率乃至近年来增加值水平的下调，而官方修订结果则使得第三产业的名义增加值水平与实际增长率都呈现大幅上调。

②　与之相比，中国官方的例行修订与历史修订过程反而缺乏足够的透明度。

③　该报告的主体由国家统计局的许宪春和叶燕斐撰写。

续表

文献	操作要点	具体说明
Young（2000）	基础数据	1978~1998 年六部门的现价增加值
	估算方法	六部门价格缩减法（部分双缩法）
	价格缩减指数	农业：农业与副业产品价格指数 工业：工业产品出厂价格指数 建筑业：建筑活动投资价格指数 交通运输业：接受官方数据 批发零售业：商品零售价格指数 其他服务业：居民消费价格指数中的服务性专门指数
	估算结果	研究期间 GDP 的年均增长率为 7.2%，官方相应结果则为 9.1%
Keidel（2001）	基础数据	1978~2000 年支出法 GDP 的现价构成项目
	估算方法	价格缩减法
	价格缩减指数	居民消费：城镇、农村居民消费价格指数 政府消费：全国居民消费价格指数 资本形成：官方投资缩减指数 贸易余额：商品零售价格指数
	估算结果	研究期间支出法 GDP 年均增长率低于官方生产法 GDP 增长率

资料来源：分别整理自 Ren（1997）、Young（2000）与 Keidel（2001）。

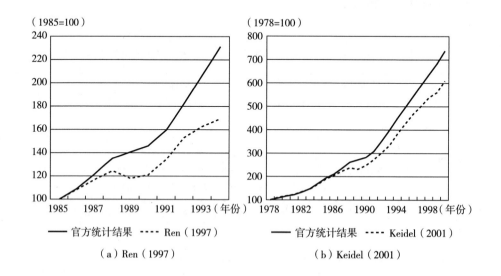

（a）Ren（1997）　　　　　　　　　（b）Keidel（2001）

图 4-5　基于价格缩减方法对中国 GDP 指数序列的重构

　　对比图 4−5 （a） 和图 4−5 （b） 可以发现，由 Ren （1997） 和 Keidel （2001） 分别针对中国生产法 GDP 和支出法 GDP 进行价格缩减后构造的 GDP 指数序列具有非常相似的形态，两者都从 1987 年（尤其是 1989 年）起开始与官方序列表现出明显分离，彼此之间产生较大缺口，表明在官方不变价 GDP 序列中存在价格缩减不足效应。而由图 4-6 可知，Ren （1997） 和 Keidel （2001） 估算的 GDP 增长率在多数年份与官方统计结果非常接近，但都对 1987~1989 年的官方 GDP 增长率予以大幅下调，在 1992 年、1993 年和 1999 年等年份也具有显著差异，可知价格缩减不足效应主要是存在于这些年份中。

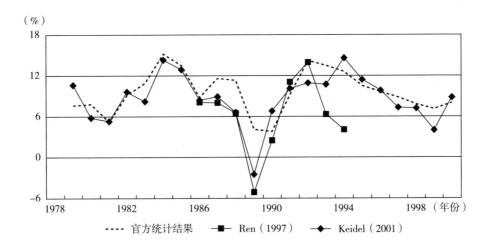

图 4-6　基于价格缩减方法对中国 GDP 增长率序列的重构

　　受基础数据可得性的影响，上述各项研究中采用的价格缩减指数与相应统计项目未必完全对应——例如工业生产者价格指数无法直接对应于工业增加值，居民消费价格指数无法准确反映政府消费的价格变动，商品零售价格指数更是与贸易余额（净出口）在统计范围上相差极大。即使可以对应，部门整体层面的价格指数也与官方实际使用的（分产品、分项目的）细部价格指数在对名义增加值的缩减效果上存在或多或少的差异。不过由图 4-6 所显示的实际结果来看，在部门整体层面上应用价格缩减法得到的重估结果，至少在多数年份中并未与官方结果表现出明显的、趋势性的差异，而个别年份（1987~1989 年、1992 年、

1993 年和 1999 年）的负向偏差则凸显官方数据在当年价格处理上的可靠性存疑。据此判断，应用价格缩减法重构（不变价）GDP 时间序列具有一定程度的可行性，至少可以揭示特定年份官方 GDP 数据中对于价格变动因素的估算误差。

第四节　小结

综上所述，基于物量外推法或价格缩减法的指标重构方法的运用，可以构造出针对官方数据的替代性的 GDP（及其组成部分）数据序列，据此可揭示官方 GDP 数据中的各类型核算误差及其规模。例如，Maddison（1998）对中国农业部门和"非生产性"服务业部门名义增加值的估计与调整，有助于评估 GDP 核算过程中覆盖误差的规模；Maddison（1998）与 Wu（2002）应用物量外推法来估算固定基期（都以 1987 年为基准年份）的不变价农业和工业增加值序列，可以消除改革之前时期与过渡时期的规制性误差的影响。各项研究针对 GDP 增长率（或不变价 GDP）序列的估算，都可以清晰呈现官方 GDP 数据中估算误差的发生机制，对于操作误差也有一定的辨识效果。因此可以认为，指标重构方法对于 GDP 数据质量具有必要的评估功效。

当然，上述研究的结果未必具有令人满意的可靠性，这还取决于具体指标重构原理（误差机制假设）的合理性、基础数据的充分性以及价格缩减指数的匹配性。针对 Maddison（1998）的研究，Holz（2006a）指出其关于"非生产性"服务业劳动生产率零增长的假设是不成立的，对于该部门名义增加值简单上调 1/3 的做法也失之武断，对于农牧业产品所采用的 FAO 价格则可能会高估市场交易价格。Wu（2002）构造的物量指数忽略了产品质量的改进与新产品的开发，导致高估工业品的价格变动并低估工业增长速度。Ren（1997）基于单缩法的估算效果难免逊于 Young（2000）的双缩法。而 Keidel（2001）利用零售价格指数来缩减对外贸易余额（净出口）的做法并不正确，应该使用适当的缩减指数分别缩减出口与进口（Shiau，2005）。基于国家统计局的立场来看，所有针对中国 GDP 及其增长率的外部估算显然都存在方方面面的数据与技术缺陷，不可能对官方数据质量提出确凿的否定证据。但如果按照 Holz（2006a）的观点，即"中国经济增长统计分析的出发点一定是官方统计数据……除非有很好的理由来拒绝官方 GDP 数据，否则它们都应是第一选择"，任何外部估算的价值都将无以存在。这显然又失之偏颇。

若转换立场加以考察，既然已经对官方统计结果产生质疑，并且其统计过程也缺乏必要的透明度，广大数据用户基于可获取的数据资料与现实合理的方法逻辑对 GDP 指标（序列）进行重构，至少可以提供较具"可视化"效果的外部评判基准。鉴于指标重构方法的估算过程具有完全的透明度与可复制性，不同的研究设计与细节处理反映了清晰的方法论意涵，评估结果也可指向明确的误差发生机制，在此基础上对其加以改进的路径非常明确，其评估功效因而仍是不容低估的。例如 Maddison（2006）声称，其对中国农业和"非生产性"服务业增加值的相关调整（Maddison，1998），与其在估算其他时期、其他国家经济总量和增长速度时采用的处理方法是一致的，由此更能满足国际比较的需要。[①] 针对 Maddison 和 Wu（2008）采用单一标准价格权重构造物量指数所可能产生的替代性偏差，Wu（2013）引入了多个年份的价格权重，以改进对于中国工业增加值的估算效果。国内近年来的代表性研究，如朱天和张军（2014）以及朱天等（2017）[②]，对于居民消费支出和固定资本形成总额的重估序列虽然较短，但也清晰呈现出官方数据中的不可理解之处，对于官方数据质量提出了确实反证。

---

① 作为"当代最伟大的经济历史数据考证和分析专家"（伍晓鹰语），Maddison 主导建立的世界各国主要宏观经济指标的长期时间序列数据库，在国际比较研究中具有非常重要的影响力和超高的引用率，以至有"Maddison 影子"的说法。

② 其对应的英文版本分别为 Zhang 和 Zhu（2013）以及 Liu 等（2016）。

第五章 计量模型方法的评估功效分析

与第四章类似，本章结合之前部分对于中国 GDP 核算误差特征事实与发生机制的讨论，在对 GDP 数据质量评估中计量模型方法的基本原理进行提炼的基础上，具体对其评估功效进行分析，考察相关评估研究结果能否有效呈现 GDP 数据序列中的误差模式，能否提供可用的修订信息。

第一节 计量模型方法的基本原理

所谓的计量模型方法实际包含两种评估策略，即基于计量经济模型的异常数值识别与基于计量经济模型的参数可靠性分析。两者都以对计量经济模型的构建和拟合为基础，但在数据质量评估环节则产生方法原理的分异，前者注重考察模型残差，后者则转向考察模型参数。具体的方法原理可表述如下：

依据一定的经济理论或时间序列数据的变动规律，拟合以待评估指标 Y 作为被解释变量的计量经济模型或时间序列模型（此处以纵向维度的数据质量评估为例）：

$$Y_t = f(X_t, \ t; \ \boldsymbol{\theta}) + u_t, \ t = 1, \ 2, \ \cdots, \ T \tag{5-1}$$

其中，X 表示与 Y 相关联的、可作为模型解释变量的指标集合，$\boldsymbol{\theta}$ 则表示模型的参数集合。通过适当的估计和检验，可得合宜的模型拟合结果为：

$$\hat{Y}_t = f(X_t, \ t; \ \hat{\boldsymbol{\theta}}), \ t = 1, \ 2, \ \cdots, \ T \tag{5-2}$$

在异常数值识别方法的应用中，将模型拟合值 $\hat{Y}$ 视为待评估指标 Y 的真实值（参照值），计算实际统计值与拟合值之间的相对误差：

$$P_t = \frac{Y_t - \hat{Y}_t}{Y_t} = \frac{\hat{u}_t}{Y_t}, \quad t = 1, 2, \cdots, T \tag{5-3}$$

判断其是否超出事先设定的允许误差限度。

或者借助统计数据诊断原理，计算各种诊断统计量，如用于异常点检验的学生化残差：

$$r_t = \frac{\hat{u}_t}{s\sqrt{1-h_{tt}}}, \quad t_t = \frac{\hat{u}_t}{s(t)\sqrt{1-h_{tt}}} \tag{5-4}$$

其中，$\hat{u}_t$ 表示模型拟合残差，s 表示模型的标准误差，$s(t)$ 表示删除第 t 个数据点后所拟合模型的标准误差，h_{tt} 表示帽子矩阵 $\boldsymbol{H} = \boldsymbol{X}(\boldsymbol{X'X})^{-1}\boldsymbol{X'}$ 中的第 t 个对角线元素。

或者计算用于强影响点检验的 Cook 距离和 W-K 距离如下：

$$Cook_t = \frac{(\hat{\boldsymbol{\theta}}(t)-\hat{\boldsymbol{\theta}})'\boldsymbol{X'X}(\hat{\boldsymbol{\theta}}(t)-\hat{\boldsymbol{\theta}})}{ks^2}, \quad WK_t = \frac{\boldsymbol{X'}_t(\hat{\boldsymbol{\theta}}-\hat{\boldsymbol{\theta}}(t))}{s(t)\sqrt{h_{tt}}} \tag{5-5}$$

其中，$\hat{\boldsymbol{\theta}}(t)$ 表示删除第 t 个数据点后所拟合模型的参数估计值，k 为模型中待估参数的个数。据此可以识别出待评估数据序列中的（严重偏离既定模型的）异常数值点或（对于统计推断具有较大影响的）强影响点。

在参数可靠性分析方法的应用中，则是分析模型参数估计值在经济意义上的合宜性、跨区间的可比性与跨时期的稳定性，判断模型所反映的经济运行机理是否明显有悖于社会经济常识。对于模型（5-1）中的特定参数 θ，理论上可能存在合宜的取值区间 $(\underline{\theta}, \overline{\theta})$，如果模型估计结果中出现：

$$\hat{\theta} > \overline{\theta} \text{ 或 } \hat{\theta} < \underline{\theta} \tag{5-6}$$

或者与同类型经济体的模型拟合结果相比（令模型参数为 $\hat{\theta}'$），如果模型参数估计值的差异程度超出了正常可解释的范围，即：

$$|\hat{\theta} - \hat{\theta}'| > \delta \tag{5-7}$$

或者将前后不同时期的模型拟合结果相比，如果相邻时期的模型参数估计值（或其函数）出现不可解释的激增或异常跳动，即：

$$|\hat{\theta}_{(2)}-\hat{\theta}_{(1)}|>\delta \text{ 或 }|g(\hat{\theta}_{(2)})-g(\hat{\theta}_{(1)})|>\delta \tag{5-8}$$

则可判定待评估统计指标中存在明显的统计误差。

第二节 计量模型方法的实践功效评析

与国外学界侧重以指标重构方法评估中国 GDP 数据质量不同，在国内相关研究中计量模型方法则成为主流的评估方法。本书利用 CNKI 数据库进行检索，实际搜集到具体研究文献超过 50 篇（包括期刊论文和学位论文），涉及以 Cobb-Douglas 生产函数为基础的计量模型、（回归）组合模型、匹配模型、面板数据模型、稳健回归、数据删除模型、动态（时间序列）模型、向量自回归与向量误差修正模型、半参数模型、（非）参数面板模型、面板门限模型等诸多技术分支，但多数都采用了异常数值识别（残差分析）策略（超过 40 篇），仅有少数采用参数可靠性分析策略。

考虑到已有文献的水平参差不齐，以第二章文献综述的内容为基础，本节主要选取两部针对性较强的专著，以及国内经济与统计学界顶尖刊物《经济研究》《统计研究》《数量经济技术经济研究》上发表的相关论文作为分析对象，具体成果列于表 5-1 中。其中，Adams 和 Chen（1996）、孟连和王小鲁（2000）、Klein 和 Ozmucur（2003）、阙里和钟笑寒（2005）以及周国富和连飞（2010）采用了基于计量模型的参数可靠性分析方法，而周建（2005）、杨冠琼（2006）、刘洪和黄燕（2007，2009）、卢二坡和黄炳艺（2010）、卢二坡和张焕明（2011）、刘洪和昌先宇（2011）以及刘洪和金林（2012）则采用了基于计量模型的异常数值识别方法。以下专门针对这些文献，分析计量模型方法的评估功效。

作为较早的一篇应用计量经济模型检验中国 GDP 数据可信度的外文文献，Adams 和 Chen（1996）对中国、其他 8 个东亚国家（或地区）以及美国的能源消费（电力消费）相对于 GDP（工业增加值）的弹性系数进行了估计。结果表明，中国的各项弹性系数均低于美国和其他东亚国家（或地区）的同期水平；由于中国自经济改革以来的经济增长带有明显的高能耗特征（大多数能源消耗工

表5-1 基于计量模型方法的 GDP 数据质量评估研究

文献	评估对象	模型及解释变量	评估结果/结论
Adams 和 Chen（1996）	GDP/工业增加值（1978~1994年）	能源/电力消费对于（工业）GDP 的对数回归模型：（工业）GDP，滞后期能源消费	中国能源消费和电力消费对 GDP 的弹性系数平均为 0.45 和 0.94，电力消费对工业增加值的弹性系数为 0.63，都大大低于同期亚洲的平均水平 1.12、1.63 和 1.67；中国官方统计夸大了中国 GDP 和工业增加值的增长率
孟连和王小鲁（2000）	GDP/工业增加值（1978~1997年）	分段 Cobb-Douglas 生产函数：资本与劳动投入，时间趋势	1992~1997 年工业全要素生产率率然由前一时期的平均 2.5%跃升到 7.3%，GDP 全要素生产率则由 2.8%升至 4.9%；判断主要是由增长率统计的虚高所导致
Klein 和 Ozmucur（2003）	GDP 增长率（1980~2000年）	主成分回归：能源，交通，通信，劳动力，农业，贸易，公共部门，工资，通货膨胀等领域的 15 个经济变量	模型参数估计结果完全符合经济规律，不能从官方统计数据中被明显高估的结论
阙里和钟笑寒（2005）	地区 GDP 增长率（1984~2001年）	基于平行数据的固定效应变截距模型，主成分回归：投资，农业，能源，交通运输，通信，医疗，国际收支，工资，通货膨胀，消费等领域的 10 个经济变量	模型估计得出的所有经济变量变动对于 GDP 增长的弹性都是正的，与公认的经济规律完全吻合，没有发现 GDP 统计数据质量存在系统、长期错误的证据。河北、安徽、广西、河南、江西 5 个省份以外的其他省区市，而其经济增长的"要素"优势并不突出。1996 年是年度固定效应最为显著的年份，不能排除该年的年度固定效应均不显著，排除"非经济"因素对其 GDP 增长数据存在一定程度的高估；而 1998~2001 年的地区 GDP 统计数均不显著，拒绝了 Rawski（2001）认为 1998 年以后统计数据存在严重高估的假设

文献	评估对象	模型及解释变量	评估结果/结论
周国富和连飞（2010）	地区 GDP（2005~2008 年）	空间面板数据模型，主成分回归：投资、消费，对外贸易，能源消耗，居民收入，财政收入，货物运输，信贷投放方面的 9 个经济变量	所有模型系数均为正值，符合基本经济规律，整体上证实地区 GDP 与各指标的匹配性较好，不存在明显的失真现象。4 个年份的时间固定效应均不显著，表明地区 GDP 数据质量在这几年间是基本稳定的。在空间固定效应方面，显著为正的有东部沿海 7 个省份，排除经济因素和社会因素为可能存在一定程度的高估；显著为负的有中西部 14 个省份，其 GDP 数据极有可能有一定程度的低估
周建（2005）	GDP 增长率（1978~2000 年）	生产函数：全社会固定资产投资增速，就业人员数增速，电力消费增速和科技拨款增速	1984 年与 1993 年样本点为显著异常点；大多数拟合误差绝对值都在 1% 以内（占样本总数的 73.9%），可知从计算出来的拟合值应该比较准确的，因为它应反映了经济系统之间的关系；从总体上认为以 GDP 增速的统计数据是比较可靠的
杨冠琼（2006）	某省 GDP 及三大产业增加值（1978~2004 年）	结构化计量模型：能源消费、经济结构，居民储蓄，电信业务，交通运输，价格等方面的多个经济变量	GDP（增长率）模拟结果与统计数值之间的相对绝对误差大多是可接受的，显现不出 GDP 自身的真实性问题。相对于统计数值的波动性更大，显示前者的平稳性有较高的可能性；换言之，统计增长率"加工"处理的可能性，也有较低估的年份，综合影响则基本互抵消。从长期来看，该省 GDP 统计增长率均数是可信的
刘洪和黄燕（2007）	GDP（2004 年）	时间序列组合模型：1978~2003 年 GDP	历年误差百分率的绝对值都在 5% 以内，说明回归模型较真实地刻画了 GDP 序列；2004 年 GDP 的误差百分率为-2.35%，介于历史区间最大误差和最小误差百分率之间，因此认为 2004 年 GDP 数据是准确的

续表

文献	评估对象	模型及解释变量	评估结果/结论
刘洪和黄燕 (2009)	GDP (1978~2004年)	Cobb-Douglas 生产函数:资本与劳动投入、时间趋势	1978年、1985年和1991年数据点为模型的异常点和强影响点,1984和1986年为可疑数据
卢二坡和黄炳艺 (2010)	GDP (1978~2008年)	基于生产函数的稳健回归:资本与劳动投入、时间趋势	1981~1982年、1990年的稳健标准化残差被诊断为异常,1978~1989年的稳健MCD距离被诊断为环点;但1978~1989年数据对模型拟合得很好,1990年该年也与该年的经济调整背景相符,可以认为改革开放以来我国GDP数据是相对可靠的
卢二坡和张焕明 (2011)	地区经济增长率 (2008年)	稳健主成分回归:固定资产投资总额,消费品零售总额,出口额,货运量,邮电业务量,财政收入,税收收入,银行信贷,农民人均纯收入,城镇居民人均可支配收入,城镇从业人员数,电力消费量	2008年地区经济增长数据与相关指标数据基本是匹配的,但是内蒙古、青海、新疆等地区的数据被诊断为强的红杠点,吉林、黑龙江、江西、安徽、宁夏等地区经济增长数据的可靠性可能存在问题,其中吉林和黑龙江的数据可能被高估,安徽、江西、宁夏的数据则有被低估的可能
刘洪和昌先宇 (2011)	GDP (1978~2008年)	含隐性变量的状态空间模型:资本与劳动投入	TFP增长率在1981年、1984年、1986年、1988年、1989年、1992年、1999年、2005年和2007年,相比前一年均有较大的波动,其中1981年、1988年和2000年TFP增长率的骤然波动找不到合理的原因解释,反映这几年的GDP核算可能存在误差
刘洪和金林 (2012)	GDP (1953~2010年)	基于生产函数的半参数模型:物质资本、人力资本与劳动投入	1958年、1959年、1961年、1991年和1994年的GDP数据为半参数模型的异常点,考虑异常点的具体情况,1991年和1994年GDP数据的异常可能是由于统计准确性问题所造成的

业部门增长得最快），能源使用效率一直未见有明显提高，因此断定是中国官方统计夸大了中国 GDP 的增长率。该文的评估方法主要遵循式（5-7）的逻辑，并且可以依据东亚国家（或地区）弹性系数的平均水平，对中国（工业）GDP 增长率数据进行重新估计；重估结果仅达到官方数据的 50% 左右，验证了因价格缩减不足而导致中国 GDP 增长率被高估的假说。由此判断，该评估方法具有必要的实施功效，至于其适用条件（前提假定）能够在多大程度上予以满足，则又另当别论。

孟连和王小鲁（2000）遵循式（5-8）的方法逻辑，针对 1953～1997 年（工业）GDP 生产函数建立计量模型，区分整个样本期间、改革时期 1978～1997 年以及"统计指标超常"时期 1992～1997 年三个研究时期，对每个时间段使用一个时间趋势变量，以此获得相应时间段全要素生产率增长率的估计。结果表明，1992～1997 年工业全要素生产率增长率突然由前一时期的平均 2.5% 跃升到 7.3%，鉴于无法证明在此期间发生了史无前例的技术进步的加速，可以判断主要是由增长率统计的虚增所导致，并据此将官方工业增长率数据下调 4 个百分点。同理，GDP 增长率统计中也存在同样的虚增现象，建议将官方数据下调 2.5 个百分点。该文将模型估计结果中表现出的跨期差异主要认定为操作误差，但数据修订过程的随意性较大，仍然有失严谨，其评估功效要逊于（至少不强于）Adams 和 Chen（1996）。

Klein 和 Ozmucur（2003）选取覆盖国民经济各部门的 15 个指标的增长率作为解释变量，对 1980～2000 年的 GDP 增长率进行主成分回归估计。所得估计结果的统计显著性、拟合优度、残差性质等均符合要求，并且 15 个基本经济变量的变动率与中国官方统计的 GDP 增长率都呈正相关（符合经济规律），不能从中得出中国经济增长速度在官方统计数据中被明显高估的结论。该文的评估方法实际是遵循式（5-6）的逻辑，但预设的参数取值的合宜标准却过于宽松了——试问 GDP 增长率官方数据要扭曲到何种程度，才能让回归参数表现为不符合经济规律（呈负相关）？就此而言，Klein 和 Ozmucur（2003）的研究是缺乏评估功效的。毫不奇怪，阙里和钟笑寒（2005）、周国富和连飞（2010）、Mehrotra 和 Pääkkönen（2011）以及 Fernald 等（2013）基于同样的方法逻辑，检验中国（地区）GDP 增长率数据与其他经济数据的一致性，结果也都未能发现 GDP 数据失真的系统证据。[①]

周建（2005）是较早将统计诊断（异常数值识别）方法应用于统计数据质量评估的文献，其基本思想是：经济系统是一个相互制约且又相互依存的整体，其中的各个经济变量之间必然存在内在关联，如果一个或几个指标发生变动，将会破坏另外一些指标的平稳关系，从而引起所关注指标的异常变化；据此可以考察在针对经济系统建立的计量经济模型中各样本点的具体表现，如果残差过大（从而被判定为异常点），或对模型稳健性有所影响（被判定为强影响点），则认为该样本点的数据准确性值得怀疑。该文具体以全社会固定资产投资增速、就业人员数增速、电力消费增速和科技拨款增速为解释变量，对 1978~2000 年的 GDP 增长率进行回归，结果表明，1984 年与 1993 年样本点为显著的异常点，而大多数拟合误差绝对值都在 1%以内（占样本点总数的 73.9%）；据此认为从模型中计算出来的拟合值应该是比较准确的，总体上 GDP 增速的统计数据是比较可靠的。

周建（2005）以模型拟合值作为被解释变量（GDP 增长率）真实值的表征，以拟合残差的大小反映 GDP 数据的可靠性，这一评断逻辑存在诸多误判的可能性。如图 5-1（a）所示，对于数据点 A，因较大的统计误差而显现为数据集中的异常点，这是将异常数值识别方法应用于统计数据质量评估领域的基本目标设定；而对于数据点 B，虽然同样存在较大的统计误差，却隐藏于正常数据集中，难以被识别出来；对于数据点 C，其本身并无统计误差，但因客观统计分布规律而体现为异常数值点。更严重的问题则如图 5-1（b）所示，所有数据点都存在系统性的统计误差，此时数据集以及据此拟合的回归线将整体位移，但却无法从中识别出任何异常点——由 GDP 核算误差的发生机制以及 GDP 数据的具体历史修订记录来看，这种情形极具现实性。可以认为，异常数值识别方法的功效基本体现为识别"正常"数据集中的"害群之马"，但对于"异常"数据集却是"法不责众"，毫无评估功效可言。正因如此，表 5-1 中的同类型文献都得出了类似的结论，即（错误地）认为 GDP 数据在整体上是可靠的。

---

① 与 Klein 和 Ozmucur（2003）不同的是，阙里和钟笑寒（2005）以及周国富和连飞（2010）引入了多地区、跨年度的面板数据，将地区与年度固定效应模型中的变截距视为各地区、各年度 GDP 核算误差的表征。这实际上是根据（与各地区或各年度相关的）模型拟合残差的大小来判定 GDP 数据质量的水准，属于异常数值识别的方法范畴，其中所存在的问题将在下文中论述。

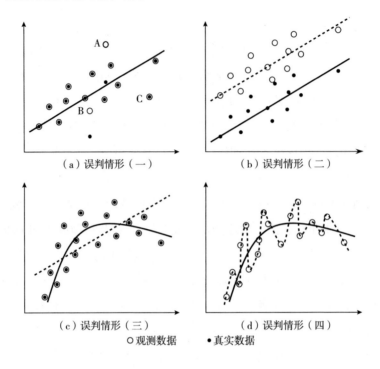

（a）误判情形（一）　　　　　　（b）误判情形（二）

（c）误判情形（三）　　　　　　（d）误判情形（四）

○观测数据　●真实数据

图 5-1　异常数值识别方法的几种误判情形

为改进基于计量模型的异常数值识别方法的评估效果，卢二坡和黄炳艺（2010）、卢二坡和张焕明（2011）主张采用稳健回归方法，以避免数据"污染"的不良影响；刘洪和昌先宇（2011）、刘洪和金林（2012）则致力于计量模型的结构改进，分别采用了含隐变量的状态空间模型和半参数模型。但这些改进研究恰恰凸显了该评估方法的另一重大问题：既然利用拟合残差来反映 GDP 数据的可靠水准，而残差大小又取决于模型拟合的程度（两者存在此消彼长的关系），因此可知，当拟合程度不足时［如图 5-1（c）中的虚线所示］，往往易于发现较多的异常点；而当采用更复杂估计方法以提高拟合程度，甚至达成 100% 拟合时［如图 5-1（d）中的虚线所示］，则不再有任何残差与异常点存在。反向观之，某项研究若识别出较多（或较大幅度）的异常点，首先其计量模型的可用性（拟合效果）难免令人怀疑；而若识别出较少的（甚至没有）异常点，则又可质疑其存在过度拟合。之所以存在这种"拟合悖论"，其关键症结在于，在追求更高模型拟合程度与追求识别出更多异常点之间，难以确定一条合理的界限；实际上也不可能存在这样一条明确的界限。

在计量经济学的方法论发展与应用实践中，虽然强调以明确的理论模型为依归，但具体计量模型的成立往往又依赖于很多假设条件，在拟合估计时需要基于不同假设施加或多或少的处理，如非线性模型的线性化、解释变量的选取、工具变量的引入、针对特定误差结构的加权调整等；这导致计量经济学研究（的模型设定）普遍存在很大的不确定性，其实践效果非常依赖于研究者的主观洞察力与模型设定技巧。进一步地，针对同一经济问题（变量间的一致关联关系）还可能存在多种理论逻辑，从而导出多种理论模型与计量模型。在此情况下，基于（某一）计量模型评估其中（被）解释变量的数据质量，难免会产生二分对立的解读路径：不合理的模型参数估计值或异常的拟合残差，既可能是源于部分变量的数据质量不佳，也可能是由于计量模型本身的结构设定不当，未能准确反映变量之间的关联关系。如此，计量经济模型之于统计数据质量评估的应用功效难免存疑。

第三节　计量模型方法功效的模拟检验

为了对上述分析给予更具可视化效果的论证，本节进一步遵循正向逻辑，建立反映 GDP 现实数据生成过程（其中包括多种 GDP 核算误差特性）的测量误差模型，运用数值模拟方法来检验计量模型方法在揭示 GDP 核算误差发生机制方面的有限功效。

一、模型设定

不失一般性地，假设目标变量 Y 的真实统计数据服从如下生成过程：

$$Y_t^* = \alpha_1 Y_{t-1}^* + \alpha_2 X_t + u_t^* \tag{5-9}$$

其中，α_1 为目标变量的一阶自回归系数，α_2 为外生变量 X 的影响系数，另

有随机干扰项 $u_t^* \sim N(0, \sigma_{u^*}^2)$。[①]

考虑到测量（核算）误差的存在，令现实的统计数据服从如下生成过程：

$$Y_t = Y_t^* + \varepsilon_t \qquad (5\text{-}10)$$

以第三章的讨论为基础，将测量误差 ε_t 的发生机制刻画如下：

$$\varepsilon_t = \gamma_1 \varepsilon_{t-1} + \gamma_2 \Delta X_t + \gamma_3 X_t + v_t, \quad v_t \sim N(0, \sigma_v^2) \qquad (5\text{-}11)$$

式（5-11）中，γ_1（>0）为测量误差的一阶自回归系数，反映因制度和方法原因而产生的误差自相关机制；γ_2（<0）为相对于外生变量波动的误差修正系数，反映统计部门对统计数据中表现出的异常波动施加平滑处理的"人为"机制；γ_3（>0）为外生变量的影响系数，反映由社会经济系统的客观现实因素而形成的误差影响机制。

在以往研究中，刘小二和谢月华（2009）以 GDP 序列对其增长率序列的回归系数来反映 GDP 核算的"适应性预期调整"机制，承载了式（5-11）中 γ_2 的类似信息；孙艳和贡颖（2013）以 GDP 修订额对其初步核算数据的回归系数来反映实时数据的有效性，承载了 γ_3 的类似信息；Sinclair（2019）进一步建立了 GDP 修订额对其滞后项的回归方程，其反映的信息则与 γ_1 基本相同。与上述研究普遍采用的一元回归模型相比，本节模型同时整合了 GDP 核算误差的各种因素，可以更有效地复制前文提及的估算误差、操作误差和覆盖误差的发生机制。

现在考虑利用现实统计数据拟合以下计量模型：

$$Y_t = \beta_0 + \beta_1 Y_{t-1} + \beta_2 X_t + u_t, \quad u_t \sim N(0, \sigma_u^2) \qquad (5\text{-}12)$$

而结合式（5-9）至式（5-11）可知，应有：

$$Y_t - \varepsilon_t = \alpha_1(Y_{t-1} - \varepsilon_{t-1}) + \alpha_2 X_t + u_t^*$$

$$Y_t = \alpha_1 Y_{t-1} + \alpha_2 X_t + (\gamma_1 \varepsilon_{t-1} + \gamma_2 \Delta X_t + \gamma_3 X_t + v_t) - \alpha_1 \varepsilon_{t-1} + u_t^*$$

$$= \alpha_1 Y_{t-1} + (\alpha_2 + \gamma_2 + \gamma_3) X_t - \gamma_2 X_{t-1} + (\gamma_1 - \alpha_1) \varepsilon_{t-1} + v_t + u_t^*$$

对其中的 ε_{t-1} 迭代展开，转换可得：

$$Y_t = (\alpha_1 + \gamma_1) Y_{t-1} + (\alpha_2 + \gamma_2 + \gamma_3) X_t - (\gamma_2 + \alpha_2 \gamma_1 + \alpha_1 \gamma_2 + \alpha_1 \gamma_3) X_{t-1} +$$

---

① 本节从这样一个服从明确数据生成过程的变量出发，可以规避前文提及的模型误设问题，从而集中讨论真实数据之外测量误差机制的影响。由于模型设定与测量误差机制（对于计量模型方法适用性）的影响可以分别予以考察，不论式（5-9）能否直接对应于 GDP 数据的潜在生成过程，都不会影响本节数值模拟结果的成立。同时，式（5-9）作为一类数据集合，也可以在很大程度上涵盖 GDP 数据的生成模式。

$$\alpha_1\gamma_2 X_{t-2}-\alpha_1\gamma_1 Y_{t-2}+(v_t-\alpha_1 v_{t-1})+(u_t^{\ast}-\gamma_1 u_{t-1}^{\ast})$$

因此，若根据真实的数据生成过程，含测量误差的回归模型实际应该为：

$$Y_t=\beta_0+\beta_1 Y_{t-1}+\beta_2 X_t+\beta_3 X_{t-1}+\beta_4 X_{t-2}+\beta_5 Y_{t-2}+u_t \tag{5-13}$$

其中，$\beta_1=\alpha_1+\gamma_1$，$\beta_2=\alpha_2+\gamma_2+\gamma_3$，$\beta_3=-(\gamma_2+\alpha_2\gamma_1+\alpha_1\gamma_2+\alpha_1\gamma_3)$，$\beta_4=\alpha_1\gamma_2$ 和 $\beta_5=-\alpha_1\gamma_1$，并且有 $u_t=(v_t-\alpha_1 v_{t-1})+(u_t^{\ast}-\gamma_1 u_{t-1}^{\ast})$。

由此可知，直接对式（5-12）进行估计将存在多项问题，如遗漏解释变量和被解释变量的滞后项，解释变量与随机干扰项相关，且随机干扰项本身也存在自相关性，因而导致估计结果的严重偏误。

暂且忽略上述问题（甚至假设不存在可能的估计偏误），考虑基于对式（5-12）的拟合估计来评估变量 Y 的数据质量。具体的考察标准（模拟实验的输出变量）如下：

（1）回归系数 β_1 和 β_2。依据参数可靠性分析的基本原理，考察在不同测量误差发生机制下，回归系数的估计值是否严重偏离理论值 α_1 和 α_2，尤其是其符号是否出现反向变异。

（2）由式（5-3）给出的相对误差率 P_t。

（3）由式（5-4）给出的异常点检验参数学生化残差 r_t 与 t_t。

（4）由式（5-5）给出的强影响点检验参数 Cook 距离与 W-K 距离。依照异常数值识别方法的基本原理，考察在不同测量误差发生机制下，标准（2）至标准（4）的取值是否与测量误差机制存在内在关联。

同时，模拟实验的输入变量（对应于不同的测量误差发生机制）则包括：

（1）式（5-9）或式（5-12）中随机干扰项的方差 $\sigma_{u^{\ast}}^2$ 或 σ_u^2，两者影响模型的拟合程度。

（2）式（5-12）的回归系数 β_1 和 β_2，若分别令其为 0，可影响模型的实际结构。

（3）式（5-11）的随机误差方差 σ_v^2，决定测量误差的随机扰动幅度。

（4）式（5-11）中的一阶自回归系数 γ_1，决定测量误差在制度和方法层面的路径依赖程度。

（5）式（5-11）中外生波动的修正系数 γ_2，决定统计测量主体对于测量结果中异常变动的平滑处理程度。

（6）式（5-11）中外生变量的影响系数 γ_3，决定测量误差的客观水平。

基于上述设定，根据不同的模拟情境对输入变量（参数）赋予不同数值，据此拟合式（5-12），即可相应考察在不同的测量误差机制下输出变量的分布情况，从中明确输出变量是否对不同测量误差机制具有一定的反应敏感性。

为简单起见，首先令反映真实数据生成过程的式（5-9）中的一阶自回归系数 $\alpha_1 = 0.8$，外生变量影响系数 $\alpha_2 = 0.5$；令外生变量 X 服从以下指数增长过程：$X_t = (1+g_t)X_{t-1}$，$g_t \sim N(0.05, 0.05^2)$，并且有初始时点的变量取值分别为 $X_0 = 100$ 和 $Y_0 = 100$。

在模拟实验中，令样本时长为 100 期，在不同情境下的模拟次数均为 1000 次。

二、模拟实验情境 1：无测量误差

下文主要检验在无测量误差下式（5-12）的拟合表现。令 $\gamma_1 = \gamma_2 = \gamma_3 = 0$，$\sigma_v^2 = 0$，此时式（5-10）中的测量误差 ε_t 为 0，式（5-12）即等同于式（5-9），故而对模型拟合效果的影响主要来自模型随机干扰项的方差 $\sigma_u^2 = \sigma_{u*}^2$。以下则具体设定 σ_u^2 的不同数值，检验在模型拟合度与异常值识别能力之间是否存在此消彼长的关系。同时，也专门将式（5-12）中的 Y_{t-1} 或 X_t 删除，考察在遗漏重要解释变量的情况下，异常数值识别方法的应用会受到何种影响。

首先令 $\sigma_u^2 = 50^2$，由此随机生成研究变量 X 与 Y 的一套样本数据如图 5-2 所示。由图 5-2 可知，X 与 Y 的时间序列符合宏观经济指标的通常形态，可用以进行相关的模拟实验研究。

利用一套样本数据进行回归拟合，由此计算得到的回归残差序列和相对误差率序列如图 5-3 所示。由图 5-3 可知，对于带有趋势性的时间序列而言，虽然模型的随机干扰项满足同方差条件，但相对误差率 $P_t = \hat{u}_{it}/Y_{it} = (Y_{it} - \hat{Y}_{it})/Y_{it}$ 却会随着模型被解释变量 Y 的取值的增大而减小。因此，样本时段前期的相对误差率往往较大，而样本时段后期的相对误差率则往往较小。专就从时间序列 $\{Y_t\}$ 中识别异常值这一目标而言，相对误差率显然并不是一个可靠的评判标准，至少不能直接以该指标的大小与否判断目标变量 Y 的取值是否存在质量问题。

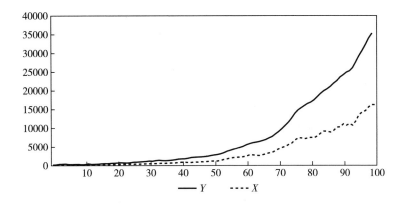

图5-2 关于 X 与 Y 的一套随机样本序列

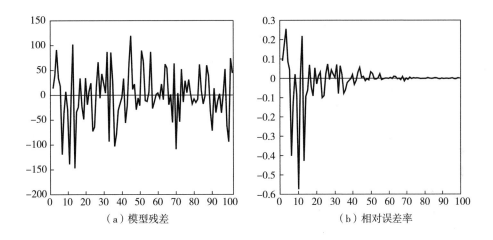

（a）模型残差 （b）相对误差率

图5-3 模型拟合残差及其相对误差率

进一步地，改变 σ_u 的取值（具体从 5 到 200），由此可以针对每套随机样本计算得到回归系数 β_1 和 β_2 的估计值，100 个时点的相关误差率 P_t 的标准差，以及异常点诊断统计量 r_t 与 t_t、强影响点诊断统计量 $Cook_t$ 与 WK_t 的标准差——可以预期，这些参数的标准差越大，从 100 个时点中识别出异常值的可能性也就越大。表 5-2 中列出了在各种情况下，基于 1000 套随机样本的相关模拟数值的平均数。分别删除式（5-12）中的解释变量 Y_{t-1} 或 X_t 后（令 $\sigma_u=50$），所得参数的平均值亦列于表 5-2 中。

表 5-2   无测量误差下的模拟实验结果

模型	$\bar{\beta}_1$	$\bar{\beta}_2$	$\bar{S}(P)$	$\bar{S}(r)$	$\bar{S}(t)$	$\bar{S}$(Cook)	$\bar{S}$(WK)
$\sigma_u = 5$	0.8000 ***	0.5001 ***	0.0087	1.0001	1.0160	0.0285	0.1842
$\sigma_u = 10$	0.7999 ***	0.5003 ***	0.0174	1.0000	1.0159	0.0284	0.1834
$\sigma_u = 20$	0.7995 ***	0.5009 ***	0.0362	0.9999	1.0156	0.0278	0.1826
$\sigma_u = 30$	0.7992 ***	0.5015 ***	0.0576	0.9998	1.0156	0.0273	0.1821
$\sigma_u = 50$	0.7991 ***	0.5019 ***	0.3667	1.0001	1.0157	0.0280	0.1834
$\sigma_u = 100$	0.7941 ***	0.5118 ***	2.2546	1.0000	1.0158	0.0271	0.1828
$\sigma_u = 150$	0.7891 ***	0.5220 ***	4.6913	0.9998	1.0159	0.0261	0.1824
$\sigma_u = 200$	0.7843 ***	0.5310 ***	6.0117	1.0000	1.0159	0.0256	0.1821
$\beta_1 = 0$	0	2.0990 ***	0.5216	1.0126	1.0644	0.0999	0.2334
$\beta_2 = 0$	1.0484 ***	0	0.2829	1.0108	1.0521	0.0872	0.2211

注：***表示在 0.01 水平上显著不为 0。

由表 5-2 结果可知，随着模型随机干扰项的标准差逐渐增大，模型的拟合程度越来越差，在此过程中：①因模型中包含滞后被解释变量而导致的回归系数的估计偏差渐趋增大，但均显著不为 0，亦不存在符号错误；②相对误差率的标准差 $S(P)$ 迅速增大，其中出现异常数值的概率因而也相应激增；③四项诊断统计量的标准差 $\bar{S}(r)$、$\bar{S}(t)$、$\bar{S}$(Cook)与 $\bar{S}$(WK) 没有明显变化，异常值的出现概率不变。据此判断，既然目标变量 Y 的统计数据中并不存在测量误差，以相对误差率来识别数据序列中异常值（并将之等同于测量误差）的评判标准显然有误——一般情况下，若估计结果中出现较大的相对误差率，完全可能是源于回归模型本身的拟合程度较低，而与数据质量无关。同时，四项诊断统计量表现出较好的稳健性，不会因拟合程度的不同而生成错误信息。

此外，在删除模型中的重要解释变量 Y_{t-1} 或 X_t（也即设定 $\beta_1 = 0$ 或 $\beta_2 = 0$）后，模型结构发生重大改变，相关估算结果因而也表现出显著变化：①回归系数估计值严重偏离真实参数（但其符号仍未改变，也仍然显著不为 0）；②四项诊断统计量（尤其是距离统计量）的标准差明显增大，由此可识别出更多的、可疑的异常值。据此判断，对于模型结构的错误设定，既会导致参数估计结果的偏误，也会导致统计诊断结果的异常，因而对测量误差的准确识别造成误导；反言之，即使利用统计诊断方法识别出实际模型拟合结果中较多的异常点（强影响点），也应该首先审视模型结构设定（或估计方法）的合理性，检讨是否存在拟合不足的情况，而不能直接判定其与指标数据中的测量误差有关。

三、模拟实验情境 2：随机测量误差

下文主要检验测量误差生成机制中的随机因素对于模型式（5－12）的拟合结果的影响。仍令 $\gamma_1 = \gamma_2 = \gamma_3 = 0$，且有 $\sigma_{u*}^2 = 50^2$，此时式（5－10）中的测量误差 ε_t 完全由其随机干扰项 v_t 决定，表现为随机性（没有确切发生机制和固定方向）的测量误差。与式（5－9）相比，式（5－12）的区别仅在于 $u_t = v_t + u_t^*$，即随机干扰项的方差有所增大；预期其对模型拟合进而异常数据识别效果的影响，与上一小节中 σ_u^2 增大的效果相当。以下具体设定 σ_v 的不同数值，考察其可能造成的不同影响。

由表 5－3 中的模拟实验结果可知，随着测量误差（随机干扰项）的标准差 σ_v 逐渐增大，各项参数的变化与表 5－2 结果非常相似：①回归系数的估计偏误逐渐增大，但仍显著不为 0；②相对误差率的标准差 $\overline{S}(P)$ 迅速增大，由其识别出异常数值的概率因而相应增大；③四项诊断统计量的标准差 $\overline{S}(r)$、$\overline{S}(t)$、$\overline{S}$（Cook）与 $\overline{S}$（WK）没有明显变化，显示异常值的出现概率不变。由此可见，随机测量误差 v_t 对于模型拟合效果的影响，最终完全叠加于模型本身的随机误差项 u_t 之上，两者实际上无法加以区分。换言之，即使可以据此识别出个别时点取值的异常性，也无法判断它是源于模型本身的未解释因素，还是源于指标数据的测量误差。同时，由于随机测量误差并不必然突出表现于某一（些）特定时点，实际识别出的在个别时点上的异常数值显然不能反映其潜在的误差发生机制，反而会导致实践中的误判。

表 5－3 不同测量误差机制下的模拟实验结果

模型	$\overline{\beta}_1$	$\overline{\beta}_2$	$\overline{S}(P)$	$\overline{S}(r)$	$\overline{S}(t)$	$\overline{S}$（Cook）	$\overline{S}$（WK）
$\sigma_v = 10$	0.7986***	0.5028***	0.3508	1.0001	1.0159	0.0286	0.1840
$\sigma_v = 25$	0.7945***	0.5110***	0.6883	1.0001	1.0161	0.0285	0.1841
$\sigma_v = 50$	0.7860***	0.5282***	0.7465	1.0004	1.0162	0.0294	0.1855

模型	$\bar{\beta}_1$	$\bar{\beta}_2$	$\bar{S}(P)$	$\bar{S}(r)$	$\bar{S}(t)$	$\bar{S}(\text{Cook})$	$\bar{S}(\text{WK})$
$\sigma_v = 100$	0.7522***	0.5961***	2.4269	1.0012	1.0171	0.0337	0.1912
$\gamma_3 = 0.05$	0.7890***	0.5345***	0.4807	1.0005	1.0164	0.0302	0.1865
$\gamma_3 = 0.10$	0.7784***	0.5691***	0.3340	1.0016	1.0179	0.0354	0.1941
$\gamma_3 = 0.20$	0.7589***	0.6377***	0.1662	1.0050	1.0235	0.0512	0.2152
$\gamma_3 = 0.50$	0.7028***	0.8601***	0.0980	1.0136	1.0455	0.0890	0.2643
$\gamma_2 = -0.05$	0.8045***	0.4905***	0.2143	1.0022	1.0188	0.0382	0.1979
$\gamma_2 = -0.10$	0.8090***	0.4810***	0.2870	1.0067	1.0266	0.0574	0.2246
$\gamma_2 = -0.20$	0.8173***	0.4633***	0.3278	1.0145	1.0465	0.0906	0.2680
$\gamma_2 = -0.50$	0.8285***	0.4380***	0.6526	1.0264	1.0882	0.1439	0.3318
$\gamma_1 = 0.01$	0.7979***	0.5043***	0.2722	1.0001	1.0159	0.0283	0.1836
$\gamma_1 = 0.05$	0.7976***	0.5047***	0.5383	1.0000	1.0159	0.0281	0.1833
$\gamma_1 = 0.10$	0.7977***	0.5046***	0.3600	1.0000	1.0159	0.0282	0.1835
$\gamma_1 = 0.30$	0.7978***	0.5043***	0.2712	1.0000	1.0158	0.0280	0.1831
$\gamma_1 = 0.50$	0.7980***	0.5041***	0.3509	0.9999	1.0158	0.0279	0.1828
$\gamma_1 = 0.90$	0.7982***	0.5037***	0.2980	1.0000	1.0159	0.0280	0.1830

注：*** 表示在 0.01 水平上显著不为 0。

四、模拟实验情境 3：客观测量误差

下文主要检验测量误差生成机制中的客观因素对于式（5-12）的拟合结果的影响。令 $\gamma_1 = \gamma_2 = 0$，且有 $\sigma_v^2 = 10^2$，$\sigma_{u^*}^2 = 50^2$，此时式（5-10）中测量误差 ε_t 的变化取决于客观因素 X 的影响系数 γ_3，对其结果可简称为"客观测量误差"。以下具体设定 γ_3 的不同数值，考察其可能造成的不同影响。

由表 5-3 的模拟实验结果可知，随着 γ_3 取值逐渐增大，社会经济系统的客观因素对于测量误差的影响越来越大，在此过程中：①γ_3 对于 Y 的影响完全叠加于 β_2 ［由式（5-13）可知］，导致回归系数的估计偏误迅速增大，但仍显著不为 0；②（被忽略的）外生变量滞后项 X_{t-1} 对于模型随机干扰项施加负向影响，导致相对误差率的标准差 $\bar{S}(P)$ 相应减小；③四项诊断统计量的标准差 $\bar{S}(r)$、

$\overline{S}$（t）、$\overline{S}$（Cook）与 $\overline{S}$（WK）有所增加，据此识别出异常数值点的概率增大。与模拟实验情境 1 中遗漏解释变量的结果（见表 5-2）相比，模拟实验情境 3 中由 γ_3 增大导致诊断统计量标准差的增大，即使是在 $\gamma_3 = 0.50$ 的较高水平下也并未表现得更加突出。这意味着，即使能够依据诊断统计量识别出更多的异常值，实际也无法判断其原因到底是测量误差的客观发生机制，还是对于模型结构的错误设定。

同时需要注意的是，客观误差机制导致时间序列 Y 产生了系统性的测量误差。如图 5-4（a）所示，随着 γ_3 取值的增大，时间序列 Y 的水平也相应整体提升，显示测量误差序列存在系统性的正向偏倚。图 5-4（b）则表明，对于较大的 γ_3 取值，Y-X 实测点集相对于真实点集的偏离程度也会较高；此时数据质量评估的重点已经不在于（以实测点集为基准的）异常数值识别，而是对这种系统性误差的揭示，但包括参数可靠性分析在内的现有方法对此仍无能为力。

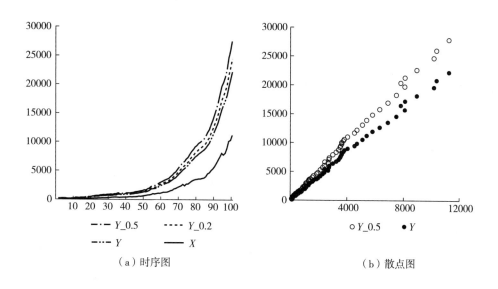

（a）时序图　　　　　　　　（b）散点图

图 5-4　不同客观误差机制下真实数据与实测数据的关系

五、模拟实验情境 4：自平滑测量误差

下文主要检验测量误差的"自平滑"机制对于式（5-12）的拟合结果的影

响。令 $\gamma_1 = \gamma_3 = 0$，且有 $\sigma_v^2 = 10^2$，$\sigma_{u^*}^2 = 50^2$，此时式（5-10）中测量误差 ε_t 的变化取决于外生波动的修正系数 γ_2；也即当外生变量 X 出现波动时，针对目标变量 Y 的测量误差存在一个反向调整机制，以使 Y 本身的变动显得相对和缓（对其结果可简称之"自平滑测量误差"）。以下具体设定 γ_2 的不同数值，考察其可能造成的不同影响。

由表 5-3 的模拟实验结果可知，随着 γ_2 取值逐渐增大，相对于社会经济系统外生变量的波动，测量误差的反向修正力度也越来越大，在此过程中：①回归系数的估计偏误逐渐增大（与其他情形下的偏误方向相反），但仍显著不为 0；②相对误差率的标准差 $\overline{S}(P)$ 有所增大，其中出现异常值的概率因而相应变大；③四项诊断统计量的标准差 $\overline{S}(r)$、$\overline{S}(t)$、$\overline{S}(Cook)$ 与 $\overline{S}(WK)$ 有所增加，据此识别出异常数值点的概率增大。与存在客观测量误差下的情形相似，虽然可以根据诊断统计量识别出更多异常值，但却无法判断是源于测量误差的自平滑机制，还是源于模型结构的错误设定。

鉴于 γ_2 取值变化主要作用于 X 的波动点，本节针对 X 序列专门设置了两个异常波动点，其中一个是在其原水平上附加 50% 幅度的加性野值，另一个则附加 50% 幅度的革新野值，由此考察不同的 γ_2 取值下诊断统计量学生化残差 t 和 W-K 距离的变化，具体结果如图 5-5 和图 5-6 所示。由图 5-5 可知，针对发生 50% 幅度剧烈波动的加性野值点，当存在测量误差的自平滑机制时，两项诊断统计量在当期都表现为负值，且其绝对水平随 γ_2 的增大而增大。根据式（5-13），X 对于 Y 实际存在滞后二期的影响，因此在加性野值点之后的第二期和第三期，诊断统计量同样表现突出，但分别表现为正值和负值［由式（5-13）中 β_3 和 β_4 的符号可知其理］。由图 5-6 可知，针对发生 50% 幅度剧烈波动的革新野值点，两项诊断统计量在当期和第二期仍然都表现为负值和正值，但第三期的表现则转变为正值，这是由革新野值点的累积影响所致；同样因为存在累积影响，图 5-6 中两项诊断统计量的表现相比图 5-5 都要更为突出。

由上述分析可知，根据各项诊断统计量确实可以识别出异常数值点上自平滑测量误差机制的影响。但应该注意的是，即使诊断统计量在连续的多个时点上都表现异常，实际的测量误差也可能只是发生在初始时点上，后续时点的异常表现则完全是源于目标变量 Y 的数据生成过程的自相关性。

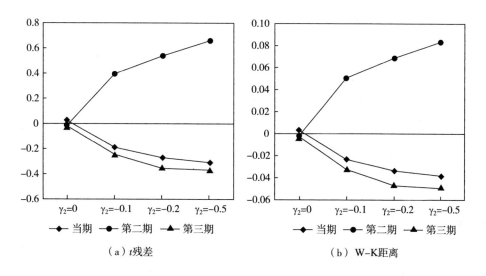

图 5-5　加性野值点下修正系数 γ_2 的影响

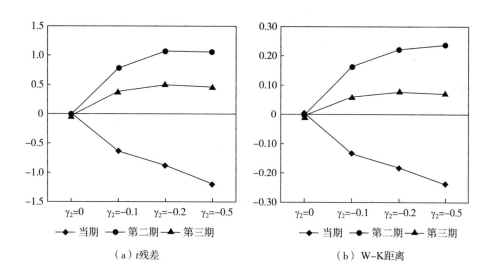

图 5-6　革新野值点下修正系数 γ_2 的影响

六、模拟实验情境 5：自相关测量误差

下文主要检验测量误差的自相关性对于式（5-12）的拟合结果的影响。令

$\gamma_2 = \gamma_3 = 0$，且有 $\sigma_v^2 = 10^2$，$\sigma_{u*}^2 = 50^2$，此时式（5-10）中测量误差 ε_t 的变化取决于其滞后项的影响系数 γ_1；γ_1 越大，测量误差的自相关性（时间惯性）也会越大。以下具体设定 γ_1 的不同数值，考察其可能造成的不同影响。

由表 5-3 的模拟实验结果可知，随着 γ_1 取值逐渐增大，测量误差的跨期自相关系数相应增大，式（5-12）中干扰项的自相关性也越来越强，但在此过程中，回归系数估计结果、相对误差率以及诊断统计量的表现都未出现明显变化。可见，针对测量误差的自相关机制，现有基于计量模型的数据质量评估技术（考察标准）全部归于无效。

七、结果简析

本节基于一个反映 GDP 核算误差机制的测量误差模型进行数值模拟实验，以考察计量模型方法在评估 GDP 数据质量方面的可能功效，尤其注重检讨此类方法能否有效揭示 GDP 核算误差的不同来源及其特定的影响效应。

实验结果表明：第一，各种误差机制确实会导致模型参数估计结果的偏误，但由于真实的参数不可知，在实际评估中这种偏误因而也是不可测的。即使是施加较强幅度的误差影响，参数估计结果也只是产生中等程度的偏误，通常也不会出现明显的符号错误或超出正常取值范围，基于计量模型的参数可靠性分析只能给出非常保守的结论。第二，相对误差率不是一个可靠的评判标准，因为其取值大小同时受到模型拟合残差与被解释变量取值两方面的影响。同时，模型结构设定的合理性与模型整体的拟合程度也会对相对误差率造成显著影响，易产生对数据质量的误判。第三，对于客观因素造成的测量误差和具有自平滑机制的测量误差，四项诊断统计量有一定的识别能力，但也仅限于识别数据序列中特定时点的异常特征，对于系统性误差则仍然无能为力；而即使是针对特定时点（时段），也仍然存在误判的可能性。

更有甚者，如果用于数据质量评估的计量模型本身的结构设定有误（忽略测量误差机制）——依本节设定即将式（5-13）误设为式（5-12）——既会导致参数估计结果的偏误，也会导致残差诊断结果的异常，最终则造成对测量误差识别的严重误导。考虑到此种情形难以避免，计量模型评估方法的实际功效显然不容乐观。

第四节　小结

综上所述，基于计量模型的两类评估方法（参数可靠性分析与异常数值识别），在模型设定环节即已面临可称之为"拟合悖论"的两难困境：从方法论上讲，若不断致力于模型建构的复杂化和估计方法的精细化，计量经济模型可以实现对统计数据的高度（甚至完全）拟合，如此将不会存在任何不合理的模型参数估计值或者异常的模型拟合残差。考虑到这种可能性，对于计量模型估计结果中实际表现出的参数偏误或残差异常，既可以归因于基础数据的质量不佳，也可以归因于计量模型的拟合不足，这种解读路径上的二分对立，在评估实践中还无法予以协调。进一步地，GDP 核算作为一项系统工程，其核算误差可能遵循多种发生机制，而不同类型误差因素（误差成分）的相互叠加会对计量模型估计结果产生复杂影响，此时单纯根据计量模型估计结果的异常特征，还难以反推 GDP 数据序列中的误差结构及其实际产生的综合效应；且模型误设问题更加剧了这种反向逻辑推断的难度——基于数值模拟实验的结果也正说明了这一点。

具体而言，基于计量模型的参数可靠性分析方法主要是参照一些外部的、先验的比较基准，根据模型参数估计结果的"异常"特征来推断 GDP 数据序列中的可能误差模式，但本身无法避免"拟合悖论"所隐含的模型结构设定的不确定性，对于潜在的各种 GDP 核算误差因素也缺乏足够的反应敏感度，其推断结果的可靠性难免不足；若由此估算生成针对官方数据的替代性序列（如 Adams and Chen，1996；孟连、王小鲁，2000），其可靠性与可用性并不易保障。基于计量模型的异常数值识别方法旨在识别 GDP 数据序列中的"异常"点（与整体趋势表现出显著偏离的个别年份或个别地区），并将其归因于 GDP 核算过程中特定年份或特定地区的"不当"操作（可对应于本书的操作误差或自平滑测量误差）。但由 GDP 核算误差机制的复杂性所决定，在 GDP 实际统计数据中，操作误差的影响效应与其他类型的误差效应复合叠加，其综合效应已经不仅表现为个别数据点的"异常"特征，而更可能表现为如图 5-4 所示的系统性偏差模式；此时根据异常数值识别方法所能得到的信息将是非常有限的，并且不免产生误导倾向。

根据表 5-1 中各项研究的评估结果，将 GDP 数据序列中被判定存在质量问题的年度以及具体的误差方向列示于表 5-4 中。从表 5-4 可见，除了前两项应用参数可靠性分析方法的研究可以揭示研究区间内的系统性核算误差外，其余应用异常数值识别方法的研究都只能发现研究区间内"零散"的问题年份，而这绝非 GDP 核算误差的主要特征。由表 5-4 结果也可知，两类方法的应用基本是"各自为政"，彼此之间难以相互佐证，对于评估结果与官方数据序列之间的偏差模式也缺乏可靠的解读规范。

表 5-4 已有研究的评估结果

年份	1978	1979	1980	1981	1982	1983	1984	1985	1986	1987	1988	1989	1990	1991	1992	1993	1994	1995	1996	1997	1998	1999	2000
Adams 和 Chen (1996)	↑	↑	↑	↑	↑	↑	↑	↑	↑	↑	↑	↑	↑	↑	↑	↑	↑						
孟连和王小鲁 (2000)														↑	↑	↑	↑		↑	↑			
阙里和钟笑寒 (2005)																			↑				
周建 (2005)						↑										↓							
刘洪和黄燕 (2009)	↓					↑	↑	↑						↓									
卢二坡和黄炳艺 (2010)					↓	↓						↓											
刘洪和昌先宇 (2011)					↓				↑		↓		↑		↑							↓	↑
刘洪和金林 (2012)														×			×						

注：新近研究的评估区间超过 2000 年，但评估结果表明数据可疑的时间点均在 2000 年之前，故本表略去了 2000 年之后的部分。↑ 表示被判定为具有正向误差，↓ 表示具有负向误差；×表示仅判定具有误差，但原文未给出具体数据，故误差方向不能确定。

　　由此可以认为，计量经济模型方法之于 GDP 数据质量评估研究的适用性仍然不强，评估功效还很有限。在未来进一步的研究中，为切实改善评估功效，提升计量模型方法的适用性，有必要对 GDP 核算误差机制的识别问题加以正视和重视。在此领域，已有部分研究开展了有益探索，例如，孙艳和贡颖（2013）、郭红丽和王华（2017）、Sinclair（2019）针对中国 GDP 的初步核算数据、初步核实数据、最终核实数据乃至历史修订数据之间的偏差模式进行了分析和检验。在上述研究的基础上，本章建立了一个在反映 GDP 核算误差机制方面相对更为完备的概念模型，为进一步的研究拓展提供了可行基准。未来可以结合对中国 GDP 核算误差机制的更深入考察，对该模型的结构进行具体设定，并利用实际统计数据对其参数进行实证检验。这一工作的推进与实现，既有助于直观呈现中国 GDP 数据中的误差效应、构成及其时空关联特征，为加强 GDP 数据质量控制发挥实践指导价值；也可以向所有纳入 GDP 指标的计量经济模型研究提供潜在测量误差信息，为改善含测量误差计量模型估计的可靠性发挥必要的方法论价值。

第六章 中国 GDP 核算误差的估算框架

第一节 引言

结合第四章与第五章的分析可知，指标重构方法与计量模型方法具有完全不同的方法原理，具体可以发挥的评估功效因而也有极大差异。遵照本书第三章第五节设定的 GDP 数据质量评估研究的三项目标进行比较，可以发现指标重构方法在各项目标的达成上都要优于计量模型方法。

第一，指标重构方法提供了对各类型 GDP 核算误差进行检验的可行框架，即通过收集独立来源的（关于物量与价格的）基础数据资料，可以拓宽统计覆盖范围，校正定价扭曲，并规避人为干扰的来源，最终得以揭示特定时点、部门或区域的官方数据中各类核算误差的相对规模与影响模式。采用与官方程序不尽相同的估算方法（如以价格缩减方法替代基于基年不变价格体系的实际产出核算），则可以呈现官方数据中估算误差的可能来源。基于计量模型的参数可靠性分析方法可以参照一些外部的技术假定或统计实践，从官方数据集中表现出的不一致现象推断 GDP 数据序列中可能的误差模式，但难以对应于具体的误差来源；而异常数值识别方法只能识别出 GDP 数据序列中"间歇性"的操作误差，却无助于展现其中可能存在的系统性误差——这恰恰是中国 GDP 核算误差的主要特征。相比较而言，指标重构方法显然更能全面揭示官方 GDP 数据中的误差来源，可以提供对 GDP 核算误差机制的有效检验，评估结果的实践参考价值因而更强。

第二，指标重构方法在针对官方 GDP 数据进行质量评估（误差检验）的同时，基于与官方 GDP 核算相近的规则，可以构造出 GDP 的（特定年份的）现价数值与不变价（增长率）序列，也能提供 GDP 具体构成项目（如不同行业增加值、各支出法项目）的替代性数据序列，从而建立起相对完整的，既可用于分析官方误差机制，又可服务于经济数量分析的独立数据集；另外，还可以据此对官方数据修订的效果进行对比评价。与之相比，基于计量模型的参数可靠性分析方法，虽然也可以估算生成针对官方数据的替代性序列（如 Adams and Chen，1996；孟连、王小鲁，2000），但其技术假定却过于严苛，可靠性难免不足，具体生成数据序列的准确性与可用性不易保障；而异常数值识别方法仅能识别官方 GDP 数据中个别年份或个别地区的特异误差，对于数据修订的意义并不明确。

第三，指标重构方法强调以官方现有数据为基础，不论是基础数据资料的收集，还是（GDP、部门增加值或其增长率的）替代性指标的构造，都是围绕官方数据序列的一种"边际"改进。正如 Young（2003）的主张，虽然官方 GDP 数据的质量和真实性令人怀疑，但是缺乏其他渠道的完备数据和系统的方法给予校正，任何对于各行业名义增加值的调整都可能是武断的、难以令人信服的。因此宜于先接受官方数据，只有当获得其他来源的官方数据，并且现有数据的缺陷被人认同和易于辨识时，才加以调整修正。因此，各项研究中对于指标重构方法的应用，大多遵循了从对官方 GDP 数据的局部修订到整体叠加的路径，估算过程也是可控的和可改进的。与之形成鲜明对比的是，计量模型方法的应用往往是"各自为政"，彼此之间既难以相互佐证，对于评估结果与官方数据序列之间的偏差模式也缺乏可靠的解读规范。虽然计量模型本身存在改进的技术基础，但正如前文所述，模型拟合程度与数据质量评估功效之间却可能是彼此制约的。

基于上述对比分析，本书倾向于认为，与计量模型方法相比，指标重构方法的原理与官方统计核算程序更为一致，其评估结果的可用性更强、可信度更高，并且不同评估研究之间还存在相互借鉴与累积改进的技术路径，因此具有更高的评估功效。在今后针对 GDP 数据质量的评估研究中，应当主要借助指标重构方法来展开，而计量模型方法等则仅作为辅助性工具加以必要应用。即使是针对

GDP 以外的其他宏观经济数据，数据重估（指标重构）也将是开展数据质量评估研究的最基础层次和关键环节。

进一步地，为了拓宽 GDP 数据质量评估的技术瓶颈，切实推动该领域研究不断取得"边际效益"，最终累积生成具有实际价值的研究成果，一种可行的技术路线是将现有的各类研究进行系统整合，通过相互取长补短，对相关研究成果进行有机融通和相互佐证。为此，有必要构建一套针对中国 GDP 核算误差的估算框架。本章专门探讨基于指标重构方法的 GDP 核算误差估算框架的构建思路和原理，以期推进该领域研究的体系化，提供对现有研究进行整合和提升的基础框架。

第二节　基本思路

如前文所述，构建中国 GDP 核算误差估算框架的总体目标，是为了对该领域的现有研究进行有效整合，推动生成 GDP 核算误差的量化估算结果和进行 GDP 数据的合理修订。根据指标重构方法的原理，一方面要明确 GDP 核算误差的可拆分性，与现有的局部估算研究建立对应关系；另一方面要明确各项 GDP 核算误差构成要素的合成结构。以上两个方面可分别理解为对 GDP 数据的"解构"与"重构"。

在"解构"环节，基于 GDP 核算原理，根据可获取基础数据资料所对应的统计范畴，可以对 GDP 指标进行不同角度的分解——如分解为不同部门或行业的增加值（或者总产值与中间投入）、不同地区的增加值、不同支出法项目、不同收入法项目、名义数值序列与相应的价格指数序列、统计覆盖项目与遗漏项目等。针对不同角度的解构，具体评判细部环节的核算误差机制的可识别性，以及构造替代性数据序列的可能性——如是否存在独立来源的统计调查数据可资利用、数据替代所需的理论或技术假定是否成立等。在解构过程中尤其应注意与已有研究在概念范畴上实现对接，从而可以充分利用已有研究的成果。

在"重构"环节，将针对细部环节的估算结果进行重新组合（逐级汇总或加权平均），最终生成整体层面 GDP 误差的估算结果以及 GDP 水平（或增长率）的替代性序列。由此既可以分析细部误差对于整体误差的"贡献"程度，也可以借此识别 GDP 核算过程中重要的误差来源，确认关键的误差控制与质量改进策略。同时，也应根据细部估算中基础数据资料的可靠性和具体估算方法的合理性，判断整体估算结果中可能存在的"次生"误差（即对"原生"GDP 核算误差进行估算所产生的误差），指示未来进一步改进的可能方向与技术策略，为不同评估研究的衔接与整合提供坚实的平台。

总之，通过由总到分、再由分到总的技术路线，可以贯彻"图难于其易，为大于其细"的评估策略，在较易开展具体估算的细分领域首先进行误差评估与数据修订研究，也可以避免彼此掣肘的困境。基于此过程，可以界定相对完备的研究范畴，明确现有各类 GDP 数据质量评估研究在其中的功能定位；进而厘清 GDP 核算误差整体估算与局部估算的体系脉络，辨识特定研究与整体框架的融通"接口"，确保局部估算研究成果可以较为稳健地用于改进对整体误差规模的估算，而基于不同方法的估算成果也可以较为协调地进行彼此衔接。

第三节 GDP 指标分解与误差识别

构建 GDP 核算误差估算框架的首要步骤是根据核算原理对 GDP 指标（及其相应的数据序列）进行全方位分解，从而尽可能地将误差来源予以细化。具体的解构过程可以遵照以下几项分类标准：

一、生产法/收入法 GDP 的分解

行业分类是生产法（或收入法）GDP 核算的基础。根据我国现行 GDP 核算制度，部分产业部门的增加值采用生产法（总产出减去中间投入）进行核算，另一部分则采用收入法（劳动者报酬、生产税净额、固定资产折旧以及营业盈余之和）进行核算。因此，可以将 GDP 核算结果中的误差分解到各产业部门、各行业甚至各产品品类中，并与总产出和中间投入，或者劳动者报酬、生产税净

额、固定资产折旧和营业盈余等具体构成要素相对应。而不同部门、不同行业乃至不同核算要素中的误差发生机制、规模又是有所差异的，可行的估算方法也不尽相同。

在采用生产法进行核算的过程中，核算误差来源于产量统计（包括中间消耗统计）与定价两个方面。对于前者，既可能因为统计覆盖范围的遗漏而导致核算结果的低估，也可能因为统计虚报（夸大产量）而导致核算结果的高估；对于后者，则主要是因为传统计划经济体制下的价格体系遭受扭曲，在经历改革和转型过程之后，不变价产出核算中存在前后时期定价的不一致性，由此导致 GDP（部门增加值）增长率估算的误差。为了对此类核算误差进行估算与修订，最为可靠的方法是搜集独立来源的，有关各部门、各行业甚至各产品品类的，在投入和产出两方面的物量与价格数据，据此估算得到（比官方数据更为准确的）各细分行业的产出价值（总产出或增加值）及其增长速度。然而在现实中，很难有哪一外部渠道可以掌握比政府统计系统更为全面的基础数据资料①，上述方法因而显得过于理想化了。一种退而求其次的方法是，根据对具体部门或行业的误差发生机制的先验判断，结合有限的资料证据，对官方核算误差进行总体上的估计，但不可避免地存在较强的主观性。

这方面的估算研究最早见 Keidel（1994），认为中国官方统计体系低估了耕地面积（从而粮食产出），遗漏了农村工业企业及交通运输类服务业部门中广泛存在的非正规经济和地下经济，因此对相应部门的产出价值调高了 10%～60%。该研究提供了一种便捷的重估方式，但可靠性不易保障。许宪春（2000）指出，全国第三次工业普查结果显示乡镇企业局的农村工业总产值数据高估了 18000 亿元（1995 年），占全部农村工业总产值的 40%；全国农业普查结果则显示经常性牧业统计中的肉类产量高估了 22%，因此需要对相应部门的产值进行下调，而非 Keidel（1994）的上调。相比而言，Maddison（1998）利用 FAO 和国家统计局的基础数据资料对农业部门增加值的估算，以及 Wu（2002）利用官方基础数据对工业行业增加值的估算则更为严谨、客观。

---

① 即使存在这样独立来源的可用数据，也会或早或晚地被纳入政府统计数据采集体系中，最终也不再具有"独立"性。

收入法主要应用于各类服务行业的产出核算。[①] 岳希明和张曙光（2002）指出，由于存在大量难以统计的灰色收入，低估劳动者报酬的情况存在于很多服务行业；而劳动者报酬是收入法四项构成要素中最大的一部分，加之服务业多为劳动密集型行业，劳动者报酬在增加值中所占比重又更加高于其他行业，因此对于劳动者报酬的低估，是导致服务业计价过低，进而增加值被低估的重要原因。另外，由服务业本身的特殊性所决定，其增加值核算中还普遍存在核算范围不全的问题，同样会导致服务业增加值的低估。与农业和工业部门相比，对于服务业部门（独立来源的）基础数据资料的获取更加困难，独立估算的现实可行性不高，诸如 Maddison（1998）将"非生产性"服务业增加值直接上调 1/3 这样的做法，与 Keidel（1994）类似，也难免存在较大的主观随意性。而许宪春（2000）利用城镇居民住房市场房租价格、平均造价、城镇居民住房使用面积和建筑面积等相关数据来重估城镇居民住房服务总产出与增加值，由于只局限在较小的细分行业范围内，可资利用的独立数据资料更为多元而充分，重估结果的可信度相对更高。

二、支出法 GDP 的分解

所谓支出法，是从一国经济产出的使用角度（也即最终需求角度）对 GDP 进行核算，其构成项目包括居民消费、政府消费、固定资本形成、存货变动、货物和服务的净出口等。从严格意义上讲，支出法 GDP 提供了对一国产出的最佳测度，因为它反映了由一国所生产的，能为居民、企业、政府以及其他国家所使用的实际成果（Keidel，2001）。支出法核算与现实经济中的投资、消费和对外经济活动一一对应，所需要的数据来源较其他方法单一，能够产生更为可靠的估计值（蔡志洲，2003；岳希明等，2005），因此是多数发达国家所青睐的 GDP 报告方法。中国支出法 GDP 成分的测算仍然存在显著缺陷；不同构成项目的调查方法、数据资料获取来源都有所不同，因此误差发生机制有异。

Keidel（2001）指出，中国传统上采用的 MPS 核算体系存在三大缺陷：一是

[①] 孙秋碧和楼海淼（2006）甚至建议用收入法来核算所有产业的增加值（至少以收入法作为其他核算方法的验证），理由是收入法所包含的项目相对简明，数据来源相对真实，基础数据来源口径也比较一致，与生产法相比具有明显优势。

不包括大部分的服务产出，二是依赖于计划经济时期的基层数据报表体系和制度，三是不直接公布净出口值。而这些缺陷也传递到了 GDP 的支出法核算中。具体而言，关于居民消费的计算依赖于零售数据、农业产出数据、货物和服务的分配和销售的企业数据以及城乡住户调查的一些数据，遗漏了许多消费行为（包括农村居民之间的交易）；投资、固定资产的增加和存货增加依赖企业投资记录、年初固定资本消耗的估计值和存货价值的年初和年末数据，同样低报了在国家控制部门之外的投资和库存活动；而净出口值则只是被间接地隐含在增加值估计与支出法合计的差额中。在基础数据的采集过程中，国家统计局采用了抽样调查与行政报表数据相结合的方法，但抽样调查需要得到进一步加强，行政报表数据（如社会消费品零售总额）与相关支出法项目（如居民消费）的统计范畴并不一致，国家统计局却未能明确说明在支出法 GDP 核算中是如何处理这种不一致的。

本书第三章第三节中针对支出法 GDP 数据的历史修订结果的分析表明，2004 年第一次全国经济普查后对最终消费支出的上调幅度接近 19%，对资本形成总额的上调幅度超过 10%，官方统计调查体系对于两类支出法项目产生了明显低估。朱天和张军（2014）以及朱天等（2017）的独立估算表明，近期的居民消费支出和固定资本形成总额核算结果仍然存在显著误差。尽管如此，与生产法 GDP 核算相比，支出法 GDP 核算所需数据资料的来源仍然相对集中，对于统计调查方法体系的优化设计以及拓展数据采集渠道的现实可行性更强。在统计报表体系对于国民经济三大需求的覆盖范围日渐不足的客观情况下，抽样调查将成为支出法 GDP 核算中数据采集（尤其是消费和投资数据采集）的核心方法，支出法 GDP 数据中的估算误差也会在很大程度上取决于相关调查程序的设计效应（如抽样框编制的完善程度、抽样方法的精确程度等）与调查过程中的误差控制水平（如对于问卷设计误差、访问员效应以及受访者效应的控制等）。上述问题将成为未来支出法 GDP 数据质量评估研究的重点内容。

三、不变价 GDP 的分解

不变价 GDP（或 GDP 增长率）是以往 GDP 数据质量评估研究中最为关注的对象。在转向采用国际通行的物量指数外推法或价格指数缩减法之前，中国统计体系在估算不变价 GDP 时采用事先制定的一套固定基期的不变价格，已有研究普遍认为这种不变价格会导致对实际 GDP（主要是其中的工业增加值）增长速度的高估。而在转向国际通行方法的过程中，各类物量指数（生产指数）和价格指数的编制质量及其在使用中的匹配性，仍会影响到不变价 GDP 或 GDP 增长率估计的准确性；具体则可以通过对官方不变价 GDP（GDP 指数）序列进行分解，针对涉及的各类物量指数和价格指数，评判其中可能存在的问题以及对于 GDP 数据的误差效应。

就价格指数的应用而言，目前主要存在以下问题：①价格指数的应用过程不透明，GDP 的各个组成部分（各行业或各支出法项目）适用哪一类（项）价格指数，相应指数的具体编制过程如何，官方并未提供充分且到位的解释；而从官方数据中反推得到的隐含价格指数与实际可得的各项价格指数缺乏明显的对应性。②虽然国家统计局自 2001 年起已经开始采用价格指数缩减法计算工业不变价增加值，但至今价格指数的覆盖范围仍不全面，如双缩法所需的中间投入价格指数普遍缺乏，服务业生产者价格指数、服务贸易价格指数等都尚未编制，而货物贸易价格指数也缺乏必要的可得性。③价格指数编制的质量仍有待提高，诸如代表性商品的选取、固定权重的确定、虚拟价格的制定、适用主体的细分、质量调整因素等，都会影响最终价格指数的准确性与可用性。在无法获得适用的价格指数，不得不以相似指数予以替代，或可用价格指数的质量不佳时，对于价格变动的统计误差势必较大，作为价格缩减结果的不变价 GDP 序列的准确性自然也难以确保。

就物量指数的应用而言，目前主要存在以下问题：①在传统的不变价格方法下，样本产品选取的代表性不足，权数不规范，过分强调了包括在价格目录内的产品，低估了那些存在于议价和集贸市场的价格（Ren，1997）；对于价格目录中未包括的新产品，企业可能替代以当期价格，导致物量指数的高估。②固定基期下，拉氏物量指数存在 Gerschenkron 效应（Gerschenkron，1951），即当价格变化与产量变化负相关时，固定基期的价格权重会低估基期之前的增长，高估基期之后的增长，从而产生替代偏差。③与单缩法相似，利用基于产量数据编制的物量指数（产出指数）来外推得到不变价增加值序列，需要假定固定不变的增加值率，而在长期中投入产出比率难免会发生变化，从而导致估算结果的偏差。④关于质量调整因素的合宜处理方法仍不明确。⑤在缺乏可用的物量指数时（尤其是在服务性行业），已有研究倾向于寻找替代性的指数序列，如 Maddison（1998）以就业人数增长率替代服务业增长率[①]，但引起较大争议；岳希明和张曙光（2002）则建议对评估对象作尽量细分（即针对细分行业而非整个产业部门），再考虑物量指数的编制或替代。[②]

对于支出法 GDP 核算，不变价 GDP 计算所通用的价格指数缩减法或物量指数外推法可以简单而又准确地适用。但是中国目前仅公布每年的现价支出法GDP，未公布按支出法估算的增长速度；由于基础数据资料来源的可靠性不易确定，适用的价格指数无法获取，支出法还不能提供比生产法明显可信的关于经济增长速度的估计值（岳希明等，2005）。鉴于此，对不变价支出法 GDP 的分解（也即各构成项目的增长速度的重新估计）仍然存在极大的研究探讨空间。

四、根据地区分类的分解

理论上，国家层面的 GDP 数值应该等于地区 GDP 数值的总和，因此国家层面的 GDP 及其误差也可以分解为各地区的 GDP 及其误差。但正如许宪春（2003b）所指出的，中国自 1985 年开始计算 GDP 时起，就采取国家统计局统一制定方法制度、地区与国家分级核算的方式，全国 GDP 从来就不是省级 GDP 数据的汇总。实际情况则如本书第三章第四节所示，地区生产总值汇总结果自 1997年以后持续超过国家层面的 GDP 核算结果，地区生产总值增长率的加权平均值也普遍超过国家层面的 GDP 增长率；国家 GDP 与地区 GDP 之间的不一致成为中国 GDP 统计的"常态"。根据地区分类进行 GDP 数据的分解，其目的既在于评估各地区 GDP 核算结果本身的误差水平，更在于为国家数据与地区数据的衔接寻求可行的方法。

对于 GDP 核算数值的地区差异的来源，已有文献多归于各地区之间的重复核算、统计虚报以及地区基础资料不完备等因素。潘振文和安玉理（2003）则进

---

① 相当于设定服务业的劳动生产率的增长率为零。

② 针对 Maddison（1998）关于中国"非生产性"服务业劳动生产率零增长率的假设，岳希明和张曙光（2002）指出，即使各个细分服务行业的劳动生产率不变，如果就业结构有变化（就业人口从低劳动生产率行业流向高劳动生产率行业），同样会导致（"非生产性"）服务业部门整体的劳动生产率发生变动；因此，对不同行业使用不同方法来估计不变价增加值，或者对服务业所属各个行业分别进行独立调整，比对整个服务业进行一次性调整，其收获可能更大。

一步指出，从资料来源、核算方法、人员素质等各方面看，区域越小，核算的难度越大，只有国家一级才能做到国民经济核算的完整性和科学性。这一"信念"为 GDP 数据的衔接研究提供了基本依据，即应以国家 GDP 数据为标准，对地区 GDP 数据进行相应调整。例如，蔡志洲（2003）针对支出法 GDP 全国与地区数据的衔接，向书坚和柴士改（2011）对三种 GDP 数据衔接方法的比较，都采用了这一策略。然而在国家层面 GDP 数据中的误差因素尚未得到清晰识别的情况下，单纯将地区数据与国家数据进行衔接并不能解决 GDP 数据质量方面的根本问题。杨立勋和陈宇晟（2014）则认为，如果忽视国家总体数据误差的存在而协调地方数据，会使调整后的地方数据出现新的偏差；主张对地区数据的衔接应是局部行为（而非整体行为），只能对有问题的地区或行业（而非所有地区或行业）的数据进行调整。

基于前文的分解策略，从行业、支出法项目乃至价格变动等细分层面，对地区数据与国家数据之间的差异进行分析，正可呼应杨立勋和陈宇晟（2014）的主张，同时也符合本书关于指标重构方法的先"解构"、后"重构"的研究思路。例如，蔡志洲（2003）发现存货增加、货物和服务净出口是几类支出法项目中地区差异较大的项目，潘振文和安玉理（2003）则发现第三产业、货物和服务净出口以及资本形成总额是造成 GDP 数据地区差异的主要原因。杨冠琼（2006）对典型省份 GDP 数据的逻辑检验发现，该省历年可比价 GDP 绝对量显著小于其三次产业可比价增加值之和，且两者间的差距越来越大，甚至自 1993 年以来，该省仅第二产业的可比价增加值就已超过其可比价 GDP 总额，表明典型省份 GDP 数据中存在显著误差。曾五一和薛梅林（2014）、郭红丽和王华（2017）则发现（近十年来）第二产业增加值的地区差异是引起生产法 GDP 地区差异的主要原因。[①]

五、根据误差来源分类的分解

对于该问题，本书第三章第一节已有论及，对于 GDP 实际核算结果与其理

---

① 潘振文和安玉理（2003）、曾五一和薛梅林（2014）等关于生产法 GDP 数据的地区比较的结论，与本书第三章第四节图 3-8 所呈现的结果完全一致。

论值之间的误差，可以界定为国际标准差值（即国际标准与理论概念之间的差异）、中国标准差值（即中国国内标准与国际标准之间的差异）、设计误差（即由方法设计缺陷导致的误差）与操作误差（即调查统计过程中的人为因素误差）等多种类型，设计误差又可分为覆盖误差与估算误差，操作误差则可分为登记误差与汇总误差等。

前述各项研究主要集中于对 GDP 核算过程中设计误差和部分操作误差的评估与修正，但囿于基础数据资料可得性与统计核算程序透明度的不足，评估结果的可靠性仍有待检验或改进。而随着中国国民经济核算体系逐渐与国际标准体系接轨，官方 GDP 数据中的中国标准差值部分实际已经成为国际比较中重点关注的误差类型；除了由国家统计局或相关国际组织推动实施的调整和修正（可理解为官方"内部"修正）外，外部的评估与修正则需要借助对国内与国际核算方法制度的异同性比较。对于调查统计过程中的原始登记误差与中间汇总误差，官方统计体系针对常规调查所实施的事后质量抽查则提供了现实的参照标准，据此可以识别各层面、各类型操作误差的规模和影响。与此相关的评估案例来自卢依吉·法布里斯等（2002），他们利用中国第一次农业普查的事后质量抽查数据，通过对与农村住户及家庭成员有关项目的基本回答方差和平均总方差的计算，发现对调查估计最具打击性的影响源于调查员误差。

综上所述，GDP 指标及其核算误差的分解结果如图 6-1 所示。总体而言，针对各类标准下的 GDP 分解项目，已有诸多文献给予专门探讨与具体估算，从而呈现开展相关研究的多种可能路径，但其中的方法论基础与技术细节则仍需加以夯实和谨慎推演。

同时，图 6-1 所呈现的解构过程不仅限于单一维度的分解，还可以根据特定组成部分的估算方法及其相关误差来源的特性进行多维度的交叉分解，这也符合岳希明和张曙光（2002）、Young（2003）、杨立勋和陈宇晟（2014）等所主张的局部调整、边际改进的重估思路。当然，上述解构还不尽完备，如由年度 GDP 向季度 GDP 的分解、国际比较中的货币转换（余芳东，2004）等问题都未予以讨论。但就目前 GDP 核算误差估算的现实性而言，已经基本覆盖了所有可行的统计范畴。

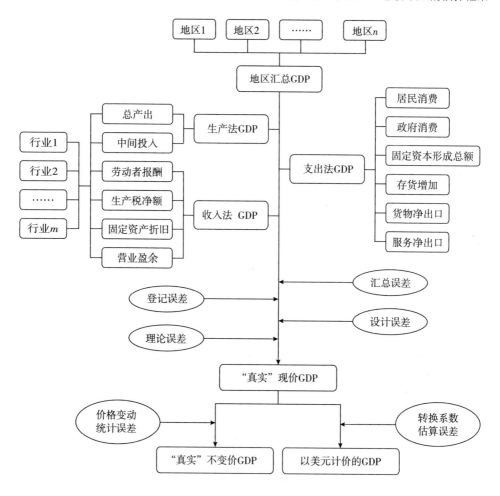

图 6-1　GDP 指标及其核算误差的分解

第四节　GDP 细部估算结果的重组

通过对 GDP 指标及其误差来源进行细致的分解,清晰呈现 GDP 核算误差的细部结构,可以为针对 GDP(及其误差)各个组成部分的外部估算(数据质量评估研究)结果提供系统整合的基础框架。而为了实现 GDP 细部估算结果的有效重组，仍然需要遵循一定的技术路径。

一、重组过程及其技术要点

根据上节 GDP 指标的分解原理，首先可以对官方发布的 GDP 数据进行相应的分解，得到一个多层面、多维度的 GDP 数据集。对于来自统计系统外部的 GDP 数据质量评估研究而言，该数据集既提供了直观的评估对象，也可作为误差估算的现实参照基准。不仅如此，对于数据集的内部解析（主要是内部一致性检验），还能够在一定程度上展现其中核算误差的可能规模与影响机制。例如，第三章中关于 GDP 数据历史修订和地区差异的分析，或者是基于各细部指标之间以及不同时点之间的对比，正可揭示其中存在的横向或纵向不一致性。

与此同时，通过文献梳理，汇整有关 GDP 数据质量评估的所有"显性"研究成果，即能够生成量化评估结果的文献，包括对整体层面 GDP 的数据重估（如 Ren，1997；Maddison，1998；Keidel，2001；Maddison and Wu，2008），对于产业（或行业）层面 GDP 或其支出法项目的数据重估（如 Wu，2002，2013；朱天、张军，2014；朱天等，2017），对于特定误差类型的识别（如基于计量模型方法对人为操作误差的识别，对于未观测经济规模的测度[1]等），对于基础数据序列的修订（如陈诗一，2011），对于相关指标数据的修订（如王小鲁，2000[2]；Young，2003[3]），等等。将这些评估研究成果按照其具体生成过程予以还原（进行与官方数据类似的分解），使之细部项目达成与官方数据项目的匹配。再从可以达成匹配的细部项目上进行对比分析，判断外部评估研究可以在多大程度上促成对官方数据质量的改善（据此生成对相应部分核算误差的显性估算），同时则能够得到针对官方 GDP 细部数据的替代性数据序列。

---

[1] 参见蒋萍（2011）、徐蔼婷（2009）关于未观测经济的产生背景、范畴界定、测度方法等内容的探讨，后者同时对特定省域未观测经济的规模进行了具体估算。

[2] 关于中国的就业人员数指标，1989~1990 年的官方统计数据由于统计口径的调整而出现了不同寻常的跳跃式增长。Maddison（1998）利用"非生产性"服务业就业人员数的变动来替代该部门增加值的增长率，显然会受到就业人员数指标统计口径不一致的不良影响，Holz（2006a）即指出 Maddison（1998）对于这一部分的处理存在问题。王小鲁（2000）对此进行了数据修订，根据 1956~1973 年各年的人口出生量信息确定权重，将 1990 年人口的超常增加量分配到 1972~1989 年的各年份当中。

[3] 为了测算中国经济的全要素生产率，Young（2000，2003）不仅采用价格缩减法重新估算了中国的经济增长率，还专门构造了劳动力投入和固定资本形成的缩减指数等指标。

在这一过程中，对于官方 GDP 数据的某一细部构成而言，可能会出现以下几种情形：①恰好有一项达成匹配的外部估算结果，且具有明显的相对准确性，因此可以简单地替换相应的官方数据。②有一项达成匹配的外部估算结果，但其相对准确性不易确定，此时若进行替换，必须对其中存在的不确定性加以标识。③达成匹配的外部估算结果不止一项，而多项结果之间的相对准确性也并不明确，此时的可行策略一是进行多重替换（从而生成多套替代性数据序列），二是将多项结果进行适当整合（如加以平均，从而得到相对稳健的结果），但同样要对其中的不确定性加以标识。④不存在可以匹配的外部估算结果，可暂且认为相应细部的官方数据满足准确性要求，而不必强求替换（当然不排除在以后条件许可时的重估与替换）。

根据不同情况进行不同处理之后，则可以将一系列多维分解下的细部重估结果按照 GDP 核算规则进行重组——也包括对国家 GDP 总量与各地区 GDP 数据的衔接以及支出法 GDP 与生产法 GDP 之间的协调等，生成在当前条件下对于官方 GDP 数据最合宜的替代性数据序列和数据集，据此再估计官方数据中的总体误差规模以及细部分项误差（对于总体误差）的相对"贡献"。与传统单项研究对于 GDP 总体核算误差水平的估算相比，有关分项误差（及其相对影响）的评估结果具有更为重要的实践价值，既可以为宏观数量分析（结构分析）提供一定的警示信息（辨识细部误差对于分析结论可靠性的影响），也有助于官方调查统计系统识别其关键的误差来源，并确立可行的误差控制与质量改进策略。

针对已有研究成果的重组，并非 GDP 数据质量评估研究（指标重构）的终极目标；基于细部估算中基础数据资料的可靠性和具体估算方法的合理性，相应估算结果中还可能会产生次生误差。随着官方统计程序透明度的日益提高、民间统计活动的实质发展，以及基础数据资料的逐渐充足，今后仍然会不断生成致力于消除次生误差的新的 GDP 数据质量评估成果。此时，再按照以上步骤对新生成果进行解构，并与已有的替代性数据集中的相应项目进行匹配，判断其对已有数据集（项目）准确性的改善程度，最终决定是否要对已有数据集进行新的（部分或整体）替换和修订。由此可见，一旦按照前述步骤建立起（基于已有研究的）针对官方数据的替代性数据集，将成为长时期的一个评判基准，新生研究将被要求与基准数据集进行比较，并落实边际改进策略。此时，本书所谓的估算框架对于不同评估研究的整合功能将得以充分展示。

二、重组结果的序贯逼近

与已有研究相比，任何新生研究可能会在基础数据资料的来源和充实度、估算方法、理论假设等方面有所差异，次生误差的发生固然无法避免，其规模和方向也不易明确。加之 GDP 数据重组结构的复杂性，新生研究与已有估算框架（基准数据集）的对比整合过程还可能会有多个角度，更增加了对于基准数据（集）准确性的边际"改进"效果的不确定性。简言之，任何纳入新生研究的 GDP 数据重组过程，未必具有朝向"真实"GDP 数据序列的线性逼近效果，更可能是围绕"真实"序列的上下摆动。以不变价 GDP（或 GDP 指数）序列的估算逼近为例，虽然已有研究普遍认同官方数据序列存在对于经济增长速度的高估（也即官方数据曲线的斜率大于"真实"数据曲线的斜率），但实际重估的结果却又可能因为过于严苛的理论设定而产生对经济增速的低估（重估所得数据曲线的斜率小于"真实"斜率)[1]；而由多项重估研究生成的多套 GDP 指数（或其分部门增加值指数）序列，其中的次生误差也可能会指向不同的方向。[2]

为了使同类研究成果能够在彼此之间相互佐证，并最终形成基于已有研究成果（基准数据集）的增量贡献（对于"真实"GDP 数据序列的序贯逼近[3]），可以依循如图 6-2 所示的过程（仍以对 GDP 指数序列的估算为例）。

第一步，确立关于 GDP 指数序列的估算逼近的出发点，也即基准序列。自然，GDP 指数的官方序列是现实条件下最为合宜的基准序列——虽然官方发布的经济统计数据存在诸多问题，但不论是在基础数据资料的充分性和全面性方面，还是在核算方法的规范性方面，仍是任何外部主体的独立估算研究都难以比拟的。

---

① 例如前文提及的 CCNM（2000）即指出，中国官方对 GDP 增长率的估算结果提供了"真实"GDP 增长率的一条上边界，Maddison（1998）则提供了一条下边界。

② 例如 Wu（2002）认为，虽然依据其估算的工业增长率可以对官方统计结果进行显著下调，但鉴于拉氏物量指数中的 Gerschenkron 效应，其研究结果中可能仍然存在对于"真实"工业增长率的高估。

③ 本书采用序贯逼近的用语，以与"线性"逼近相区别，意指不同重估研究的次生误差在方向上未必一致，但误差规模却渐次缩小。

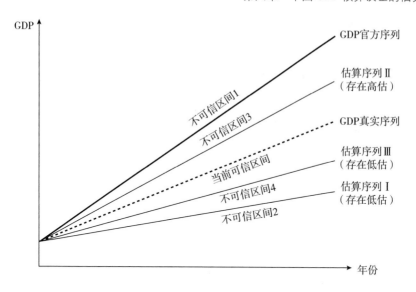

图 6-2 中国 GDP 指数序列的序贯逼近过程

第二步，针对已确立的基准序列，提出有关 GDP 增速估算误差的方向和规模的系统假设；该假设应当是经过必要检验的，据此可以初步划定 GDP 核算误差的"不可信区间"。基于已有研究形成的共识，官方的 GDP 指数序列本身存在高估，因此断定"真实"序列不会位于官方序列之上，故可将官方序列的左上方划定为"不可信区间"，即如果某项针对 GDP 指数（经济增速）的重估研究得到的增长速度大于官方数值，则认定是不可信的。[1] 由此识别出图 6-2 中的"不可信区间 1"，而 GDP 指数的官方序列则可命名为"上算基准（序列）"。

第三步，引入某一项外部重估研究，判断其能否对基准序列有所改进（即次生误差的规模小于基准序列中的估算误差），若然，则可以将 GDP 指数真实序列的可信区间做进一步压缩。具体而言，如果由特定研究得到的估算结果（假定为"估算序列 I"）存在明显的低估，则该序列右下方的区间应属不可信区间（定义为"不可信区间 2"），并将该序列命名为"下算基准（序列）"；如果由特定研究得到的估算结果（假定为"估算序列 II"）仍然存在高估（高估程度低

---

① 需要说明的是，1952 年至今，官方发布的 GDP 指数序列已经长达 60 多年，在不同时期的核算误差机制不尽一致，也可能会存在某一时期经济增速被低估的可能性；因此，只能将图 6-2 中的时间轴（横坐标）理解为特定的时间段（如改革开放时期）。

于官方序列），则该序列左上方的区间又属不可信区间（定义为"不可信区间3"），由此得到新的"上算基准（序列）"。

对于任何一项新生研究，重复上述第三步程序，即可不断压缩可信区间的范围，不断对"上算"或"下算"基准序列进行修订，实现向"真实"序列的逐渐逼近——至少在当下可以得到关于 GDP 指数序列可信结果的一个高精度区间。

第五节　进一步的讨论

针对中国 GDP 数据质量评估与核算误差估算研究存在明显分异、研究方法不尽合理、研究结论缺乏可比性的问题，本章参照指标重构方法的原理，尝试构建了针对 GDP 核算误差的估算框架，以期推进该领域研究的体系化。该框架满足 GDP 数据质量评估研究在理论基础可靠性、技术可行性、问题可辨识性以及系统兼容性等要求，为该领域研究成果的系统整合以及对中国统计实践的指导价值的切实发挥提供了稳健的方法平台。

当然，本章所构建的估算框架仍然是高度概念化和理想化的。在具体的评估研究中，针对 GDP 指标的交叉分解可能会使细部估算的复杂性极大增加，多项细部估算结果之间的不一致性（即一部分细部误差结果为正，而另一部分细部误差结果则为负）也会频繁出现，此时重组后的整体评估结论未必清晰；至于"高估"或"低估"几何，也很难有现实的证据予以支撑。同时，在特定数据序列所对应的整体研究期间内，未必所有时点都服从相同的误差发生机制，例如第四章的各项研究普遍发现 1989 年和 1998 年是核算误差相对较大的两个年份，但图 6-2 所演示的估算成果重组与序贯逼近过程完全以数据"序列"为对象，没有讨论个别时点的特异影响。鉴于目前关于中国 GDP 核算误差的研究具有较大学科跨度，评估目标不尽一致，方法原理也各不相同，为了促成本领域"学术共同体"的形成以及整体研究功效的发挥，该框架仍不失为一个有益的研究起点。

第七章　中国 GDP 地区数据衔接的有效性分析

第一节　引言

鉴于计量模型方法还无法有效揭示 GDP 数据的误差构成及其发生机制，指标重构方法的实施效果也难以一蹴而就，当前针对 GDP 数据质量评估的最可行实践路径还在于从用户角度，针对 GDP 数据的显性质量特征进行外部评价。根据王华和金勇进（2010a，2010b）的研究发现，在八项统计数据质量维度中，可得性和一致性（而非准确性）是用户最为看重而满意度却最低的两个维度，其中一致性①涉及政府统计系统内部协调机制的改进，可得性则反映用户搜集、获取所需统计数据信息的容易程度，要求加强统计数据发布程序的优化设计，并落实微观数据与元数据（数据诠释）的可用性。本书第七章至第九章即专门针对其中的若干显性特征开展细致讨论，以此明确中国 GDP 数据对于用户需求的满足程度。

中国 GDP 数据质量不佳的最明显证据，莫过于地区 GDP 汇总结果与国家 GDP 数值之间的持续、显著差异，这也极大影响了政府统计的公信力与 GDP 数

---

① 一致性也可称为可比性、协调性、匹配性、可衔接性等，本书之前章节对其状况已经多有论及。

据的可用性。考虑到在现行核算体系下，GDP 数据存在地区差异具有一定的客观必然性，但如果可以按照某些合理规则，对地区 GDP 数据和国家 GDP 数据进行有效衔接，以（尽可能地）消除两者之间的差异，无疑具有很高的实践价值。[1]

已有相关文献对中国 GDP 数据地区差异的来源和构成进行了必要探索，但未能建构起可行的数据衔接方法论。例如，潘振文和安玉理（2003）、蔡志洲（2003）、王志平（2004）、刘玮和刘迅（2008）、曾五一和薛梅林（2014）、Ma 等（2014）以及郭红丽和王华（2017）等揭示了中国 GDP 数据地区差异的产业和支出法构成，但无法辨识具体省份的误差特性。阙里和钟笑寒（2005）、周国富和连飞（2010）基于面板数据模型发现特定省份的 GDP 数据具有误差嫌疑，但该方法仅能识别整个数据集中的局部相对异常点（且误差有正有负，并趋于相互抵消），不足以揭示全国范围内的系统性误差，因此也无助于消除地区数据与国家数据之间的整体差异。张建伟等（2015）、卢盛锋等（2017）基于单一指标（克强指数或灯光数据）来评定地区（城市）GDP 数据的可靠性，同样无法识别整体层面的系统性误差。上述研究未能对具体地区（省份）GDP 数据中的质量问题形成清晰认识，自然也就无法为旨在消除 GDP 数据地区差异的衔接实践提供充分而可信的参照依据。

在此方面，其他国家针对地方 GDP 核算与数据衔接方法的研究和实践具有重要的参考价值。[2] 吕秋芬（2009）综述了国际实践中采用的有关地区 GDP 核算和数据衔接的一系列方法，其中提及的可行衔接方法包括基准数据衔接法（依据基准数据对不合理、不准确的数据进行简单替换）、固定统计误差衔接法（将数据之间的衔接误差固定在一个相对合理的范围内）、数据模型衔接法（利用统计或计量模型来消除数据误差）以及辅助回归方法等；通过比较分析，主张采用"自上而下"和"自下而上"相结合的核算方法来解决地区与国家间数据衔接的问题，并具体采用 Geary-Stark 方法对中国 GDP 数据的地区差异进行了衔接尝

---

[1] 国家统计局自 2020 年起开始实施地区生产总值的统一核算改革，实现了地区生产总值汇总数与国内生产总值数据的基本衔接，但不能就此忽视以往地区 GDP 数据无以衔接（却又被广泛应用于经济计量分析）的既有事实。同时，本章讨论的特定衔接方法及其实践效果，也正可与官方修订结果进行比照。

[2] 参见国外地区 GDP 核算模式研究课题组（2009）与"地区 GDP 核算的国际比较研究"课题组（2011）的相关论述。

试。向书坚和柴士改（2011）对于三种衔接方法（即 Geary-Stark 方法、线性调整法与辅助回归法）的效果进行比较分析，认为在理论上和衔接效果上辅助回归法更为可取。由于缺乏充分的数据信息，上述比较分析与衔接研究更多是具有方法论层次上的意义，其结果的可靠性还无以保障。

本章从提升 GDP 数据一致性和可用性的角度出发，针对中国 GDP 地区数据衔接的具体问题，对各种可行方法的合理性和适用性进行深入探讨，尝试据此建立当下最合宜的衔接方法（体系）。

第二节　地区 GDP 数据衔接效果的评判标准

现实中，对于国家层级的 GDP 核算结果与地区 GDP 核算结果的汇总，两者并不完全相等，因此有以下关系：

$$\sum_{i=1}^{n} Y_i \neq Y \tag{7-1}$$

其中，Y 表示国家层级的 GDP 数值，Y_i 表示地区 i（$i = 1, 2, \cdots, n$）的 GDP 数值。

以国家 GDP 数据为参照基准（即暂不考虑国家 GDP 数据本身的准确性[①]），地区 GDP 数据可分解为：

$$Y_i = Y_i^* + \varepsilon_i \tag{7-2}$$

其中，Y_i^* 表示地区 i 的无误差并可与国家 GDP 数据进行完美衔接的 GDP 核算数值（即有 $\sum_{i=1}^{n} Y_i^* = Y$），ε_i 表示其 GDP 核算误差。

实际的地区 GDP 数据衔接操作，是要对实际核算结果 $\{Y_i \mid i = 1, 2, \cdots, n\}$ 进行一定调整，得到一个与 $\{Y_i^* \mid i = 1, 2, \cdots, n\}$ 尽可能接近的数据集 $\{Y'_i \mid i = 1, 2, \cdots, n\}$。因此需要设定一定的标准，来评价数据衔接结果的合理

---

① 但并不影响在对国家 GDP 数据进行各种可能的修订之后，再对地区 GDP 数据进行相应衔接操作的可行性。

性与适宜性。具体可包括：

（1）总量一致原则，即要求达到：

$$\sum_{i=1}^{n} Y'_i = Y \tag{7-3}$$

其中，Y'_i 表示经调整后的地区 GDP 数值。

（2）结构稳定原则，即在调整后，初始各地区 GDP 所占比重或排名不会发生太大变化，有：

$$\frac{Y'_i}{\sum_{i=1}^{n} Y'_i} \approx \frac{Y_i}{\sum_{i=1}^{n} Y_i} \tag{7-4}$$

这既是出于对衔接方法本身稳健性的考虑（在不具有直接可靠的证据下，地区结构的过大变动无法得到合理解释），也是出于对政府统计管理实践的考虑（避免剧烈调整引致不可调和的外部质疑与反对）。另外，由于各地区的 GDP 核算误差规模未必相等，严格要求比重不变（排名稳定）也并无太大意义，故仅可以此作为参考性的评判标准。

（3）比例协调原则，即相对于独立来源的、在理论上（或在核算方法论上）与地区 GDP 保持高度相关性的其他指标数据而言，衔接后数据与之应保持良好的比例关系，有：

$$\frac{Y'_i}{\sum_{i=1}^{n} Y'_i} \approx \frac{X_i}{\sum_{i=1}^{n} X_i} \tag{7-5}$$

其中，X_i 表示其他外部参照指标的地区数值。与结构稳定原则相比，比例协调原则可能与之存在一定的矛盾，因为地区 GDP 的截面数据与外部参照指标并不存在完全相关关系；若依据其他参照指标来分劈国家 GDP，难免会造成地区 GDP 的原始空间结构发生变化。

（4）细部优先原则。由于 GDP 核算本身涉及复杂体系，相较于对 GDP 数据进行整体的衔接调整，对其细部数据进行优先调整无疑具有更高的稳健性与合理性。在实际数据集中，可按照产业和行业进行细分，也可按照支出法构成项目进行细分，如：

$$Y_i = \sum_{j=1}^{m} Y_{ij}, \ i = 1, \ 2, \ \cdots, \ n \tag{7-6}$$

或：

$$Y_i = C_i + G_i + I_i + (X_i - M_i), \quad i = 1, 2, \cdots, n \tag{7-7}$$

具体考虑对行业 j 的增加值 Y_{ij}，或 C_i、G_i、I_i 等项目进行衔接调整。

（5）序列连贯原则。对于各年份地区数据的衔接调整，从纵向时间维度考察，应该具有必要的连贯性（或称时间可比性），不会出现增长率的剧烈跳动（或与国家整体增长率发生严重偏离），即应有：

$$g'_{it} = \frac{Y'_{it}/P_{it} - Y'_{i,t-1}/P_{i,t-1}}{Y'_{i,t-1}/P_{i,t-1}} \approx g_t \tag{7-8}$$

其中，P_{it} 表示地区 i 时期 t 的 GDP 平减指数，g_t 表示国家 GDP 的实际增长率。

上述五项衔接评判标准，彼此之间存在一定冲突。除前述比例协调原则与结构稳定原则不一致外，序列连贯原则可能是与其他原则冲突最大的一项。另外，对于比例协调原则而言，可资利用的外部参照指标有很多，何者为宜，目前并无可行依据和共识。更由于真实数据集 $\{Y_i^* \mid i = 1, 2, \cdots, n\}$ 并不可知，即使满足五项原则，也很难保证结果的可信性。出于稳健性考虑，本章将从各个可能的角度（方法）入手，对地区 GDP 数据进行多种衔接尝试，以探索合宜的衔接方法。

第三节　地区 GDP 核算误差机制与数据衔接方法

一、关于地区 GDP 核算误差机制的假定

类似于第三章关于（整体层面和纵向维度的）GDP 核算误差发生机制的探讨，合宜的地区数据衔接方法的构造，也应首先对（横向维度的）地区 GDP 核算误差的发生机制有必要的认知。王华（2008）将统计数据的生成过程视为基层单位、地方（国家）统计部门、地方（中央）政府部门等共同参与的博弈系统，并设定了基层单位（地方政府）在填报统计数据过程中的几种获益模式（不同

宏观政策法规约束下利益的增加或减少），由此导出单位填报数据的行为模式（误差机制）。以其为基础考察省级区域 GDP 的数据表现，可能的误差机制如图 7-1 所示。

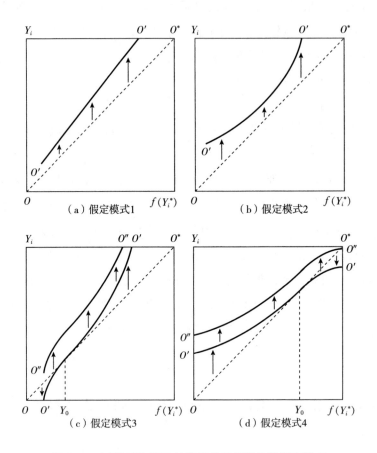

图 7-1 中国地区 GDP 核算误差机制的几种假定模式

按照王华（2008）所谓的"奖勤罚懒"利益再分配模式，超出平均水平的单位可获得更多利益，平均水平以下的单位则被加以处罚，因此各数据填报单位（地方）都会选择虚报统计数据（也即各地区数据都被系统性地高估）；且虚报程度与政策倾斜力度成正比，与惩罚力度成反比。具体又可分为图 7-1（a）和图 7-1（b）两种情形。在图 7-1（a）中，相对于各省份的真实数据 Y^* ［或其函数 $f(Y^*)$］（以图 7-1 中虚线 OO^* 表示），实际核算结果都表现为高估（虚报）或曰上偏误差，且相对误差比例 $[Y_i/Y_i^*$ 或 $(Y_i-Y_i^*)/Y_i^*]$ 都相等，可称之为"线性高估"模式；此时实际曲线从 OO^* 上移至 $O'O'$。在图 7-1 （b）中，相对于各省份的真实数据 Y^* $[$或其函数 $f(Y^*)]$，实际核算结果同样都表现为高估（虚报）或曰上偏误差，但相对误差比例 $[Y_i/Y_i^*$ 或 $(Y_i-Y_i^*)/Y_i^*]$ 不尽相等，可称之为"非线性高估"模式。一种可能的情况是，真实 GDP 水平越靠近中段的省份，高估动力相对越弱；而真实 GDP 水平越靠近两端的省份，高估动力相对越强。

在"奖勤罚懒"之外，还可能存在"以多补少"模式、"奖多补少"模式以及与其相反的"扣多罚少"模式。在"以多补少"模式下，各单位都有瞒报统计数据的动机，考虑到现实中地区 GDP 数据表现与之不符，故不予展开讨论。在"奖多补少"模式下（如经济发达地区的政府官员有更多晋升机会，而经济欠发达地区则可能获得更多财政补贴或其他政策优惠），数值超过某一临界点的地区，更有动机虚报统计数据，低于临界点的地区则更有瞒报统计数据动机，具体情形如图 7-1 （c）中曲线 $O'O'$ 所示。在相反的"扣多罚少"模式下，数值超过某一临界点的地区更有动机瞒报统计数据（如规避高额税赋与资金摊派），低于临界点的地区更倾向虚报（以规避或减轻考核环节的处罚），具体情形如图 7-1 （d）中曲线 $O'O'$ 所示。结合目前地区 GDP 差异的现实，不论图 7-1 （c）或是图 7-1 （d），预期都应是以虚报部分为主（即高估省份的数量和规模都更多更大）。更进一步地，考虑到地区 GDP 核算方法（包括资料来源的不一致性）可能造成核算结果的系统性偏差，图 7-1 （c）和图 7-1 （d）中的实际曲线还有可能出现进一步的向上移动（从曲线 $O'O'$ 到曲线 $O''O''$）。

由图 7-1 的几种假定模式可知，虽然各地区（省份）的 GDP 核算结果都有可能存在高估，但跨地区的高估模式（相对程度）可能不尽一致，因而适用的地区数据衔接方法也相应有所不同。

二、地区 GDP 数据衔接方法及其适用性分析

吕秋芬（2009）、向书坚和柴士改（2011）曾对地区 GDP 数据衔接方法进行了整理和比较，总体而言，可归纳为以下几类方法：

1. 线性调整方法

令各地区的 GDP 核算数值按照比率 $Y / \sum_{i=1}^{n} Y_i$ 进行等幅下调，可得：

$$Y'_i = Y_i \frac{Y}{\sum_{i=1}^{n} Y_i} \qquad (7-9)$$

其前提假定是：

$$\frac{Y'_i}{\sum_{i=1}^{n} Y'_i} = \frac{Y'_i}{Y} = \frac{Y_i}{\sum_{i=1}^{n} Y_i}$$

即各地区经济规模在国家整体结构中的秩次（排名）和比重保持不变。

该方法可以满足总量一致原则、结构稳定原则与序列连贯原则，即实现调整后的地区 GDP 数值总和完全等于国家 GDP 数值，各省份所占比重保持不变，且其时间序列的波动性与原序列相似。但就图 7-1 中的四种情形而言，仅适用于图 7-1（a）的情形；对于其他三种情形，线性（等比率）调整却可能导致新的误差。

2. Geary-Stark 方法

Geary-Stark 方法是由 Geary 和 Stark（2002）提出的一种简捷算法，用于将国家层面的 GDP 估算数值在地区层面进行分配。Geary-Stark 方法的基本思路是寻找一个与产出变量实质相关的变量集，据以预测地区层面的产出水平；实际则是利用劳动人口和生产率两项指标（按三次产业部门进行分组），假定各地区的部门劳动生产率可以反映其部门相对工资，部门产出即等于该部门劳动人口乘以其劳动生产率，各地区的 GDP 则为其各部门产出之和。

该方法的逻辑可具体表达为：

$$Y'_i = \sum_{j=1}^{m} y_{ij} L_{ij} = \sum_{j=1}^{m} \left[y_j \beta_j \left(\frac{w_{ij}}{w_j} \right) \right] L_{ij} \qquad (7-10)$$

其中，y_{ij} 和 L_{ij} 分别表示地区 i 中部门 $j(j=1, 2, \cdots, m)$ 的劳动生产率（劳均产出）和劳动人口数，y_j 表示国家层面部门 j 的劳动生产率，w_{ij} 和 w_j 分别表示地区 i 中部门 j 的平均工资以及国家层面部门 j 的平均工资；并有假设 $y_{ij}/y_j = w_{ij}/w_j$（即各地区间的生产率之比等于相应的工资率之比）。令 $\beta_j = Y_j / \sum_{i=1}^{n} [y_j(w_{ij}/w_j)] L_{ij}$ 为调整标量，在保持地区间相对差异的前提下，确保各产业部门的地区增加值之和等于该部门的国家数值。

进一步地，如果有 $y_j = Y_j/L_j$，则式（7-10）可转换为：

$$Y'_i = \sum_{j=1}^{m} Y_j \beta_j \frac{L_{ij}w_{ij}}{L_j w_j} = \sum_{j=1}^{m} Y_j \frac{L_{ij}w_{ij}}{\sum_{i=1}^{n} L_{ij}w_{ij}} \tag{7-11}$$

由此，Geary-Stark 方法将各产业部门的增加值，按照各地区工资总额的相对比重进行了分劈，再进行部门加总以得到各地区 GDP 的估算结果。

Geary-Stark 方法实质属于一种以其他变量（此处为地区工资总额）作为参照变量的线性调整方法，且在部门分组下进行衔接，可以同时满足总量一致、比例协调、细部优先诸原则。其缺点是，未考虑实际地区 GDP 的官方估算数据，造成明显的信息浪费，也可能出现严重违背结构稳定原则与序列连贯原则的调整结果（即地区间的相对工资总额与相对产出规模存在严重偏离）。

实际上，Geary-Stark 方法大多应用于估算（不存在相应官方数据的）历史时期的地区 GDP 数值（具体参见 Geary and Stark，2002，2015；Crafts，2005；Martinez-Galarraga，2007；Felice，2011；Henning et al.，2011；Enflo et al.，2014）。对于该方法有效性的检验，反而是要将其估算结果与官方公布的地区 GDP 数值进行比较。例如，Geary 与 Stark（2002）在对 1861~1911 年英国四个地区（英格兰、威尔士、苏格兰和北爱尔兰）的 GDP 进行估算后，也对 1971 年的地区 GDP 进行了估算（该年为第一个同时存在部门工资数据和官方地区 GDP 数据的普查年份），通过与官方数据进行比较，表明其估算结果较具准确性（其采用的估算方法因而具备有效性）。针对中国的实际情形，此种评判逻辑无疑与本章的研究目标相冲突：如果需要以官方数据为标准来评判其他衔接方法的有效性，那么在官方统计已经覆盖的较长时期内（1993 年至今），对地区数据进行调整与衔接又有何必要性？

再考虑到以工资总额数据为依据进行调整，对工资统计数据的准确性又有较高要求，而中国的就业与工资统计未必具有此等条件。从理论上讲，也只有在完全市场条件下，劳动（边际）生产率才会完全体现为工资率，这一条件在中国同样也无法得到较好满足。

因此，针对中国 GDP 的地区数据衔接问题，Geary-Stark 方法未必具有最佳（甚至是较好）的适用性。当然，不排除在对该方法进行必要改进之后的可用性；至少作为一种参考基准，可以考虑与其他方法的配合应用。

3. 辅助回归方法

考虑到线性调整方法容纳信息过少（仅包括地区 GDP 自身数据，未考虑地区核算误差机制的特殊性），而 Geary-Stark 方法又完全依赖于就业和工资数据，损失了地区 GDP 数据的关键信息（且其基本假定难以符合中国现实），有必要综合两类方法的特长，以尽可能反映图 7-1 中的不同机制。可行的路径是将各类信息同时纳入统一的模型框架之内，既反映各地区 GDP 自身信息，又允许参照其他相关指标来调整地区 GDP 截面曲线的斜率。在此方面，线性回归模型是一种较具可行性的方法框架。

考虑建立如下形式的面板数据模型：

$$Y_{it} = X'_{it}\boldsymbol{\beta} + (\alpha_i + \gamma_t + u_{it}), \quad i=1, 2, \cdots, n; \quad t=1, 2, \cdots, T \tag{7-12}$$

其中，X_{it} 表示决定地区 i 在时期 t 的 GDP 规模的解释变量向量；$\boldsymbol{\beta}$ 表示与解释变量相对应的系数向量，α_i 和 γ_t 分别为地区 i 和时期 t 的固定效应，u_{it} 为模型的随机误差项。

阙里和钟笑寒（2005）、周国富和连飞（2010）正是基于对模型（7-12）的估计，以 α_i 和 γ_t 的相对规模来反映不同地区或不同时期的 GDP 误差水平。本章不主张将模型截距项的变异值简单视为 GDP 的核算误差，在此仅以模型的拟合结果 $\hat{Y}_{it}$ 反映不同地区 GDP 的相对规模，并以国家 GDP 为基准进行线性调整，有：

$$Y'_{it} = \hat{Y}_{it} \frac{Y_t}{\sum_{i=1}^{n} \hat{Y}_{it}}, \quad t=1, 2, \cdots, T \tag{7-13}$$

由上可知，本书所谓的"辅助回归方法"综合了前述线性调整方法和 Geary-Stark 方法的操作原理，可以折中性地满足总量一致、结构稳定和比例协调诸原则，并且能够充分利用地区 GDP 自身数据和经济系统中的相关数据，衔接结果更趋稳健。由于将各地区的历史数据同时纳入了模型系统，还能实现对地区 GDP 增长率数据的有效调整，也可以较好地满足序列连贯原则。

第四节　地区 GDP 数据衔接实验

一、指标选取与数据说明

基于前述分析，本节具体选取多组统计指标作为参照依据，对地区 GDP 数据进行衔接调整。其中，第一组指标包括 1993~2016 年的国家 GDP（国内生产总值）、地区 GDP（地区生产总值）、分三次产业增加值与分行业（具体为农林牧渔业、工业、建筑业、批发和零售业、交通运输、仓储和邮政业、住宿和餐饮业、金融业、房地产业及其他行业）增加值的现价数据及其相应指数，国家与地区的支出法 GDP 及其相应构成项目的现价数据。该组指标与 GDP 直接相关，可基于由这些指标构成的数据集，利用（整体的或分部门的）线性调整方法对地区 GDP 数据进行衔接。

第二组指标包括 2006~2016 年各地区的城镇单位（及其分行业的）就业人员数和工资总额，（城镇）私营企业和个体（及其分行业的）就业人员数和平均工资。该组指标与 Geary-Stark 方法的应用相关，以中国现有的统计指标体系为现实条件，提供了可用以进行地区 GDP 数据的 Geary-Stark 估算调整的主要基础数据。吕秋芬（2009）、向书坚和柴士改（2011）曾利用各地区城镇单位的就业人员和工资数据对地区 GDP 数据进行衔接尝试，但仅城镇单位的统计范畴不足以准确反映各地区的相对工资和生产率水平。本章进一步引入了私营企业和个体的相关数据，以尽可能提高各地区就业与工资统计的覆盖率，并确保由此测算的相对生产率的准确性。

第三组指标包括 1993~2016 年各地区的全社会固定资产投资总额及其价格指数、社会消费品零售总额及其相应价格指数、电力消费量、货物周转量、（城镇）人口数等。该组指标的统计过程与 GDP 核算系统相对独立，但其指标数据又与 GDP 数据具有较高相关关系，可用以反映 GDP 所得以生成的整体宏观经济系统。在 Klein 和 Ozmucur（2003）、周建（2005）、阙里和钟笑寒（2005）、周国富和连飞（2010）等为评估 GDP 数据可信度而建立的计量经济模型中，都普遍以上述指标作为解释变量。本章也利用该组指标，并结合部分相对指标，来建立用于反映地区 GDP 相对变化的面板数据模型。

第四组指标则是由美国国家海洋和大气管理局（National Oceanic and Atmospheric Administration，NOAA）发布的全球夜间灯光数据。该项数据产品由美国"国防气象卫星计划"（National Defense Meteorological Satellite Program，DMSP）的气象卫星传感器（Operational Linescan System，OLS）观测得到（目前涵盖1992~2013 年），可探测到全球范围内城市的夜间灯光、火光乃至车流等发出的低强度灯光，可以成为人类活动监测研究的良好数据来源（Elvidge et al.，2007）。徐康宁等（2015）及卢盛锋等（2017）采用全球夜间灯光数据检验了中国（地区）GDP 数据的真实性，张俊（2017）、刘华军和杜广杰（2017）则采用此项数据替代 GDP 数据以研究中国的区域经济发展问题，都认为此类数据相对 GDP 数据要更加客观、准确。DMSP-OLS 夜间灯光数据存储为 tif 图片格式，包括四种类型，本书具体选用其中的稳定灯光（Stable Lights）数据。该数据主要反映城市、城镇和其他地点的持续光亮情况，剔除了背景噪声和火灾等导致的短暂光亮。利用中国行政区划矢量图对数据文件进行边界裁剪，可以得到各省份范围内所有栅格的灯光亮度数值，由此计算出各省份的灯光总值和均值。

二、具体方法设计

利用四组指标所提供的基准数据，可以对地区 GDP 数据进行全方位、多层次的衔接调整。依照本章第三节的三类方法，具体可采用的衔接方法包括：

（1）总量层次的线性调整，即完全依照式（7-9）的方法逻辑。

（2）分三次产业的线性调整，即将式（7-9）细化为：

$$Y'_i = \sum_{j=1}^{3} Y_{ij} \frac{Y_j}{\sum_{i=1}^{n} Y_{ij}} \tag{7-14}$$

其中，Y_j（$j=1$，2，3）表示三次产业部门在国家层次的增加值，Y_{ij}（$j=1$，2，3）表示三次产业在地区 i 的增加值。

（3）分行业的线性调整，即将式（7-9）进一步在行业层次进行细化，得：

$$Y'_i = \sum_{j=1}^{9} Y_{ij} \frac{Y_j}{\sum_{i=1}^{n} Y_{ij}} \qquad (7-15)$$

其中，Y_j（$j=1, 2, \cdots, 9$）表示农林牧渔业，工业，建筑业，批发和零售业，交通运输、仓储和邮政业，住宿和餐饮业，金融业，房地产业，其他行业在国家层次的增加值；Y_{ij}（$j=1, 2, \cdots, 9$）表示各行业在地区 i 的增加值。

（4）基于 Geary-Stark 方法的总量估算，即将式（7-11）简化为：

$$Y'_i = Y \frac{L_{iU} w_{iU} + L_{iP} w_{iP}}{\sum_{i=1}^{n} (L_{iU} w_{iU} + L_{iP} w_{iP})} \qquad (7-16)$$

其中，L_{iU} 和 w_{iU} 分别表示地区 i 中城镇单位就业人员数和平均工资，L_{iP} 和 w_{iP} 分别表示地区 i 中私营企业和个体的就业人员数和平均工资。由于数据可得性的限制，此处的 w_{iP} 仅为城镇私营企业和个体就业人员的平均工资，因而可能会存在一定的替代性偏差。

（5）基于 Geary-Stark 方法的分行业估算，即完全依照式（7-11）的方法逻辑，可得：

$$Y'_i = \sum_{j=1}^{6} Y_j \frac{L_{ijU} w_{ijU} + L_{ijP} w_{ijP}}{\sum_{i=1}^{n} (L_{ijU} w_{ijU} + L_{ijP} w_{ijP})} \qquad (7-17)$$

其中，L_{ijU} 和 w_{ijU} 分别表示地区 i 行业 j 中城镇单位就业人员数和平均工资，L_{ijP} 和 w_{ijP} 分别表示地区 i 行业 j 中私营企业和个体的就业人员数及平均工资。由于数据可得性的限制，此处的行业具体划分为：①工业；②建筑业；③批发和零售业；④交通运输、仓储和邮政业；⑤住宿和餐饮业；⑥其他行业。

（6）价格调整后基于 Geary-Stark 方法的总量估算。为了消除不同地区之间物价水平差异（对于相对工资率和劳动生产率）的影响，进一步考虑对各地区就业人员工资总额进行价格平减，有：

$$Y'_i = Y \frac{(L_{iU} w_{iU} + L_{iP} w_{iP})/P_i}{\sum_{i=1}^{n} (L_{iU} w_{iU} + L_{iP} w_{iP})/P_i} \qquad (7-18)$$

其中，P_i 表示地区 i 中的价格平减指数，实际采用以 1993 年为基期的 GDP 平减指数（相当于假定在 1993 年时各地区具有相同的物价水平）。

（7）基于灯光总值数据的总量估算。仿照式（7-16）的 Geary-Stark 总量估算方法，将其中工资总额替代以根据 DMSP-OLS 夜间灯光数据计算的各地区灯光总值，有：

$$Y'_i = Y \frac{NL_i}{\sum_{i=1}^{n} NL_i} \tag{7-19}$$

其中，NL_i 表示针对地区 i 中所有栅格的灯光亮度数值的加总值（简称"灯光总值"），也即假定各地区的 GDP 与其灯光总值保持线性相关。

（8）基于灯光均值数据的总量估算。观察发现，各地区灯光均值（灯光总值除以栅格数量）与其地均 GDP（GDP 除以省域面积）之间的正相关关系更为显著，据此对式（7-19）中的灯光总值进行替换，有：

$$Y'_i = \beta A_i \frac{\sum_{i=1}^{n} Y_i}{\sum_{i=1}^{n} A_i} \frac{NL_i/G_i}{\sum_{i=1}^{n} NL_i / \sum_{i=1}^{n} G_i}$$

其中，A_i 和 G_i 分别表示地区 i 的面积和在灯光数据文件中的栅格数量；β 是确保 $\sum Y'_i = Y$ 的调整标量，具体调整可得：

$$Y'_i = Y \frac{A_i NL_i/G_i}{\sum_{i=1}^{n} A_i NL_i/G_i} \tag{7-20}$$

（9）基于面板数据模型拟合结果的线性调整。针对模型（7-12），以表 7-1 中的实际 GDP 作为被解释变量，其他变量作为解释变量，拟合包含地区和时间固定效应的面板数据模型，结果如表 7-2 所示。

表 7-1   面板数据模型的变量说明

符号	名称	含义
Y	实际 GDP（亿元）	以基期 1993 年 GDP 乘以各年份 GDP 指数计算得到
$Elctr$	电力消费量（亿千瓦时）	能源消耗
$Frgh$	货物周转量（亿吨公里）	基础保障与派生需求
$Invt$	全社会固定资产投资（亿元）	资本投入与产出去向，以固定资产投资价格指数予以平减
Rtl	社会消费品零售总额（亿元）	市场需求与产出去向，以商品零售价格指数予以平减
Prp_si	第二产业比重（%）	第二产业增加值占 GDP 比重
Prp_ti	第三产业比重（%）	第三产业增加值占 GDP 比重
$Urbn$	城镇人口比重（%）	城镇化水平
$Lght$	灯光亮度总值	经济规模的综合反映

表 7-2　1993~2016 年中国地区实际 GDP 的面板数据模型

	模型 1	模型 2	模型 3	模型 4
ln（Elctr）	—	0.0563*** (0.0147)	0.0571*** (0.0131)	0.0383*** (0.0117)
ln（Frgh）	—	0.0306*** (0.0049)	0.0306*** (0.0048)	0.0169*** (0.0052)
ln（Invt）	—	0.0953*** (0.0113)	0.0968*** (0.0096)	0.0757*** (0.0094)
ln（Rtl）	—	0.3547*** (0.0242)	0.3432*** (0.0230)	0.3843*** (0.0242)
Prp_si	—	−0.0004 (0.0010)	—	—
Prp_ti	—	−0.0011 (0.0011)	—	−0.0020*** (0.0007)
Urbn	—	−0.0004 (0.0005)	—	—
ln（Lght）	0.0368** (0.0175)	−0.0338** (0.0162)	−0.0393*** (0.0148)	—
常数项	7.2405*** (0.2269)	4.5365*** (0.2347)	4.5943*** (0.2277)	4.2979*** (0.1715)
地区效应	FE	FE	FE	FE
时间效应	FE	FE	FE	FE
样本量	651	588	589	682
$\overline{\mathrm{R}}^2$	0.9970	0.9988	0.9988	0.9986

注：括号中数值为回归估计的标准误；***、**和*分别表示收尾概率 $p<0.01$、$p<0.05$ 和 $p<0.1$；由于部分变量的数据缺失，各模型中的样本量不尽相同。

根据表 7-2 中的模型 1、模型 3 和模型 4 得到的拟合值数据集，基于式（7-13）进行各年份截面数据的线性调整，由此又可提供另外三种关于地区 GDP 数据的衔接结果。

三、结果讨论

基于上述 9 种方法对中国历年地区 GDP 进行衔接调整，可以得到 11 套包含 31 个省份、24 个年份的调整结果数据集。由于数据集的规模较大、分析维度较多，在此无法对所有结果给予全方位讨论。本节具体采用三种分析策略来说明衔接调整的有效性，即在横向维度上选取特定年份（2016 年和 2013 年），呈现和比较不同方法对各地区数据的衔接调整效果；在纵向维度上选取特定省份（北京、辽宁、江苏、湖北、云南、新疆），呈现和比较不同方法对于地区数据时间序列的调整效果；根据衔接调整结果对 31 个省份进行分组，据以识别不同省份中 GDP 数据的差异模式。

1. 横向对比分析

考虑到基准数据的可得性，以 2016 年和 2013 年作为代表性年份，各地区 GDP 数据衔接前后的调整比率、排名变化以及实际增长率的变化，如表 7-3 ~ 表 7-8 所示。

针对 2016 年的衔接调整结果（见表 7-3），三种线性调整方法的调整比率基本相当。① 在分产业和分行业的线性调整结果中，仅有个别省份（如北京、海南）的调整比率存在较大差异，这是主要源于其产业结构的不均衡——北京、海南等省份的第二产业增加值占比相对较低，或第三产业增加值比较高，而实际衔接中对第二产业增加值予以下调，对第三产业（其中的金融业和房地产业）增加值予以上调，因此导致相关省份整体 GDP 的下调幅度相对较小。同时，线性调整结果导致的排名变化非常微弱，较好地满足了结构稳定原则。

表 7-3　2016 年中国地区 GDP 现价数据衔接结果

地区	调整比率（%）						排名变化					
	(1)	(2)	(3)	(4)	(5)	(6)	(1)	(2)	(3)	(4)	(5)	(6)
合计	**-4.61**	**-4.61**	**-4.61**	**-4.61**	**-4.61**	**-4.61**	—	—	—	—	—	—
北京	-4.74	-1.88	-1.14	88.82	85.83	25.02	0	0	0	7	7	6
天津	-4.74	-4.65	-4.89	-38.98	-29.46	-34.49	0	0	1	-4	-5	-3
河北	-4.74	-5.31	-5.37	-34.38	-35.06	-27.35	0	0	0	-5	-5	-4
山西	-4.74	-4.21	-4.08	-9.39	-8.33	-9.99	0	0	0	3	-1	3
内蒙古	-4.74	-5.26	-6.32	-39.12	-13.74	-36.29	0	0	-2	-4	-1	-5

---

① 2016 年辽宁对其 GDP 数据进行了"挤水分"，使之"缩水"幅度超过 20%，因此在线性调整过程中，假定辽宁省数据中不存在核算误差，不再对其进行调整。

地区	调整比率（%）						排名变化					
	（1）	（2）	（3）	（4）	（5）	（6）	（1）	（2）	（3）	（4）	（5）	（6）
辽宁	0	0	0	-19.60	-8.19	20.95	0	0	0	0	0	5
吉林	-4.74	-5.29	-5.99	-26.19	-13.71	-23.30	0	0	0	-1	0	-1
黑龙江	-4.74	-3.07	-3.84	-35.33	53.93	-15.92	0	0	0	-5	10	2
上海	-4.74	-3.15	-2.05	39.16	40.48	54.04	0	1	1	5	5	6
江苏	-4.74	-4.95	-4.76	-3.26	-6.59	1.31	0	0	0	0	0	0
浙江	-4.74	-4.96	-5.15	20.51	16.71	19.55	0	0	0	1	1	0
安徽	-4.74	-5.41	-5.24	-13.29	-21.77	-12.32	0	0	0	1	-2	0
福建	-4.74	-5.46	-5.20	-3.23	-12.47	0.98	0	-1	-1	0	0	2
江西	-4.74	-5.33	-5.27	-5.12	-13.73	-21.93	0	0	0	1	-2	-2
山东	-4.74	-5.12	-5.75	-17.43	-26.73	-13.62	0	0	0	-1	-1	0
河南	-4.74	-5.32	-5.60	-30.80	-30.18	-35.27	0	0	0	-4	-2	-6
湖北	-4.74	-4.99	-5.10	-13.31	-21.72	-19.79	0	0	0	-1	-2	-3
湖南	-4.74	-4.68	-5.53	-45.50	-48.37	-53.75	0	0	0	-7	-8	-7
广东	-4.74	-4.79	-4.40	16.17	9.07	25.18	0	0	0	0	0	0
广西	-4.74	-5.04	-4.86	-22.03	-24.34	-20.49	0	0	0	-2	-5	0
海南	-4.74	-2.35	-1.03	-2.08	27.74	6.13	0	0	0	0	0	0
重庆	-4.74	-4.93	-4.16	28.27	-6.28	20.28	0	0	1	9	4	6
四川	-4.74	-4.51	-4.33	-7.75	-17.03	-7.55	0	0	0	-1	-2	-1
贵州	-4.74	-4.38	-5.19	8.29	-9.22	-20.96	0	0	0	5	-1	0
云南	-4.74	-4.24	-4.30	7.19	1.25	7.21	0	0	0	5	1	7
西藏	-4.74	-4.08	-1.56	76.79	47.37	70.22	0	0	0	0	0	1
陕西	-4.74	-5.47	-5.34	-25.16	-21.86	-34.54	0	0	0	-3	-5	-5
甘肃	-4.74	-3.81	-3.69	22.54	25.73	25.32	0	0	0	0	0	1
青海	-4.74	-5.43	-4.78	-18.80	-6.09	-28.09	0	0	0	0	0	-1
宁夏	-4.74	-5.23	-4.38	-2.06	-4.61	-36.70	0	0	0	0	0	0
新疆	-4.74	-4.17	-3.99	6.73	139.16	-6.83	0	0	0	1	14	-1
$\rho(Y, Y')$	1.0000	0.9999	0.9998	0.9353	0.9164	0.9464	—	—	—	—	—	—

注：地区 GDP 数据衔接结果（1）～（6）分别对应本章第四节中前 6 种衔接方法，即总量线性调整、分产业线性调整、分行业线性调整、Geary-Stark 总量估算、Geary-Stark 分行业估算以及价格调整后的 Geary-Stark 总量估算。$\rho(Y, Y')$ 表示衔接前、后地区 GDP 数据序列的相关系数。

Geary-Stark 估算结果则极大改变了地区 GDP 的初始结构（占比或排名），其中北京、上海、浙江、广东、重庆、西藏、甘肃等省份的 GDP 数值甚至得到了大幅上调，显示这些地区的工资总额占比远高于其 GDP 占比；但其是否确实源于 GDP 数值被低估，抑或是劳动生产率确实较低（从而 Geary-Stark 方法的基本假定不再成立），仍不得而知。即使在消除横向价格水平差异之后，估算结果的地区结构（调整比率）仍基本一致。只有在分行业估算中，黑龙江和新疆的 GDP 结果出现了异乎寻常的大幅上调，其原因在于这两个省份农业部门的就业人员和工资总额占比很大，尤其是大型国营农场的存在使得农业部门的城镇单位就业人员和工资总额的全国份额远高于平均水平，应用 Geary-Stark 方法进行调整的结果是其农业部门增加值得以极大上调，甚至超过了初始的 GDP 总额。鉴于几种估算结果均显著改变了地区 GDP 的初始结构，很难将其完全归因于官方 GDP 核算结果的误差机制，对于 Geary-Stark 方法本身的适用性仍需进行更为细致地检验。

同样地，考察表 7-4 中实际 GDP 增长率的变化，三种线性调整结果导致增长率变化非常微弱，只有辽宁的增长率由初始的 -2.50% 上调了约 5 个百分点，因而转变为正值。而 Geary-Stark 估算结果则带来显著影响，尤其是辽宁的增长率出现大幅上升，其原因在于隐含的 GDP 平减指数可能存在严重偏差。虽然辽宁 2016 年的名义 GDP 剧烈下降 22.4%，但实际 GDP 仅下降了 2.5%，这意味着前者下降的后果大部分被隐含平减指数的大幅下降所吸引（下降幅度高达 20.4%）。同期其他省份都不存在同样程度的通货紧缩，全国整体通货膨胀率为 1.2%，山西、内蒙古、黑龙江、新疆等地虽然存在通货紧缩，但紧缩率也仅在 -5% 以内；令人怀疑辽宁虽然公开对 GDP 数据进行"挤水分"，但仍然存在"GDP 增长"情结，并未对实际 GDP 进行实质性的、同等力度的处理。另外，湖南的 GDP 增长率则出现大幅下调。由 Geary-Stark 估算结果呈现的 2016 年中国各地区 GDP 增长的明显离散态势，既严重影响到数据衔接的序列连贯原则，也与区域经济的现实情况有所不符。

表 7-4　2016 年中国地区 GDP 增长率数据衔接结果

地区	官方增长率（%）	增长率差异（百分点）					
		（1）	（2）	（3）	（4）	（5）	（6）
合计	**6.70**	—	—	—	—	—	—
北京	6.80	-0.09	-0.72	-1.41	-1.92	-3.21	-5.57
天津	9.10	-0.09	0.24	0.23	-3.59	-0.64	-1.80
河北	6.80	-0.09	-0.09	0.25	4.51	3.17	4.57
山西	4.50	-0.09	-0.09	-0.03	-1.87	-0.30	1.26
内蒙古	7.20	-0.09	0.27	0.44	-2.07	1.68	4.55
辽宁	-2.50	4.77	4.93	5.33	16.82	23.18	47.29
吉林	6.90	-0.09	0.17	0.11	0.23	1.83	2.97
黑龙江	6.10	-0.09	0.03	-0.09	3.68	2.77	9.00
上海	6.90	-0.09	-0.33	-0.46	-3.21	-3.91	-7.28
江苏	7.80	-0.09	-0.17	-0.28	-2.79	-3.85	-4.41
浙江	7.60	-0.09	-0.16	-0.35	-2.96	-1.39	-4.59
安徽	8.70	-0.09	0.02	0.10	-1.80	-1.88	-3.10
福建	8.40	-0.09	0	0.06	5.00	1.83	3.34
江西	9.00	-0.09	0.19	0.37	-4.22	-3.84	-4.92
山东	7.60	-0.09	-0.15	-0.17	5.16	3.41	5.67
河南	8.10	-0.09	-0.07	0.01	2.28	3.40	1.87
湖北	8.10	-0.09	-0.12	-0.09	-4.27	-0.27	-5.75
湖南	8.00	-0.09	0.02	-0.06	-24.13	-10.54	-24.36
广东	7.50	-0.09	-0.14	-0.05	2.99	0.35	0.32
广西	7.30	-0.09	-0.08	-0.03	-1.74	-2.09	-2.57
海南	7.50	-0.09	-0.30	0.04	-5.30	-10.01	-6.33
重庆	10.70	-0.09	-0.24	-0.36	-2.13	-3.76	-3.36
四川	7.80	-0.09	0.19	0.21	-5.21	-2.91	-6.08
贵州	10.50	-0.09	-0.32	-0.18	-0.07	1.17	-0.81
云南	8.70	-0.09	-0.12	-0.36	4.61	6.80	5.64
西藏	10.10	-0.09	-0.51	-0.77	-1.34	-4.04	-2.50
陕西	7.60	-0.09	0.02	-0.03	-2.93	0.22	-2.13
甘肃	7.60	-0.09	-0.11	-0.34	5.90	5.36	8.49

地区	官方增长率（%）	增长率差异（百分点）					
		（1）	（2）	（3）	（4）	（5）	（6）
青海	8.00	-0.09	0	-0.23	3.29	3.91	5.84
宁夏	8.10	-0.09	-0.18	-0.37	-2.89	-3.50	-2.75
新疆	7.60	-0.09	-0.19	-0.21	0.07	-1.71	5.25

注：表中的增长率差异为衔接后各地区的实际 GDP 增长率与原官方公布增长率的绝对差，根据衔接后的名义增长率除以官方数据中隐含的平减指数计算得到。

2013 年的衔接调整结果（见表 7-5～表 7-7）与 2016 年的相应结果类似，在此不再赘述；而前者中基于灯光（总值和均值）数据的总量估算结果，又表现出完全不同的对比结构和调整模式。与 Geary-Stark 估算结果类似，基于灯光数据的估算结果同样极大改变了地区 GDP 的初始结构（占比或排名），但两种衔接结果的调整方向却大多相反——如图 7-2 所示，北京、上海、江苏、浙江、广东、重庆等省份，其 Geary-Stark 估算结果为（大幅）上调，基于灯光数据的估算结果却为（大幅）下调；而河北、山西、内蒙古、吉林、黑龙江、安徽、河南、陕西、青海、宁夏等省份，其 Geary-Stark 估算结果为（大幅）下调，基于灯光数据的估算结果却为（大幅）上调，显示两类数据在调整地区 GDP 过程中的高度不协调。由此判断，单纯就结构稳定原则而言，基于灯光数据的估算效果更不乐观。

表 7-5　2013 年中国地区 GDP 现价数据衔接结果：调整比率

地区	调整比率（%）							
	（1）	（2）	（3）	（4）	（5）	（6）	（7）	（8）
合计	**-6.16**	**-6.16**	**-6.16**	**-6.16**	**-6.16**	**-6.16**	**-6.16**	**-6.16**
北京	-6.16	-2.46	-1.03	83.13	78.92	29.56	-56.87	-58.93
天津	-6.16	-6.49	-7.02	-32.01	-25.05	-30.42	-42.97	-47.93
河北	-6.16	-6.78	-7.44	-43.59	-44.71	-41.47	34.21	26.06
山西	-6.16	-6.78	-6.94	-4.02	-6.94	-12.23	83.92	77.04
内蒙古	-6.16	-7.02	-8.23	-32.04	-14.50	-38.17	42.04	28.15

地区	调整比率（%）							
	（1）	（2）	（3）	（4）	（5）	（6）	（7）	（8）
辽宁	-6.16	-6.67	-6.91	-22.76	-22.95	-9.74	-8.32	-15.75
吉林	-6.16	-6.87	-7.29	-26.67	-19.39	-28.00	21.46	5.36
黑龙江	-6.16	-5.19	-5.63	-17.69	65.05	-2.88	138.68	96.27
上海	-6.16	-4.50	-3.99	37.73	37.94	62.60	-69.51	-67.91
江苏	-6.16	-6.28	-5.98	7.58	2.02	15.88	-19.79	-16.84
浙江	-6.16	-6.15	-5.90	17.82	13.98	18.12	-26.27	-21.74
安徽	-6.16	-7.07	-6.89	-12.00	-18.16	-11.61	13.59	16.88
福建	-6.16	-6.74	-6.24	-8.59	-13.57	-2.29	-21.88	-15.01
江西	-6.16	-6.99	-7.01	-5.14	-14.42	-22.45	-28.34	-22.89
山东	-6.16	-6.44	-6.86	-25.70	-31.24	-23.47	-3.78	-5.90
河南	-6.16	-6.79	-7.08	-34.35	-34.34	-38.86	6.66	8.28
湖北	-6.16	-6.16	-6.24	-11.66	-22.44	-15.81	-34.02	-31.23
湖南	-6.16	-6.07	-6.61	-29.80	-42.10	-39.93	-46.91	-42.92
广东	-6.16	-5.96	-5.93	5.09	5.06	18.23	-34.03	-25.35
广西	-6.16	-6.05	-5.94	-22.16	-25.55	-19.27	-8.51	1.52
海南	-6.16	-3.07	-1.46	2.72	5.68	14.04	42.37	11.61
重庆	-6.16	-5.84	-4.84	21.69	-5.60	17.33	-48.92	-46.40
四川	-6.16	-6.66	-6.51	-5.33	-14.64	-5.29	-33.63	-31.18
贵州	-6.16	-5.17	-6.04	8.46	-6.21	-14.12	-5.98	2.32
云南	-6.16	-5.36	-5.15	6.16	-2.46	4.91	31.54	44.79
西藏	-6.16	-4.51	-0.85	54.98	27.91	57.06	29.39	37.11
陕西	-6.16	-7.19	-7.18	-18.01	-21.93	-31.94	23.23	22.45
甘肃	-6.16	-5.58	-5.15	0.84	5.73	-6.50	79.99	84.64
青海	-6.16	-7.09	-6.42	-13.24	-4.52	-26.29	42.03	45.52
宁夏	-6.16	-6.32	-5.13	-1.34	3.13	-37.24	98.44	145.61
新疆	-6.16	-5.46	-5.03	5.09	130.63	-17.80	165.06	147.52
$\rho\ (Y,\ Y')$	1.0000	0.9999	0.9998	0.9314	0.9067	0.9370	0.8270	0.8762

注：地区 GDP 数据衔接结果（1）~（8）分别对应本章第四节中前 8 种衔接方法，即除表 7-3 中的 6 种方法外，还包括基于灯光总值数据和基于灯光均值数据的总量估算。

表 7-6 2013 年中国地区 GDP 现价数据衔接结果：排名变化

地区	排名变化							
	(1)	(2)	(3)	(4)	(5)	(6)	(7)	(8)
北京	0	0	0	8	8	7	−10	−11
天津	0	0	0	−4	−4	−4	−5	−6
河北	0	0	0	−8	−9	−7	2	2
山西	0	0	0	4	2	3	13	13
内蒙古	0	0	0	−6	−1	−7	6	4
辽宁	0	0	0	−3	−3	−1	−1	−1
吉林	0	0	−1	−3	−4	−3	4	1
黑龙江	0	0	0	−3	10	1	12	10
上海	0	1	1	6	6	7	−14	−14
江苏	0	0	0	0	0	0	0	0
浙江	0	0	0	1	1	1	−3	−2
安徽	0	0	0	1	0	2	2	5
福建	0	−1	−1	0	−2	2	−4	−3
江西	0	0	0	4	1	1	−2	−2
山东	0	0	0	−1	−1	−1	2	2
河南	0	0	0	−4	−4	−6	−1	0
湖北	0	0	0	1	−3	−1	−7	−8
湖南	0	0	0	−2	−7	−5	−10	−9
广东	0	0	0	0	0	0	−2	−2
广西	0	0	0	−4	−6	0	−1	0
海南	0	0	0	0	0	0	−1	−1
重庆	0	0	1	7	2	8	−5	−5
四川	0	0	0	1	0	1	−6	−7
贵州	0	0	0	0	0	1	1	3
云南	0	0	0	6	2	7	6	8
西藏	0	0	0	0	0	0	0	0
陕西	0	0	0	−1	−2	−5	3	3
甘肃	0	0	0	0	0	0	6	6
青海	0	0	0	0	0	0	0	0
宁夏	0	0	0	0	0	0	1	1
新疆	0	0	0	0	14	−1	14	13

表 7-7 2013 年中国地区 GDP 增长率数据衔接结果

地区	官方增长率（%）	增长率差异（百分点）							
		（1）	（2）	（3）	（4）	（5）	（6）	（7）	（8）
全国	**7.80**	—	—	—	—	—	—	—	—
北京	7.70	0.13	−1.30	−1.77	−11.02	−6.71	−13.56	−5.63	−5.80
天津	12.50	0.13	−0.33	0.12	−11.99	−10.94	−11.42	−0.94	−1.13
河北	8.20	0.13	0.22	0.32	−13.39	−12.79	−12.23	0.56	0.38
山西	8.90	0.13	0.40	1.45	−3.94	−8.44	0.56	−2.10	−2.28
内蒙古	9.00	0.13	0.30	0.47	6.97	8.37	9.82	−14.23	−14.39
辽宁	8.70	0.13	0.25	0.17	−4.15	−5.21	−4.80	−9.34	−9.50
吉林	8.30	0.13	0.24	0.35	2.77	2.15	1.92	5.72	5.52
黑龙江	8.00	0.13	0.58	0.30	−7.13	−0.32	−4.68	9.42	9.22
上海	7.70	0.13	−0.55	−0.26	0.94	0.66	0.66	3.02	2.83
江苏	9.60	0.13	−0.06	0.02	21.89	19.79	20.94	4.43	4.24
浙江	8.20	0.13	−0.04	−0.39	−7.39	−9.40	−7.92	−1.34	−1.52
安徽	10.40	0.13	0.32	−0.17	−4.69	−3.25	−5.81	8.21	8.01
福建	11.00	0.13	−0.12	−0.32	−13.80	−16.31	−13.68	1.04	0.85
江西	10.10	0.13	0.14	−0.01	−0.23	−0.93	−1.26	5.62	5.42
山东	9.60	0.13	0.16	0.72	0.88	−1.86	0.19	3.56	3.36
河南	9.00	0.13	0.99	1.10	−10.65	−7.86	−10.30	2.50	2.31
湖北	10.10	0.13	0.53	0.43	3.72	−2.46	2.51	17.08	16.87
湖南	10.10	0.13	0.10	−0.10	−8.40	−9.44	−9.22	16.98	16.76
广东	8.50	0.13	−0.09	0.18	15.19	20.07	14.25	3.45	3.26
广西	10.20	0.13	0.43	0.26	−4.42	−4.67	−4.91	−2.25	−2.43
海南	9.90	0.13	0.50	−0.02	8.35	−24.14	7.04	−10.02	−10.19
重庆	12.30	0.13	1.04	0.55	0.69	−3.92	1.10	−4.27	−4.45
四川	10.00	0.13	0.28	−0.36	6.81	11.01	6.37	6.35	6.15
贵州	12.50	0.13	−0.54	−0.42	−4.22	−3.84	−9.15	0.41	0.22
云南	12.10	0.13	0.18	−0.28	−2.86	−5.96	−5.26	−9.40	−9.58
西藏	12.10	0.13	−0.75	−1.83	−4.98	6.63	−8.76	−10.64	−10.82
陕西	11.00	0.13	0.22	0.14	0.67	−0.37	−0.30	−7.87	−8.04
甘肃	10.80	0.13	0.42	0.55	4.54	6.45	3.41	−2.52	−2.70
青海	10.80	0.13	0.70	0.51	−15.75	−11.06	−16.70	−4.87	−5.04
宁夏	9.80	0.13	−0.10	−0.15	−11.39	−9.87	−11.53	−9.71	−9.88
新疆	11.00	0.13	0.89	0.25	−8.98	2.67	−10.22	−9.97	−10.14

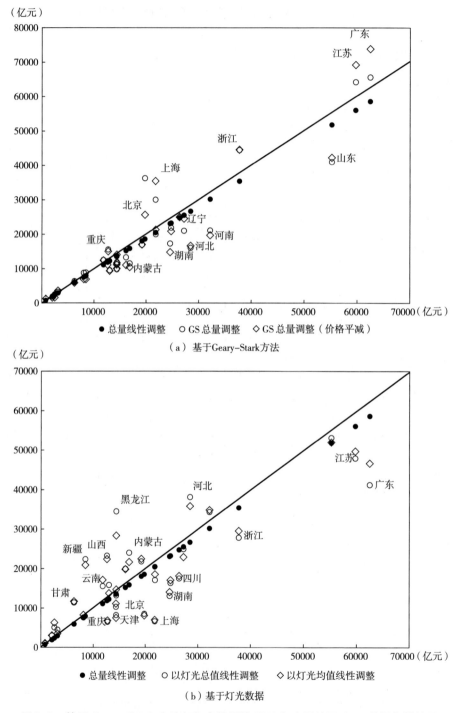

图 7-2　基于 Geary-Stark 方法与灯光数据的 2013 年中国地区 GDP 数据衔接结果

与上述结果相比，表 7-8 中基于面板数据模型拟合值的线性调整结果要更加稳健，在满足整体经济系统的比例协调原则的基础上，也未严重违背结构稳定原则，与初始 GDP 核算结果都保持了较高的相关性。就三种模型的调整结果进行比较，如图 7-3 所示，三者的整体调整模式基本相似，仅在个别地区存在一定差异，同样显示了此种衔接方法（在解释变量选择方面）的稳健性。具体而言（在结构稳定性方面），天津、内蒙古、河南、重庆等省份的排名略有后移，其增长率也有较大下调；北京、河北、山西、上海、广西、云南、陕西等省份的排名略有前移，其增长率的下调幅度则相对较小；其他地区的排名则保持不变。

表 7-8　基于面板数据模型的 2013 年中国地区 GDP 不变价数据衔接结果

地区	调整比率（%）			排名变化			增长率差异（百分点）		
	（1）	（2）	（3）	（1）	（2）	（3）	（1）	（2）	（3）
合计	**-25.35**	**-25.35**	**-25.35**	—	—	—	**-1.64**	**-1.64**	**-1.64**
北京	-16.73	-20.68	-21.16	3	2	2	-0.15	-0.79	-0.87
天津	-41.83	-41.83	-38.87	-6	-7	-5	-4.72	-7.66	-6.15
河北	-20.34	-20.07	-21.43	1	1	1	-0.55	-0.05	-0.10
山西	-22.55	-17.60	-19.23	4	5	5	-1.44	0.04	-0.74
内蒙古	-43.07	-35.24	-33.25	-7	-2	-2	-1.94	-1.84	-2.28
辽宁	-24.29	-25.41	-25.93	0	0	0	-1.33	-0.47	-1.00
吉林	-28.50	-30.03	-28.95	2	-1	-1	-0.38	-1.74	-1.21
黑龙江	-18.05	-24.50	-24.41	0	0	0	-0.09	-0.31	-0.01
上海	-16.67	-27.05	-26.89	1	1	0	0.08	-2.70	-2.28
江苏	-28.27	-24.71	-25.13	0	0	0	-1.68	-1.00	-1.23
浙江	-20.88	-21.58	-22.68	0	0	0	-0.55	-0.31	-0.53
安徽	-26.13	-22.76	-22.93	0	0	0	-2.31	-1.01	-1.03
福建	-27.44	-26.32	-25.86	0	1	0	-3.19	-2.19	-1.93
江西	-24.63	-23.97	-23.61	1	0	-1	-2.12	-1.83	-1.51
山东	-27.52	-24.08	-24.15	0	0	0	-1.72	-2.74	-2.22
河南	-23.69	-23.18	-23.96	-1	-1	-1	-1.21	-1.71	-1.95
湖北	-25.70	-27.23	-26.64	0	-1	0	-1.73	-1.95	-1.85
湖南	-25.11	-25.98	-25.07	0	0	0	-1.75	-2.45	-1.81
广东	-24.06	-26.68	-26.83	0	0	0	-0.65	-1.14	-1.09
广西	-25.53	-25.12	-25.28	0	1	1	-2.51	-1.87	-1.98
海南	-19.52	-22.29	-22.92	0	0	0	-2.49	-3.17	-3.02

地区	调整比率（%）			排名变化			增长率差异（百分点）		
	（1）	（2）	（3）	（1）	（2）	（3）	（1）	（2）	（3）
重庆	-32.89	-28.76	-27.80	-3	-2	-3	-4.64	-3.97	-5.11
四川	-27.67	-29.40	-27.78	-1	-1	0	-2.02	-1.98	-1.71
贵州	-24.43	-22.60	-22.62	0	0	0	-4.47	-3.18	-2.63
云南	-20.23	-21.09	-21.61	6	3	3	-4.54	-2.47	-3.15
西藏	-28.04	-23.21	-22.85	0	0	0	-4.53	0.35	-0.95
陕西	-32.06	-27.64	-26.40	0	1	1	-3.47	-2.20	-2.41
甘肃	-20.34	-22.74	-22.79	0	0	0	-3.08	-1.97	-2.48
青海	-25.98	-28.32	-27.50	0	-1	0	-3.16	-2.53	-2.94
宁夏	-22.61	-20.86	-21.15	0	1	0	-2.42	-1.60	-1.80
新疆	-15.55	-19.19	-20.73	0	0	0	-3.54	-0.90	-2.66
$\rho(Y, Y')$	0.9964	0.9981	0.9986	—	—	—	—	—	—

注：地区 GDP 数据衔接结果（1）～（3）分别对应本章第四节第 9 种衔接方法中，基于模型 1、模型 3 和模型 4 拟合值数据集的线性调整。

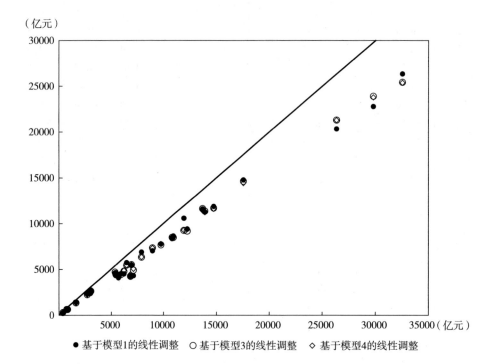

图 7-3　基于面板数据模型的 2013 年中国地区 GDP 数据衔接结果

2. 纵向对比分析

为了呈现不同方法对地区 GDP 数据衔接调整的纵向效果（系统差异及其序列连贯性），本书针对中国各区域分别选择代表性省份（具体为北京、辽宁、江苏、湖北、云南、新疆），对其 GDP 衔接调整结果进行考察。

由图 7-4 中各地区衔接后的不变价序列可知，基于不同方法对各省份的衔接调整结果表现出一定的系统性差异。如图 7-4（a）所示，对于北京，1993～2016 年的线性调整结果与基于面板数据模型的线性调整结果（共 6 种序列）相对较为接近，但后者又系统性地低于前者；Geary-Stark 估算结果远高于线性调整结果，且三种估算结果彼此之间亦有较大差异，而跨时间维度连贯性较差，表现出较为剧烈的波动特征；基于灯光数据的估算结果又远低于线性调整结果。如图 7-4（b）所示，对于辽宁，线性调整结果同样系统性地高于基于面板数据模型的线性调整结果，而 Geary-Stark 估算结果与基于灯光数据的估算结果则与线性调整结果保持相当水平，但纵向波动性更强。如图 7-4（c）所示，对于江苏，线性调整结果与 Geary-Stark 估算结果水平相当，基于面板模型的调整结果与基于灯光数据的估算结果水平相当。如图 7-4（d）所示，对于湖北，Geary-Stark 估算结果略低于线性调整结果，基于灯光数据的估算结果略低于基于面板模型的调整结果。如图 7-4（e）和图 7-4（f）所示，对于云南和新疆，基于灯光数据的调整结果又远高于其他结果。

综合而言，线性调整方法与基于面板数据模型的线性调整方法给出了较为稳定的结果，且后者给出的不变价序列系统性地低于前者。考虑到 GDP 核算实际涉及三类要素，即现价 GDP、不变价 GDP 与通货膨胀率，GDP 数据的地区差异必然也会对应这三类要素。在具体衔接调整过程中，线性调整方法只是针对于现价 GDP 数据［见式（7-9）、式（7-14）和式（7-15）］，再利用各地区隐含的 GDP 平减指数调整为不变价 GDP，却未考虑地区 GDP 平减指数中存在的不一致情况（即各地区都可能存在价格缩减不足效应，其 GDP 平减指数的加权平均值因而会系统性地低于国家层面的 GDP 平减指数），由此得到的地区不变价 GDP 再加总后，仍然会高于国家层面的不变价 GDP。而基于面板数据模型的拟合估计直接利用的是实际 GDP 数据，避免了各地区价格缩减不足效应的影响，可以实现不变价 GDP 数据的地区衔接。因此，鉴于地区间价格缩减数据的不一致，对

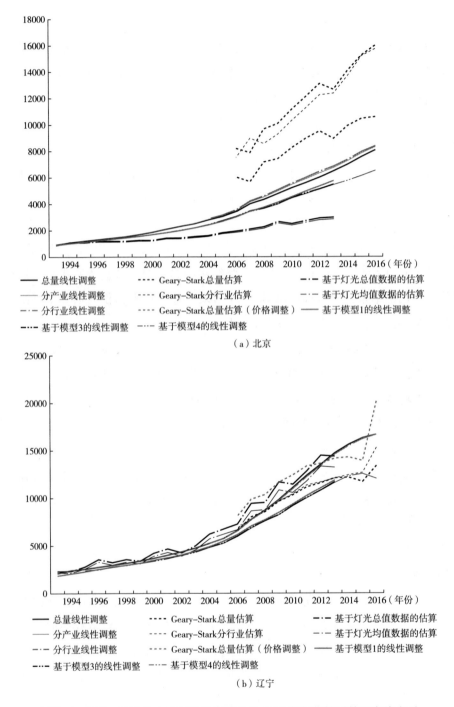

（a）北京

（b）辽宁

图 7-4　1993~2016 年中国若干代表性地区 GDP 数据衔接后的不变价序列

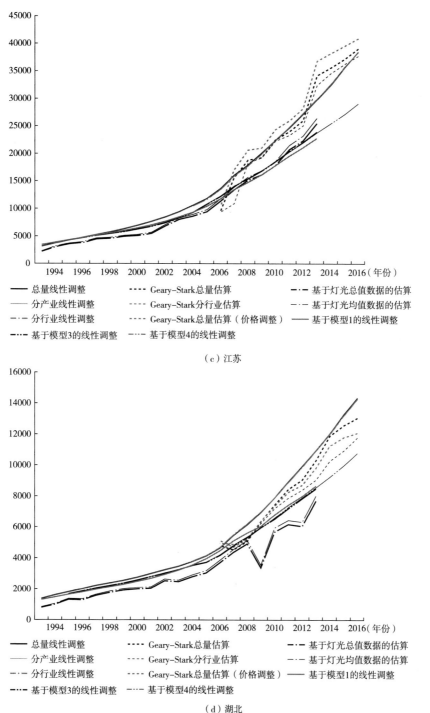

（c）江苏

（d）湖北

图 7-4 1993~2016 年中国若干代表性地区 GDP 数据衔接后的不变价序列（续）

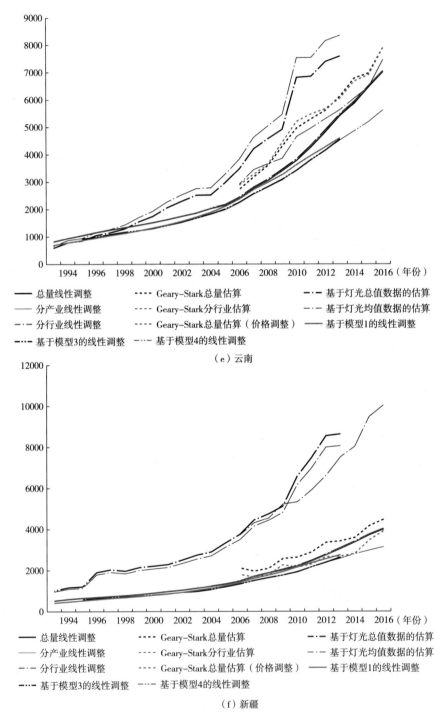

（e）云南

（f）新疆

图 7-4 1993~2016 年中国若干代表性地区 GDP 数据衔接后的不变价序列（续）

于地区 GDP 现价数据的衔接与对其不变价数据的衔接，两者应该分别进行。

　　Geary-Stark 估算结果与基于灯光数据的估算结果存在较多不确定性，在部分省份高于线性调整结果，部分省份又低于线性调整结果，极大地改变了初始GDP 的对比结构（从而违背结构稳定原则）。其原因在于，各地区间的工资总额数据和灯光数据与 GDP 数据之间虽然存在较高的相关性，但毕竟并非完全线性相关，由图 7-2 可见，大部分省份的估算结果都会或多或少地偏离其初始位置（基于灯光数据的估算结果表现得更为明显），最终产生地区间 GDP 对比结构（排名次序）的错乱。在时间序列上，则表现为相应估算结果与线性调整结果的高低对比关系极不稳定。同时，两种方法的估算结果序列的纵向连贯性也较差，存在较为剧烈的波动性（尤其以 Geary-Stark 估算结果为甚），表明地区间的工资总额数据和灯光数据本身的时间一致性较差。

　　3. 地区差异模式的聚类分析

　　利用 1993~2016 年中国 31 个省份的 11 种 GDP 数据衔接调整结果进行聚类分析，还可以识别和呈现不同省份中 GDP 数据的不同差异模式。下文具体采用系统聚类方法，以离差平方和法（Ward 法）定义类间距离，按照调整幅度（调整比率或增长率差异）将 31 个省份分别归为 3 类，结果如表 7-9 所示。由于同类方法的衔接结果具有一定的相似性，表 7-9 中仅列示分产业的线性调整、经价格调整的 Geary-Stark 总量估算、基于灯光均值数据的总量估算、基于模型 1 和模型 3 拟合结果的线性调整这 5 种方法的聚类结果，并根据其调整幅度的大小分别排列为第 I 类、第 II 类和第 III 类。

表 7-9　1993~2016 年中国地区 GDP 数据衔接结果的聚类

衔接方法	第 I 类	第 II 类	第 III 类
分产业线性调整	华北：天津、河北、山西、内蒙古 东北：辽宁、吉林 华东：江苏、浙江、安徽、福建、江西、山东 华中：河南、湖北、湖南 华南：广东、广西 西南：重庆、四川 西北：陕西、青海、宁夏 衔接结果：大幅下调	东北：黑龙江 华东：上海 西南：贵州、云南 西北：甘肃、新疆 衔接结果：中幅下调	华北：北京 华南：海南 西南：西藏 衔接结果：小幅下调

衔接方法	第 I 类	第 II 类	第 III 类
Geary-Stark 总量估算（价格调整）	华北：<u>天津</u>、河北、<u>内蒙古</u> 东北：吉林 华东：<u>江西</u>、<u>山东</u> 华中：<u>河南</u>、<u>湖南</u> 西北：陕西 衔接结果：大幅下调	华北：山西 东北：辽宁、黑龙江 华东：江苏、浙江、安徽、福建 华中：湖北 华南：广东、广西、海南 西南：重庆、四川、贵州、云南 西北：甘肃、青海、宁夏、新疆 衔接结果：中小幅度下调或上调	华北：北京 华东：上海 西南：西藏 衔接结果：大幅上调
依灯光数据的总量估算	华北：北京、<u>天津</u> 东北：辽宁 华东：上海、江苏、浙江、安徽、福建、<u>江西</u>、<u>山东</u> 华中：<u>河南</u>、湖北、<u>湖南</u> 华南：广东、广西、海南 西南：重庆、四川、贵州、西藏 衔接结果：下调/小幅上调	华北：河北、内蒙古 东北：吉林、黑龙江 西南：云南 西北：陕西、甘肃、青海 衔接结果：中幅上调	华北：山西 西北：宁夏、<u>新疆</u> 衔接结果：大幅上调
基于模型 1 拟合结果的线性调整	华北：<u>天津</u>、<u>内蒙古</u> 衔接结果：大幅下调	华北：北京、河北、山西 华东：上海、江苏、浙江、福建、山东 华中：河南 华南：广东 西南：西藏 衔接结果：中幅下调	东北：辽宁、吉林、黑龙江 华东：安徽、江西 华中：湖北、湖南 华南：广西、海南 西南：重庆、四川、贵州、云南 西北：陕西、甘肃、青海、宁夏、<u>新疆</u> 衔接结果：小幅下调

衔接方法	第 I 类	第 II 类	第 III 类
基于模型 3 拟合结果的线性调整	华北：<u>天津</u>	华北：北京、河北、内蒙古 东北：辽宁、吉林、黑龙江 华东：上海、江苏、浙江、安徽、福建、江西、山东 华中：河南、湖北、湖南 华南：广东 西南：重庆、贵州、云南、西藏 西北：陕西、甘肃、宁夏	华北：山西 华南：广西、<u>海南</u> 西北：青海、<u>新疆</u>
	衔接结果：大幅下调	衔接结果：中幅下调	衔接结果：小幅下调

注：针对前三类方法的聚类分析对象为调整比率，针对后两类方法则为增长率差异；表中关于衔接调整程度所谓的"大幅""中幅"和"小幅"，均为特定方法下的相对衡量结果，具体调整幅度可参见表 7-3 至表 7-8 中相应数值。在基于模型 3 的线性调整结果中，四川因存在跨时期的较大波动，被单独归为一类，其平均下调幅度为中等。带下划线的省份是采用多种方法都可识别出的地区，显示其差异模式具有一定的稳定性。

由表 7-9 结果可知，采用不同衔接方法下的聚类结果有所差异，其中分产业线性调整与经价格调整的 Geary-Stark 总量估算结果较为相似，基于模型 1 和模型 3 的线性调整两者结果也较为相似。整体而言，天津是各省份中最稳定的地区，不论采用何种衔接方法，其结果都表现为大幅度的向下调整；基于天津于 2018 年初对其滨海新区 2016 年和 2017 年 GDP 进行公开大幅下调（下调幅度高达 1/3），且天津 2017 年 GDP 增长率明显下挫的事实，可以接受天津的 GDP 数据中确实存在显著高估误差这样的判定。其次是内蒙古、江西、山东、河南、湖南等省份，在多种衔接方法下也都表现为大中幅度的下调，同样显示其 GDP 数据存在高估嫌疑；也是在 2018 年初，内蒙古自曝政府财政收入存在虚增空转，部分旗区县工业增加值存在水分，并调减其 2016 年一般公共预算收入和工业增加值分别达 26.3% 和 40%。另外，如海南、新疆等省份，调整幅度则相对较小，显示其 GDP 数据中可能存在的高估较为微弱。

第五节　小结

　　本章通过开展中国 GDP 地区数据的衔接实验，对各种可行方法的合理性和适用性进行了深入探讨。结果表明，若以总量一致、结构稳定、比例协调、细部优先、序列连贯等标准加以考察，现有方法往往只能满足其中部分标准，难免存在不尽人意之处，衔接结果的可靠性因而不易保障。三种线性调整方法便于操作，但相当于施加了各地区存在同等相对幅度的 GDP 核算误差的较强假定，未必符合中国现实中地区 GDP 核算误差的发生机制。Geary-Stark 方法与基于灯光数据的总量估算方法对于地区数据的调整力度过大，极大改变了地区 GDP 的初始结构，导致各地区之间 GDP 占比和排名的剧烈变化，若要官方统计实践中采纳此类结果，还缺乏现实可能性。相对而言，基于面板数据模型的衔接调整，既考虑了 GDP 核算结果与宏观经济系统的协调性，又能确保不会严重偏离初始空间结构，且在纵向时间序列上满足连贯性要求，因而具有更好的适用性。但问题在于，基于面板数据模型的衔接仅针对实际 GDP 数据，在地区间价格缩减处理不可靠的情况下，仍需独立开展对名义 GDP 数据的衔接调整，因此仍应对其他方法的可用性做更细致的考察。

第八章　中国 GDP 数据系统修订的影响效应

第一节　引言

2016 年 7 月，国家统计局发布了对国内生产总值（GDP）历史数据的新修订结果。此次修订的依据源于在联合国等五大国际组织联合颁布的新的国民经济核算国际标准 SNA2008 中，将能够为所有者带来经济利益的研究与开发支出，从中间消耗改列为固定资本形成，以实现研发支出的资本化。为更好地反映创新对经济增长的贡献，并与 SNA2008 接轨，国家统计局于近年来对研发支出核算方法进行了相应改革，最终按照新的核算标准修订 1952~2015 年的固定资本形成与 GDP 数据。

在此之前，国家统计局已经对 GDP 历史数据进行了四次系统修订，即 1993 年全国第三产业普查后对 1978~1992 年数据的修订，2004 年第一次全国经济普查后对 1953~2003 年数据的修订，2008 年第二次全国经济普查后对 2005~2007 年数据的修订，以及 2013 年第三次全国经济普查后对 1978~2012 年（支出法）数据的修订，而每次修订都会对 GDP 的总量、结构、增速以及与其他宏观经济指标的比例（或相关）关系造成一定影响。针对第二次系统修订，李建军（2006）、张伦俊和丁雯（2006）等分析了货币供应量（货币缺口）、宏观（产业/地区）税负、外贸依存度、单位 GDP 能源消耗等经济指标所受到的影响；沈利生和王火根（2008）对 GDP 平减指数的变化及其合理性进行了检讨。郑挺国和郭辉铭（2011）则针对 GDP 数据从初步核算、初步核实到最终核实，直至经济普查后系统修订的各个环节，考察了 GDP 数据修订对于经济周期阶段性测定的动态影响。

2016 年的 GDP 数据修订，由于同时涉及固定资本形成数据的相应修订，因此又会影响到对资本要素的生产率乃至全要素生产率（Total Factor Productivity，TFP）的测算；而后者作为反映经济增长源泉与经济发展质量的重要概念，国内目前已有诸多文献对其进行具体测算，如 Chow（1993）、张军和施少华（2003）、郭庆旺和贾俊雪（2005）、孙琳琳和任若恩（2005）、李宾和曾志雄（2009）、赵志耘和杨朝峰（2011）等。TFP 的增长率是指各要素投入之外的技术进步和能力实现等导致的产出增加，一般用产出增长率减去各类要素投入增长率的份额加权和加以测算。由此可知，TFP 增长率取决于产出增长率、要素投入增长率及其收入份额（产出弹性）三项因素；而此次数据修订，恰恰对这三项因素都会产生直接或间接影响。已有研究普遍强调资本投入估算在 TFP 测算过程中的重要性，此次数据修订则提供了一种可能性，可用以考察资本存量变化对 TFP 增长率及其经济增长贡献率的边际影响。

进一步地，由于固定资本形成的增加源于研发（R&D）支出的资本化，因而又涉及 R&D 资本的估算。基于 Jorgenson 和 Griliches（1967）的扩展索洛模型，很多研究在测算 TFP 的生产函数中纳入更多影响因素，而 R&D 投入即为其中最受关注的因素之一。例如，王英伟和成邦文（2005）、李小平等（2008）、曹泽和李东（2010）专门研究了 R&D 投入对（工业）TFP 增长的影响；李小平和朱钟棣（2006）、孙晓华等（2012）研究了国际和产业间 R&D 资本溢出对于中国工业（制造业）TFP 增长的影响。然而由于并无直接可用的 R&D 资本数据，各研究均需对其中的关键数据（R&D 投入及其价格指数）进行相应估算，导致研究结果具有不确定性。此次数据修订则提供了一个官方版本的 R&D 产出数据序列，据此构造相应的 R&D 资本存量序列，可以避免同类文献中（因缺乏可用数据而不得不进行的）复杂而模糊的中间推算或不尽合理的数据替代，进而也可针对 R&D 投入对 TFP 的影响效应进行更为可靠的检验分析。

本章研究的直接目标在于，通过对此次 GDP 和资本形成数据修订情况的细致考察，在利用官方最新数据估算资本存量与 R&D 资本存量的基础上，重新测算 1952~2015 年中国的 TFP，并评估数据修订对 TFP 测算结果的影响，进而分析 R&D 资本投入对 TFP 变动的影响效应。以上述结果为依据，本章的分析评估既可以呈现在总量、结构、增速、比例关系等直观指标之外，GDP 数据的官方修订可能在更深层次上，对经济指标之间的更复杂关系造成何种影响，同时也可以接续第五章的讨论内容，证明计量模型参数相对于 GDP 数据修订结果的（不）敏感性。

第二节　数据收集与处理

本章关于 TFP 的测算涉及三项基础指标，即关于经济产出的 GDP 指标和关于要素投入的资本投入（包括物质资本投入与研发资本投入）指标与劳动投入指标，以下分别对计算这三项指标所需（修订）数据的收集与处理方法进行说明。

一、GDP 指标

关于 GDP 指标，利用《中国统计年鉴（2016）》和国家统计局数据库，可以收集到修订后的时间序列数据，利用往年统计资料则可以收集到修订之前的相应数据；进而再利用 GDP 指数换算得到可比价（1952 年价）的时间序列。修订后的不变价 GDP 及历年修订率（修订值占修订前数值的比重）如图 8-1 所示。由图 8-1 可知，1952~2015 年，不变价 GDP 普遍经历了向上调整的过程，其中在 1960~1985 年的修订率基本稳定在 0.9% 上下，之后修订率则先趋于减小，在 1995 年、1996 年达到最低点 0.5% 后又开始上扬，到 2015 年达到最高点 1.3%。修订后的可比价 GDP 绝对值，则从 1952 年的 679.1 亿元上升到 2015 年的 97606 亿元，年均增长率 8.2%，略高于修订前的年均增长率 8.18%。

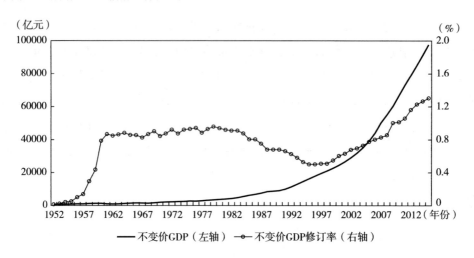

图 8-1　1952~2015 年中国不变价 GDP 及其修订率

二、物质资本投入指标

根据已有文献的通行方法，本章以资本存量作为 TFP 测算中的资本投入指标，并以固定资本形成总额作为反映各年份投资流量的指标。虽然对于当期固定资产投资变量，已有文献中还存在其他多种选择，如生产性积累指标（贺菊煌，1992；Chow，1993；张军、章元，2003）、全社会固定资产投资总额指标和新增固定资产指标（王小鲁，2000；Holz，2006c），但在统计范畴和数据可得性等方面均存在无法克服的缺陷。与上述几项指标相比，支出法 GDP 核算体系中的固定资本形成总额指标，在近年来的文献中则受到更多青睐，如张军等（2004）、单豪杰（2008）等都倾向于使用固定资本形成总额作为当年的投资指标，而《OECD 资本度量手册（2001）》也建议使用该指标来反映投资流量。李宾（2011）通过对四种投资流量指标的对比分析发现，固定资本形成总额的表现最佳。鉴于国家统计局针对资本数据的修订源于研发支出资本化，在此将修订之前的固定资本形成总额视作传统意义上物质资本的投资流量，将修订值（固定资本形成总额的增加值）视作研发资本的投资流量。由于物质资本与研发资本的累积路径不尽相同，以下将对两者资本存量的估算过程予以区分讨论。

对于以永续盘存法（Goldsmith，1951）估算的物质资本存量，除上述投资流量数据外，还需对另外三项要素（价格指数、折旧率、基期资本存量）加以估算和处理。对于平减当期投资价格变动的固定资产投资价格指数，自 1990 年起才有官方数据可资利用，为了在更长时期内进行价格平减处理，必须考虑引入其他数据。在《中国国内生产总值核算历史资料：1952—2004》中，发布了历年固定资本形成总额的当年价格数据和以不变价格计算的发展速度，可以相应计算出 1952~2004 年隐含的固定资本形成价格平减指数。对于固定资产投资价格指数与隐含的固定资本形成价格平减指数共同存在的 1990~2004 年，观察可以发现两者的动态轨迹是高度重合的，两个序列的相关系数高达 0.994，并且各年份中两者数据的比率都在 1 上下波动，可以认为两个序列的同质性是相当高的。因此本章将 1952~2004 年隐含的固定资本形成价格平减指数直接与 2005~2015 年的固定资产投资价格指数相衔接，即构成用于平减各年份投资流量数据的价格指数序列。

对于物质资本折旧率，不同研究文献中同样存在不同的选择和处理方法。张军等（2004）将物质资本区分为建筑、设备和其他三种类型，取三者的使用年限分别为 45 年、20 年和 25 年，法定残值率为 4%，计算得到三者的折旧率分别为 6.9%、14.9% 和 12.1%，并取三者的加权平均值 9.6% 作为资本的整体折旧率。单豪杰（2008）则针对建筑和设备两类资本品，取两者的使用年限分别为 38 年和 16 年，在法定残值率 3%~5% 下，得到各自的折旧率为 8.12% 和 17.08%，再根据两者的结构比重计算得到加权平均折旧率为 10.96%。李宾（2011）通过对比分析，建议取值从 5% 到 10%。本章主旨在于考察 GDP 和投资数据修订的影响效应，因此不对折旧率取值的适宜性作更深入探讨，仅参照已有文献，对折旧率分别取 5% 和 10% 两个数值，以考察在低折旧和高折旧下数据修订的影响将呈现何种差异。

对于基期物质资本存量的确定，不同文献同样有不同的选择。Barro 和 Sala-i-Martin（2004）指出，随着 K_0 的逐渐折旧，以及未来 I_t 的越来越高，K_0 的取值对后期资本存量的影响将越来越小。李宾（2011）发现，即使做一个主观的假设，使基期 1952 年的资本存量相差 33%，到 1978 年时资本存量的差距也将缩小到 2% 左右；如果 1952 年资本存量相差 5 倍，到 1978 年时差距已缩小到不足 20%，到 1993 年更是缩小到 2% 左右。因此，只要时间间隔足够长，K_0 的选取就不是一个重要的因素。已有文献中对 1952 年资本存量的估算结果差别并不大，如贺菊煌（1992）取为 946 亿元（1990 年价，折算为 1952 年价则为 679 亿元），Chow（1993）取为 1030 亿元（1952 年价），张军和章元（2003）取为 800 亿元，Young（2003）取为 815 亿元。本章出于修订评估的目的，不再对其做更多探讨，仅以张军和章元（2003）为基准，将 1952 年初的资本存量设为 800 亿元。

基于上述处理和设定，本章利用永续盘存法估算得到 1952~2015 年中国的物质资本存量数据序列，具体结果如图 8-2 所示。由图 8-2 可知，对于以 5%折旧率估算的物质资本存量 1，由 1952 年的 840.7 亿元增长至 2015 年的 413476 亿元，增长了近 500 倍，年均增长率为 10.34%；对于以 10%折旧率估算的物质资本存量 2，在 1952~2015 年的绝对水平较物质资本存量 1 有所下降，从 1952 年的 800.7 亿元增长到 2015 年的 322676.35 亿元，增长了 400 多倍，年均增长率为 9.99%。在此区间，物质资本存量与经济产出规模（GDP）的比率（即资本产出比）也显现出长期上升趋势，尤其是 1994 年至今，资本产出比的上升速度较快，表明中国存在持续的资本深化过程。

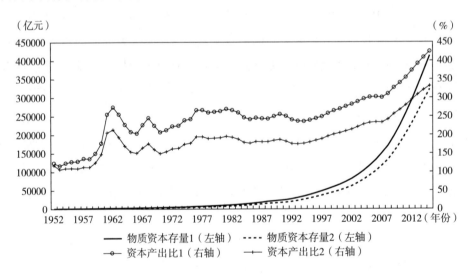

图 8-2　1952~2015 年中国物质资本存量与资本产出比

三、研发资本投入指标

本书将固定资本形成总额数据的修订部分视为将研发（R&D）支出转化成

的研发投资，据此同样利用永续盘存法来估算研发资本存量，并以其作为影响经济产出和全要素生产率变动的研发资本投入指标。

虽然在国家统计局关于 GDP 数据的修订公告中并未专门说明资本形成的变动情况，但可以利用国家统计局数据库中的最新数据与往年《中国统计年鉴》中的相关数据进行比对，得到 1978~2015 年固定资本形成总额的修订情况。具体而言，各年份固定资本形成总额同样经历了一个向上调整的过程，但修订值比 GDP 的修订值普遍高出 10%~20%。这是因为对于政府部门和为住户服务的非营利部门而言，研发资本化只是将原本列入政府消费支出的研发费用支出调整为固定资本形成，这部分固定资本形成总额的增加并不伴随 GDP 的增加。另外，国家统计局数据库中对 1952~1977 年的固定资本形成总额数据未予同步修订。考虑到数据口径的一致性，本书参照 GDP 数据的修订幅度来推估这一期间固定资本形成总额的修订幅度，以此得到修订后的固定资本形成总额数据。[①] 结果表明，除 1961~1969 年因原投资水平较低而修订率相对较高外，其他年份的修订率变动趋势也与 GDP 类似。

对于 R&D 投资，由于 R&D 资本化的特殊性，现有文献均以 R&D 经费支出来表征 R&D 投资，但在支出范围的确定（是否应扣除劳务费支出、是否应包括基础研究）与支出的滞后结构等方面存在诸多差异。江永宏和孙凤娥（2016）基于各国 R&D 卫星账户中的测算方法，对 R&D 经费支出的产出转化过程（R&D 经费支出与 R&D 产出的联系与区别）进行了探讨，经过细致的调整与估算，建立了自己的 R&D 投资数据序列。而本章基于国家统计局以 SNA2008 为标准的数据修订，将其对固定资本形成总额的修订值视为官方估算的 R&D 投资序列；由于掌握细致的微观数据，数据来源最权威、数据量最充分，该 R&D 投资序列因而也更具可靠性。

对于 R&D 投资价格指数，国家统计局声称"利用工业生产者购进价格指数、人员工资指数、固定资产投资价格指数等加权平均，构建了研发投资价格指数"，但具体数据仍不可得；已有文献也大多是根据 R&D 支出的构成，采用多种价格指数的加权平均形式（如吴延兵，2006；刘建翠等，2015）。本章则采纳江永宏

---

① 具体过程可参见王华（2017b）。

和孙凤娥（2016）的方法，以工业生产者购进价格指数作为 R&D 经费支出中中间消耗部分的缩减指数，以单位 R&D 全时当量的劳务费变动率作为劳动者报酬部分的缩减指数，以固定资产投资价格指数中设备、工器具购置价格指数作为固定资本消耗部分的缩减指数，再以三者的加权平均值构造出 R&D 资产价格指数（对于关键数据缺失的 1993 年之前时期则以 GDP 缩减指数予以替代）。

对于 R&D 折旧率，国内相关文献多参照 Griliches（1980）、Griliches 和 Lichtenberg（1984）以及 Hall 和 Mairesse（1995），取为 15%（如吴延兵，2006）；杨林涛等（2015）根据国家统计局国民经济核算司 GDP 生产核算处的建议，对折旧率取值 10%。本章则认同江永宏和孙凤娥（2016）的观点，认为现阶段我国的科技创新质量不及发达国家，R&D 资产的使用寿命相对较短，折旧率也会相对较高；通过参照我国企业所得税法中关于无形资产摊销年限的规定，取 R&D 折旧率为 20%。为了检验 R&D 资本存量对全要素生产率测算结果稳健性的影响，后文也将 15% 和 10% 折旧率下的 R&D 资本存量序列用于相关部分的比较分析。

对于基期 R&D 资本存量，如前文所述，考虑到基期资本存量对长期资本存量序列的影响非常小，本章也借鉴江永宏和孙凤娥（2016）的研究结果，取为 0.34 亿元（1952 年价）。

基于上述设定和处理，可以估算得到 1952~2015 年中国 R&D 资本存量，具体结果如图 8-3 所示。从图 8-3 中可知，中国的 R&D 资本存量由 1952 年的 0.39 亿元增长至 2015 年的 3544.62 亿元，63 年间的年均增长率高达 15.59%。将 R&D 资本存量与（修订后）GDP 进行对比，可以考察一国经济中 R&D 投资的相对重要性；图 8-3 中该比值在 20 世纪 60~70 年代缓慢上升，整体水平处于 3%~4%，1980 年之后则先下降后上升，呈现刘建翠等（2015）所谓的"U"形形态，显示研发（资本）投入对国民经济的重要性有所波折，仅在近 20 年来才步入稳健发展轨道。

进一步地，将 R&D 资本存量与物质资本存量加总，可以得到对中国资本存量的综合估算结果，而 R&D 资本存量与物质资本存量之比值可视为资本存量的修订率。由图 8-3 可知，在物质资本折旧率 5% 下，其综合修订率（即资本存量修订率 1）平均为 0.81%，其中在 1965~1985 年处于相对较高水平（修订率超过

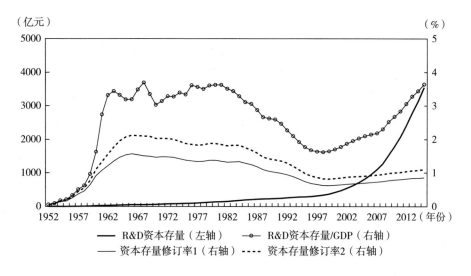

（亿元）

（%）

R&D资本存量（左轴） —○— R&D资本存量/GDP（右轴）
—— 资本存量修订率1（右轴） ----- 资本存量修订率2（右轴）

图 8-3 1952~2015 年中国 R&D 资本存量及其相关比率

1.3%），之后逐渐下降至 1998~1999 年的最低水平（修订率为 0.62%），随后又有所上升，近年来的修订率在 0.85% 上下。在物质资本折旧率 10% 下，修订率（即资本存量修订率 2）的整体波动路径与上相似，但水平更高，综合修订率平均为 1.05%；最高为 1966 年的 2.12%，最低则为 1999 年的 0.82%。

四、劳动投入指标

关于生产函数中的劳动投入指标，虽然已有文献倾向于考虑劳动时间、受教育年限、劳动报酬等多种变量（以更好地反映劳动的质量、时间、强度等），但考虑到我国当前的劳动统计数据在准确性和完备性方面的缺陷，劳动人数仍不失为一个最具通用性的指标。本章具体采用历年就业人员数指标来反映劳动投入情况。

观察就业人员数指标（见图 8-4）可以发现，在 1989~1990 年，统计数据中出现了不同寻常的跳跃式增长：就业人员数从 1989 年的 5.53 亿人锐增到 1990 年的 6.47 亿人，增长率达到 17.03%，远远高于前后各年份中 0.9%~3.8% 的增长率。岳希明（2005）指出这是由于 1990 年后的就业人数统计方法，由以往的城镇单位劳动统计、城镇私营企业就业人员和个体劳动者的行政登记以及乡村就业人员统计（以下简称"三合一"劳动统计），转向了基于人口普查及抽样调查的劳动统计，而后者的统计口径更为完整，由此导致统计结果的锐增。王小鲁（2000）则假定在 1956~1973 年，各年份新出生人口在 16 年后参与就业的比重基本稳定，而因年高或死亡而退出就业人群的比重也基本稳定，由此根据各年人口出生量信息来确定权重，将 1990 年人口的超常增加量分配到 1972~1989 相应各年中。本章直接采用王小鲁（2000）的调整结果，以其中 1972~1991 年的就业人员数替代相应时期的官方数据，调整情况如图 8-4 所示。

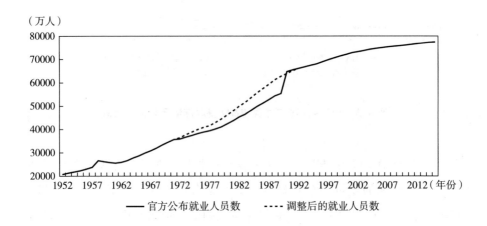

图 8-4　1952~2015 年中国就业人员数

第三节　模型设定

一、全要素生产率测算

已有文献中关于全要素生产率（TFP）的测算，依据测算对象的不同以及可用数据的多少，采用了多种方法，包括 Solow 余值法（Chow，1993；Chow and Lin，2002；张军、施少华，2003；郭庆旺、贾俊雪，2005；孙琳琳、任若恩，2005；李小平、朱钟棣，2006；李宾、曾志雄，2009；赵志耘、杨朝峰，2011）、非参数的数据包络分析方法（章祥荪、贵斌威，2008）以及随机前沿分析方法（Wu，2003，2008；张健华、王鹏，2012；余泳泽，2015；孙早、刘李华，2016）等。本章针对全国层面的 TFP 进行测算，由于缺乏足够充分的横截面数据，仍采用 Solow 余值法。该方法自 Solow（1957）提出以来，虽然在理论和应用上存在诸多局限和不足，但以其结构的清晰性和易于处理，在宏观经济学领域得到长期而广泛的应用。同时，本章目标在于检验数据修订对于 TFP 的影响，需以已有的同类研究作为本章测算结果的对比基准，而 Solow 余值法在国内的广泛应用，正提供了这方面的充分参照文献。

为测算 TFP，考虑如下形式的生产函数：

$$Y_t = A_t f(K_t, L_t) \tag{8-1}$$

其中，Y 表示产出，K 和 L 分别表示资本投入和劳动投入，A 表示全要素生产率；生产函数 f 的形式待定。对式（8-1）求时间微分，并将两边同除以 Y_t，简化可得：

$$\frac{\dot{Y}_t}{Y_t} = \frac{\dot{A}_t}{A_t} + \alpha \frac{\dot{K}_t}{K_t} + \beta \frac{\dot{L}_t}{L_t} \tag{8-2}$$

其中，$\alpha = \dfrac{\partial f(K_t, L_t)/f(K_t, L_t)}{\partial K_t/K_t}$，$\beta = \dfrac{\partial f(K_t, L_t)/f(K_t, L_t)}{\partial L_t/L_t}$，分别表示资本要素和劳动要素的收入份额（产出弹性）。由此可得 TFP 增长率为：

$$\frac{\dot{A}_t}{A_t} = \frac{\dot{Y}_t}{Y_t} - \alpha \frac{\dot{K}_t}{K_t} - \beta \frac{\dot{L}_t}{L_t} \tag{8-3}$$

对于全国层面的研究，生产函数 $f(K_t, L_t)$ 最常取包含时间项的 Cobb-Douglas 函数形式：

$$Y_t = A_t K_t^{\alpha} L_t^{\beta} e^{\gamma t} \tag{8-4}$$

在规模报酬不变（$\alpha+\beta=1$）下，有劳均形式的生产函数（并取对数）为：

$$\ln \frac{Y_t}{L_t} = \ln A_t + \alpha \ln \frac{K_t}{L_t} + \gamma t \tag{8-5}$$

基于式（8-3）测算 TFP 增长率时，式（8-5）中时间变量 t 的系数 γ 即反映 TFP 随时间推移而线性提升的增长率。为了考察不同时期 TFP 增长率的阶段性差异，本章针对 t 构造了三项时间变量 T_1、T_2、T_3，其中 T_1 在 1952~2015 年的整个时期内取值 1~64，T_2 在 1978~2015 年的改革开放以后时期内取值 1~38（之前年份取值 0），T_3 在 1992~2015 年的市场经济确立时期内取值 1~24（之前年份取值 0）。

Cobb-Douglas 生产函数的问题在于各年份的要素份额为常数，这与现实有所不符，为此，本章也考虑了另一种生产函数形式，即超越对数生产函数。该形式的生产函数在 TFP 研究中已获得较多采用，孙琳琳和任若恩（2005）、李宾和曾志雄（2009）在基于 Solow 余值法测算 TFP 增长率时即采用了该生产函数，而张健华和王鹏（2012）、余泳泽（2015）、孙早和刘李华（2016）在随机前沿分析方法下的应用，也普遍以超越对数生产函数为基础。与 Cobb-Douglas 生产函数相比，超越对数生产函数更具一般性，其不受替代弹性不变假设的约束，也更有利于捕捉各要素份额的时变特性。

考虑将式（8-1）中的生产函数 $f(K_t, L_t)$ 设定为如下形式的超越对数生产函数：

$$\ln Y_t = \beta_0 + \beta_K \ln K_t + \beta_L \ln L_t + \beta_T t + \frac{1}{2}\beta_{KK}(\ln K_t)^2 + \frac{1}{2}\beta_{LL}(\ln L_t)^2 +$$

$$\frac{1}{2}\beta_{TT}t^2 + \beta_{KL}\ln K_t \ln L_t + \beta_{KT}(\ln K_t)t + \beta_{LT}(\ln L_t)t \tag{8-6}$$

在规模报酬不变条件下，式（8-6）可简化为：

$$\ln \frac{Y_t}{L_t} = \left(\beta_0 + \beta_T t + \frac{1}{2}\beta_{TT}t^2\right) + \beta_K \ln \frac{K_t}{L_t} + \frac{1}{2}\beta_{KK}\left(\ln \frac{K_t}{L_t}\right)^2 + \beta_{KT}\left(\ln \frac{K_t}{L_t}\right)t \tag{8-7}$$

令 $\alpha(t) = \beta_K + \beta_{KK}\ln(K_t/L_t) + \beta_{KT}t$，可得资本要素和劳动要素的收入份额分别为：$\dot{\alpha}(t) = [\alpha(t) + \alpha(t-1)]/2$ 和 $\beta(t) = 1 - \alpha(t)$。

孙琳琳和任若恩（2005）、李宾和曾志雄（2009）在应用超越对数生产函数测算 TFP 增长率时，并未直接对其进行估计，而是利用其他来源的数据来估算劳动要素的收入份额，以反映（在完全竞争市场下当要素报酬等于边际产品时）劳动要素的产出弹性。与之不同的是，本章样本时间序列较长，有足够自由度，因此对超越对数生产函数式（8-7）进行直接估计，以求得相应参数的估计值。其中，对时间变量 t 同样采用了三种变项 T_1、T_2 和 T_3。

二、R&D 资本投入对 TFP 的影响

在测算 TFP 的基础上，可以建立 TFP 对于 R&D 资本存量的回归模型，用以

反映 R&D 资本投入对于 TFP 的影响。例如，针对基于 Cobb-Douglas 生产函数的
Solow 余值，可有如下模型：

$$TFP_t = \frac{Y_t}{K_t^\alpha L_t^\beta} = B_t R_t^\delta \tag{8-8}$$

其中，R 表示 R&D 资本存量，B 表示 TFP 中不能由 R&D 资本投入所解释的其
他时变因素。考虑到对 TFP 的影响因素较多，除（国内）R&D 投入外，已有研究
文献还涉及产业结构（王英伟、成邦文，2005）、利用外资和进出口贸易（李小平
等，2008；孙晓华等，2012）、国外 R&D 资本（李小平、朱钟棣，2006）等多项因
素。为简化模型，且避免信息遗漏，本书引入了被解释变量 TFP 的滞后一期项
TFP_{t-1}，以反映除解释变量 R_t 之外的综合因素的历史信息。同时，为反映 R&D 资
本投入影响效应的时变特征，设置了 2 项时期虚拟变量 D_1 和 D_2，前者在 1978 年之
后取值 1，后者在 1992 年之后取值 1。由此得（对数化后的）具体模型为：

$$\ln TFP_t = \delta \ln R_t + \delta_1 D_1 \ln R_t + \delta_2 D_2 \ln R_t + \theta_1 \ln TFP_{t-1} + \theta_0 \tag{8-9}$$

上述结合式（8-3）和式（8-9）的两阶段估计方法在王英伟和成邦文
（2005）、李小平和朱钟棣（2006）、李小平等（2008）、曹泽和李东（2010）、孙
晓华等（2012）等已有研究中得到广泛采用。该方法回避了关于 TFP 测算的一
个根本难题，即如 Jorgenson 和 Griliches（1967）所指出的，被视为 TFP 的 Solow
余值实际上只是生产函数中的残差（经济增长中要素投入所不能解释的部分），
由于要素投入度量的不准确和生产函数中未能考虑全部影响变量才使得 TFP 不为
0；而随着生产函数式（8-1）或式（8-4）中纳入更多影响因素（生产要素），
被称为"Solow 余值"的部分将会越来越小，直至消失——连 Solow 本人也将
"余值"部分称为"对我们无知的测量"（郑玉歆，1999）。应用两阶段估计方
法，则是在引入 R&D 资本投入要素之前，先行将生产函数中的 TFP 成分"锁
定"，避免了余值测算的不稳定性。

另外，关于 R&D 投入本身的测量，研究中也还存在一定争议。虽然本章按
照 SNA2008 的核算标准和国家统计局的数据修订估算了 R&D 资本存量，将之作
为生产函数中的一项新的生产要素（TFP 的影响变量），但以往研究中针对如何
处理 R&D 投入因素，还存在不同理解。何锦义等（2006）甚至认为 R&D 投入是
一个伪变量，由于 R&D 经费支出中的一部分作为科研固定资产购置已在固定资

本形成中得到体现，另一部分作为科研人员的报酬又与劳动投入密切关联，因此 R&D 投入不能作为一个独立于资本投入和劳动投入的变量而存在。吴延兵（2006）、刘建翠等（2015）也基于类似考虑，在估算 R&D 资本存量时，将 R&D 投资中的劳务费部分予以扣除。而两阶段估计实际正回避了何锦义等（2006）的批评，由于不必同时进入模型，作为不同于传统资本投入和劳动投入的新型要素 R&D 投入，其在测算（口径）上即便与前两者有所重合，也不会影响到 R&D 投入对 TFP 的影响效应的分析。

第四节　测算结果与数据修订效应分析

一、TFP 测算模型的估计结果

针对前述讨论的 TFP 测算式（8-5）和式（8-7），利用本章第二节测算的指标进行回归估计，所得结果如表 8-1 和表 8-2 所示。在具体估计中，为考察 GDP 与资本形成数据修订对 TFP 测算的影响，对于模型中被解释变量 Y 采用了修订前与修订后的两种时间序列（Y_0 和 Y_1），对于资本存量则采用了对应于物质资本折旧率 5% 和 10%、研发资本折旧率 20% 和 10% 的 8 种时间序列，即修订前的 2 种物质资本存量 [分别表示为 K_0（5）和 K_0（10）]，将物质资本存量与研发资本存量加总得到的 4 种综合资本存量 [分别表示为 KR（5，20）、KR（5，10）、KR（10，20）和 KR（10，10）]，以及不考虑研发资本积累的特殊性，直接利用修订后的固定资本形成总额数据，按照物质资本存量估算方法得到的 2 种单一成分的资本存量 [分别表示为 K_1（5）和 K_1（10）]。考虑到 2016 年之后国家统计局对固定资本形成总额指标仍然只会公布（隐含研发资本在内的）一套数据，无法再从中分离出相应的 R&D 投资部分，后续资本存量估算也仍然只能以整体数据为基础，因此这里的单一估算结果 K_1（5）和 K_1（10）尚具有一定的参照价值。

表 8-1　Cobb-Douglas 生产函数估计结果

	模型 1 Y_0, K_0 (5)	模型 2 Y_0, K_0 (10)	模型 3 Y_1, KR (5, 20)	模型 4 Y_1, KR (5, 10)	模型 5 Y_1, KR (10, 20)	模型 6 Y_1, KR (10, 10)	模型 7 Y_1, K_1 (5)	模型 8 Y_1, K_1 (10)
$\ln$ (K_t/L_t)	0.4514*** (0.0577)	0.5369*** (0.0679)	0.4517*** (0.0567)	0.4486*** (0.0562)	0.5335*** (0.0661)	0.5281*** (0.0650)	0.4432*** (0.0555)	0.5239*** (0.0649)
T_2	0.0393*** (0.0058)	0.0306*** (0.0068)	0.0394*** (0.0057)	0.0397*** (0.0056)	0.0311*** (0.0066)	0.0317*** (0.0065)	0.0402*** (0.0056)	0.0320*** (0.0065)
常数项	-1.9535*** (0.1296)	-1.6137*** (0.1708)	-1.9522*** (0.1266)	-1.9613*** (0.1253)	-1.6246*** (0.1652)	-1.6418*** (0.1620)	-1.9763*** (0.1233)	-1.6533*** (0.1617)
AR (1)	1.1400***	1.1622***	1.1353***	1.1345***	1.1564***	1.1540***	1.1333***	1.1540***
AR (2)	-0.5464***	-0.5521***	-0.5447***	-0.5447***	-0.5504***	-0.5506***	-0.5446***	-0.5495***
样本量	62	62	62	62	62	62	62	62
$\bar{R}^2$	0.9980	0.9981	0.9980	0.9980	0.9981	0.9981	0.9980	0.9981
F 统计量	7499.87	7870.76	7519.91	7517.16	7894.33	7900.75	7505.12	7864.39
D-W	1.8369	1.8294	1.8401	1.8404	1.8339	1.8356	1.8401	1.8329

注：括号中数值为回归估计的标准误；*** 表示 $p < 0.01$。

表 8-2 超越对数生产函数估计结果

	模型 1 Y_0, K_0 (5)	模型 2 Y_0, K_0 (10)	模型 3 Y_1, KR (5, 20)	模型 4 Y_1, KR (5, 10)	模型 5 Y_1, KR (10, 20)	模型 6 Y_1, KR (10, 10)	模型 7 Y_1, K_1 (5)	模型 8 Y_1, K_1 (10)
$\ln (K_t/L_t)$	1.7627*** (0.5566)	2.0152** (0.8340)	1.7351*** (0.5436)	1.7197*** (0.5361)	1.9956** (0.8023)	1.9763** (0.7829)	1.6929*** (0.5244)	1.9754** (0.7751)
$\ln (K_t/L_t)^2/2$	0.5563** (0.2352)	0.5675* (0.3225)	0.5464** (0.2304)	0.5421** (0.2276)	0.5639* (0.3114)	0.5600* (0.3045)	0.5340** (0.2232)	0.5613* (0.3017)
$\ln (K_t/L_t)*T_2$	-0.0620** (0.0264)	-0.0636* (0.0343)	-0.0607** (0.0259)	-0.0603** (0.0256)	-0.0630* (0.0332)	-0.0627* (0.0325)	-0.0598** (0.0251)	-0.0629* (0.0322)
T_2	-0.1013 (0.0626)	-0.1282 (0.0891)	-0.0979 (0.0611)	-0.0966 (0.0603)	-0.1254 (0.0858)	-0.1238 (0.0838)	-0.0946 (0.0590)	-0.1239 (0.0829)
$T_2^2/2$	0.0066** (0.0033)	0.0067 (0.0040)	0.0065* (0.0033)	0.064* (0.0032)	0.0066* (0.0039)	0.0066* (0.0038)	0.064** (0.0032)	0.0066* (0.0038)
常数项	-0.4586 (0.6430)	0.2678 (1.0649)	-0.4951 (0.6255)	-0.5213 (0.6155)	0.2266 (1.0197)	0.1868 (0.9926)	-0.5646 (0.6002)	0.1784 (0.9818)
AR (1)	1.0677***	1.1033***	1.0633***	1.0619***	1.0971***	1.0938***	1.0597***	1.0921***
AR (2)	-0.5742***	-0.5853***	-0.5722***	-0.5718***	-0.5829***	-0.5824***	-0.5712***	-0.5821***
样本量	62	62	62	62	62	62	62	62
$\bar{R}^2$	0.9980	0.9981	0.9980	0.9980	0.9981	0.9981	0.9980	0.9981
F统计量	4431.70	4664.70	4437.06	4435.99	4669.43	4669.24	4433.21	4663.33
D-W	1.8853	1.8867	1.8871	1.8871	1.8887	1.8893	1.8873	1.8896

注：括号中数值为回归估计的标准误；***，**和*分别表示 $p<0.01$，$p<0.05$ 和 $p<0.1$。

由表 8-1 结果可知，针对未修订数据，5% 和 10% 折旧率下的资本份额（资本产出弹性）分别为 0.4514 和 0.5369。3 项时间变量中只有 T_2 结果显著，表明中国的全要素生产率（TFP）只有自 1978 年改革开放起才开始表现出持续的增长（年均增长率 3.93% 和 3.06%），而 1992 年以后时期仍维持了之前的增长态势，没有出现明显差异。

针对修订后数据，在物质资本存量采用折旧率 5% 下，随着综合资本存量中研发资本折旧率的渐次降低，KR（5，20）、KR（5，10）和 K_1（5）所对应的资本份额略有减小，T_2 系数略有增加，但变化幅度都很小，模型整体结果未有明显变化，表明数据修订的影响较为微弱。在物质资本存量采用折旧率 10% 下，几项综合资本存量所对应的模型估计结果也表现出相同模式，但整体与折旧率 5% 下的结果具有较大差异，表明采用不同折旧率下的物质资本存量对于模型结果的影响相对更为显著。总体而言，TFP 测算模型的参数估计结果对于此次数据修订并不敏感。容易理解，此次数据修订同时针对 GDP 与资本存量 K，两者的增长率都向上调整（虽然调整幅度有所不同），数据修订的影响在很大程度上被彼此所吸收（在二维空间上 GDP 对 K 的斜率变化不大），并未明显"溢出"到回归参数（资本份额）上，后者因而较为不受影响。

与同类研究相比，张军和施少华（2003）的资本份额估计值为 0.609，郭庆旺和贾俊雪（2005）的资本份额估计值为 0.6921，赵志耘和杨朝峰（2011）的资本份额估计值高达 0.711，本章的估计值相对较低。其原因可能源于模型估计过程中的技术处理（如时间变量的设置、AR 项的设置等）、资本存量等变量的估算程序以及研究区间的长度等多个方面。但就本章的处理而言，当采用相同的模型设计、相同的指标估算程序、相同的研究区间下，数据修订（尤其是多种资本存量估算结果）对于参数估计的影响主要来源于物质资本折旧率的不同，其他技术细节的影响则并不明显。

由表 8-2 结果可知，与未修订数据相比，修订后模型估计结果中资本变量的各项系数的绝对值都有所减小；但就模型整体结果而言，这种变化同样并不明显，既不改变各项参数取值的相对水平，也不改变估计结果的统计显著性。由此可以认为，超越对数生产函数下的参数估计结果对于此次数据修订同样不敏感。

二、TFP 测算结果及对比分析

基于表 8-1 和表 8-2 的结果，利用式（8-3）计算可得 TFP 增长率。鉴于 TFP 测算模型的估计结果对数据修订不敏感，清晰起见，图 8-5 中仅绘出了基于综合资本存量 KR（5，20）的 TFP 增长率序列。从图 8-5 中可知，TFP 增长率序列表现出阶段性波动特征，其中 1952~1978 年波动较为剧烈，1978~1992 年波动有所减弱，1992 年后更趋平缓；总体形态与张军和施少华（2003）的结果基本保持一致，后者对各时期波动特征有较为详细的分析，本章不再赘述。同时，TFP 增长率序列与 GDP 增长率序列保持了非常相似的波动形态，较高的 TFP 增长率总是伴随较高的产出增长率，但并不能确定是生产率的提高促进了产出的增长，还是生产的扩张推动了 TFP 的增长（张军、施少华，2003）。而用于测算 TFP 的生产函数形式的选择，对于 TFP 增长率序列的影响不大；虽然超越对数生产函数允许要素投入的收入份额（产出弹性）随时间推移发生改变，但从结果来看似乎并未与 Cobb-Douglas 生产函数产生太大差别，只是在不同时期的 TFP 增长率水平互有高低；自 1990 年以来，基于超越对数生产函数测算的结果相对略高。

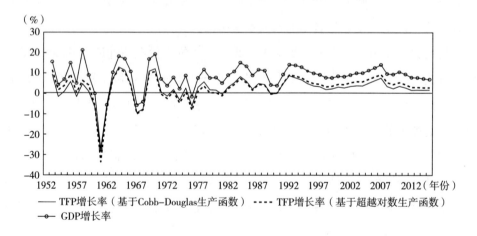

图 8-5 1952~2015 年中国 GDP 与 TFP 的增长率

为了考察 TFP 测算结果的可靠性，本章汇整了同类文献中的相应结果，具体如图 8-6 所示。除张军和施少华（2003）的测算始于 1952 年外，其他文献都是从 1978 年起开始测算；而在 1952~1978 年本书与张军和施少华（2003）的测算结果相差不大，故省略其分析，重点从 1978 年起进行比较。由图 8-6 可知，1978~2015 年，各文献测算得到的 TFP 增长率都保持了相似的波动轨迹，但增长率水平取值却高低不同，而本书测算结果［不论基于 KR（5，20）还是 KR（10，20）］则始终处于相对较高水平。其中，1978~1988 年，本书测算结果与张军和施少华（2003）、李宾和曾志雄（2009）基本重合；1992 年之后（尤其是 1997 年之后），本书结果仍保持了相对稳定的较高水平，并未表现出孙琳琳和任若恩（2005）认为的 20 世纪 90 年代中后期中国 TFP 增长率的持续减缓。李宾和曾志雄（2009）将 1992 年之后 TFP 增长率的较高水平归因于别的文献高估了资本存量及其增长率（因而低估 TFP 增长率水平），本书则认为，不仅是资本存量的估算，包括资本份额的估计，乃至 21 世纪以来 GDP 数据的几次修订，都对此结果产生了较大影响。另外值得注意的是，在 1989 年和 1990 年，其他 5 篇文献的结果都呈现剧烈下挫，增长率跌至 −4.2% ~ −6.4%，而本书结果仅略低于 0（−0.27%）。其原因正如前文所述，就业人数统计口径在 1990 年发生突变，就业人数增长率剧增，而各文献对此未能给予关注和处理，导致由式（8-3）测算的 TFP 增长率出现急跌。可见，要素投入数据的准确性对于 TFP 增长率测算影响重大。

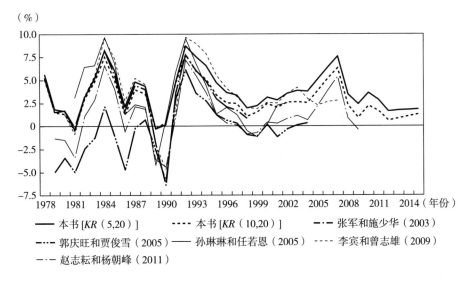

图 8-6 1978~2015 年中国 TFP 增长率的几种测算结果

三、官方数据修订对 TFP 测算结果的影响效应

由式（8-3）可知，此次官方数据修订对 TFP 增长率的影响，具体可体现在三个方面，即 GDP 增长率的变化、资本存量增长率的变化以及资本份额的变化。虽然表 8-1 和表 8-2 中针对 TFP 测算模型的估计结果（资本份额）未表现出明显变化，但结合 GDP 与资本存量 K 的变化，据其计算得到的 TFP 增长率及其对 GDP 增长的贡献率却仍有可能呈现一定变化模式。基于表 8-1 和表 8-2 结果具体测算出 TFP 增长率，其在修订前后的变化（修订百分比）如图 8-7 和图 8-8 所示。

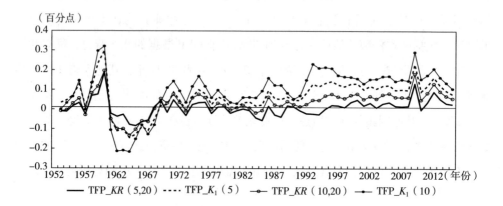

图 8-7　1952~2015 年中国 TFP 增长率的修订百分比（基于 Cobb-Douglas 生产函数）

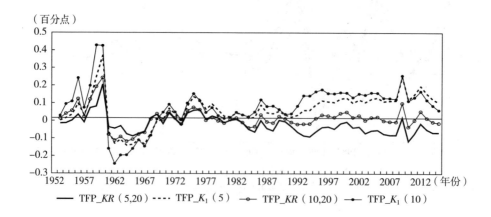

图 8-8　1952~2015 年中国 TFP 增长率的修订百分比（基于超越对数生产函数）

在图 8-7 中，与基于未修订数据所测算的 TFP 增长率相比，基于修订后数据所测算的 TFP 增长率，在研究区间（除 1961~1967 年外）的多数年份都存在较为稳定的小幅正向调整，尤其是 1992 年之后这种正向调整的幅度更为明显，且更趋稳定。相对而言，采用 10%资本折旧率下 TFP 增长率的上调幅度更大，基于单一成分资本存量数据的上调幅度更大。结合图 8-1 和图 8-3 可知，1967~1984 年，不变价 GDP 的修订率保持基本稳定，由此对其增长率的修订则非常微弱；而同期资本存量的修订率却处于下降区间，相当于对其增长率进行向下修订，该时期 TFP 增长率因而被普遍向上修订。1984~1992 年，GDP 与资本存量的修订率同时下降，两者的增长率也相应同步下降，此一时期测算的 TFP 增长率因而保持稳定（并因资本份额估计值的下降而使 TFP 增长率略高于 0）。1992 年之后，GDP 与资本存量的修订率开始先后上升，并且前者的上升幅度更大，因此 TFP 增长率也相应上调。图 8-8 中基于超越对数生产函数的修订情况与图 8-7 基本相似，只是基于综合资本存量 KR（5，20）和 KR（10，20）估计得到的资本份额（较未修订数值）有所增大，TFP 及其增长率则相应下调。可以认为，在两种生产函数下，数据修订对 TFP 增长率测算结果的影响模式总体上是一致的。

将图 8-7 和图 8-8 结果分阶段汇总，并计算相应对经济增长的贡献率，结果如表 8-3 和表 8-4 所示。

表 8-3　1952~2015 年各时期中国的 TFP 增长率

物质资本折旧率	时期划分	Cobb-Douglas 生产函数			超越对数生产函数		
		K_0	KR（·，20）	K_1	K_0	KR（·，20）	K_1
5%	1952~2015 年	2.301	2.312	2.366	2.601	2.581	2.663
	1952~1978 年	0.428	0.433	0.453	0.139	0.148	0.163
	1978~1992 年	3.570	3.560	3.616	3.045	3.024	3.084
	1992~2015 年	3.680	3.709	3.802	5.180	5.126	5.302
10%	1952~2015 年	1.799	1.834	1.893	2.178	2.190	2.256
	1952~1978 年	0.459	0.469	0.489	-0.023	-0.006	0.013
	1978~1992 年	3.093	3.111	3.176	2.776	2.772	2.827
	1992~2015 年	2.543	2.618	2.717	4.354	4.370	4.499

表 8-4　1952~2015 年各时期中国 TFP 的经济增长贡献率

物质资本折旧率	时期划分	Cobb-Douglas 生产函数			超越对数生产函数		
		K_0	KR（·，20）	K_1	K_0	KR（·，20）	K_1
5%	1952~2015 年	28.129	28.186	28.851	31.790	31.466	32.472
	1952~1978 年	6.979	7.033	7.358	2.270	2.394	2.642
	1978~1992 年	37.878	37.858	38.459	32.307	32.162	32.803
	1992~2015 年	37.630	37.798	38.751	52.959	52.239	54.034
10%	1952~2015 年	21.985	22.362	23.077	26.621	26.708	27.514
	1952~1978 年	7.483	7.613	7.939	-0.382	-0.093	0.209
	1978~1992 年	32.815	33.086	33.783	29.445	29.485	30.072
	1992~2015 年	26.005	26.677	27.686	44.518	44.532	45.846

由表 8-3 和表 8-4 可知，在整个研究区间（及各个子时期）内，按照单一资本存量 K_1 测算的 TFP 增长率及其经济增长贡献率都有所上升。其原因在于单一资本存量的修订幅度超过 GDP，资本份额估计值随之下降；按照式（8-3）的逻辑，资本投入部分对于经济增长的贡献（在经济增长率中所占比重）大体不变，而 GDP 中向上修订的部分则可归于 TFP 的增长。与之相比，由于综合资本存量 KR（·，20）的修订幅度较小，资本份额保持相对稳定，最终 TFP 增长率（及其贡献率）向上调整的幅度要明显小于 K_1，在超越对数生产函数下甚至出现向下调整。

表 8-3 和表 8-4 中 TFP 增长率的变化还因时期推演而有所不同：在基于 Cobb-Douglas 生产函数的测算结果中（5% 物质资本折旧率下），1952~1978 年 TFP 增长率年均仅为 0.428%（修订后为 0.433% 和 0.453%），经济增长贡献率仅为 6.979%（修订后为 7.033% 和 7.358%）——张军和施少华（2003）对这一时段的测算结果更低，为 -0.24%，贡献率则为 -3.9%；1978 年改革开放之后，TFP 增长率得到极大改善，1978~1992 年平均增长率提升到 3.57%（修订后为 3.56% 和 3.616%），经济增长贡献率更提升到接近 40% 的较高水平；1992 年之后 TFP 增长率又进一步上升——而并非孙琳琳等（2005）所认为的明显下降，年均增长率为 3.68%（修订后为 3.709% 和 3.802%），贡献率则与前期相当。在基于超越对数生产函数的测算结果中，TFP 增长率随时间推移上升的趋势更为明

显，1992~2015 年 TFP 年均增长率更提升到 5% 以上，对经济增长的贡献率超过了 50%。而在与 10% 物质资本折旧率下有所不同的是，1992~2015 年基于 Cobb-Douglas 生产函数的 TFP 增长率及其贡献率有所下降，这与其资本更新速度快，资本存量增长率因而更高有关；但基于超越对数生产函数的 TFP 增长率及其贡献率仍表现出明显提升，显示不同估算方法下的结果有所差异。

四、R&D 资本投入对 TFP 的影响效应

针对前文讨论的 R&D 投入对 TFP 的影响效应式（8-8）和式（8-9），利用本章第二节测算的指标进行回归估计。考虑到 1952~1961 年资本存量估算进而 TFP 测算可能存在较大误差，本节仅采用 1961 年之后的数据用于模型估计。进一步地，由于 TFP 与 R&D 资本存量的对数化变量均为非平稳时间序列（检验结果为一阶单整序列），因此参照李小平和朱钟棣（2006）的处理方法对两者进行差分处理，将其对数差分变量（相当于增长率序列）纳入模型，所得结果如表 8-5 所示。

由表 8-5 结果可知，基于不同（折旧率下的）R&D 资本存量和不同 TFP 的模型估计结果表现出较强的稳健性，R&D 资本投入的增加对 TFP 增长率具有显著的正向影响；虽然 R&D 资本存量估算中折旧率越小（从 20% 到 15%，再到 10%），相应得到的回归系数值也越小，但减小的幅度较弱，并不会影响 R&D 资本投入对 TFP 的影响效应的总体判断。同时，两项时期虚拟变量中仅有 D_2 在部分模型中具有弱显著性，显示 R&D 资本投入对 TFP 的影响在 1992 年之后略有下降；随着 R&D 活动投入力度加大与 R&D 资本积累程度加深，其在促进 TFP 增长方面的边际收益有所降低。

关于上述问题，在已有文献中实际存在彼此对立的观点：王英伟和成邦文（2005）、曹泽和李东（2010）都发现 R&D 活动规模（以 R&D 投入或经费存量度量）对 TFP 增长具有正向促进作用，而李小平和朱钟棣（2006）、李小平等（2008）、孙晓华等（2012）却发现 R&D 支出（资本）对 TFP 增长和技术效率增长有一定的阻碍作用。究其原因，该问题的研究结果与经验研究中的模型结构、变量测算方法等都有很大关系，王英伟和成邦文（2005）、曹泽和李东（2010）在相关处理上与本章基本相同，而李小平和朱钟棣（2006）、李小平等（2008）、

表 8-5 全要素生产率对 R&D 资本投入的对数线性回归结果（1961～2015 年）

被解释变量	模型 1 $dlnTFP\_KR(5, 20)$	模型 2 $dlnTFP\_KR(5, 15)$	模型 3 $dlnTFP\_KR(5, 10)$	模型 4 $dlnTFP\_KR(10, 20)$	模型 5 $dlnTFP\_KR(10, 15)$	模型 6 $dlnTFP\_KR(10, 10)$	模型 7 $dlnTFP\_K_1(5)$	模型 8 $dlnTFP\_K_1(10)$
$dlnR(20)$	0.3584*** (0.0889)	—	—	0.3497*** (0.0862)			0.3590*** (0.0891)	0.3511*** (0.0864)
$dlnR(15)$	—	0.3288*** (0.0844)	—		0.3231*** (0.0818)		—	—
$dlnR(10)$	—	—	0.2953*** (0.0788)			0.2917*** (0.0763)	—	—
$dlnR(20) \times D_2$	-0.1703 (0.1105)			-0.2118* (0.1066)			-0.1672 (0.1108)	-0.2088* (0.1069)
$dlnR(15) \times D_2$		-0.1382 (0.1092)			-0.1825* (0.1049)		—	—
$dlnR(10) \times D_2$			-0.0980 (0.0068)			-0.1448 (0.1033)	—	—
$dln(TFP_{t-1})$	0.3085*** (0.0793)	0.3199*** (0.0798)	0.3284*** (0.0804)	0.2795*** (0.0801)	0.2908*** (0.0804)	0.2997*** (0.0809)	0.3110*** (0.0793)	0.2820*** (0.0800)
样本量	54	54	54	54	54	54	54	54
$\bar{R}^2$	0.2313	0.2186	0.2058	0.2180	0.2079	0.1961	0.2320	0.2176
D-W	1.5646	1.5733	1.5751	1.5370	1.5501	1.5548	1.5631	1.5385

注：括号中数值为回归估计的标准误；***、**和*分别表示 $p<0.01$，$p<0.05$ 和 $p<0.1$。

孙晓华等（2012）则是采用非参数的数据包络分析法来测算 TFP 增长率，但对 R&D 投入（资本存量）的估算方法却较为粗糙。可以认为，对于该领域问题的经验研究，必须对模型结构和变量测算方法的合宜性给予更多关注，否则在采用不同处理方法所得结果之间并不具备可比性。

第五节　小结

国家统计局对 GDP 和固定资本形成历史数据的系统修订，为重新辨识经济增长来源以及检验相关研究的稳健性提供了良好机会。本章利用此次修订前后的相关数据，在对资本存量、R&D 资本存量进行估算的基础上，重新测算了 1952~2015 年中国的全要素生产率（TFP），并对此次数据修订之于 TFP 测算结果的影响效应进行了评估分析，进而检验了 R&D 资本投入对 TFP 的影响作用。

研究结果表明，此次数据修订使得不变价 GDP 和固定资本形成总额经历了向上调整的过程，但 TFP 测算模型的参数估计结果则表现得不太敏感——综合资本存量估算中对研发（R&D）资本采用不同的折旧率，或是引入按照物质资本存量估算方法得到的单一成分资本存量，更或者对测算 TFP 的生产函数采用不同形式（Cobb-Douglas 生产函数或超越对数生产函数），都不会导致模型整体结果发生明显变化。可以认为，数据修订的影响在很大程度上被 GDP 与资本存量增长率的同时上调所吸收，而未明显"溢出"到回归参数，对模型估计结果以及 TFP 增长率的影响因此较为微弱。R&D 资本投入的增加对 TFP 增长率具有显著的正向影响，这种影响效应同样具有较强的稳健性，不随 R&D 资本折旧率的不同和 TFP 序列的不同而有明显变化。

综上结果可知，国家统计局依据 SNA2008 的研发资本化核算标准对 GDP 和固定资本形成历史数据所进行的系统修订，对于全要素生产率的相关测算结果仅产生较低程度的、不尽稳定的影响。结合有关 GDP 数据修订影响效应的其他文献来看，针对全要素生产率测算与相关计量分析此类更为"复杂"的量化分析任务，GDP 数据系统修订的影响则相对更为微弱。这也进一步验证了本书第五章的研究结论，即计量模型方法在评估 GDP 数据质量（包括由 GDP 数据系统修订所反映的初始核算误差）方面并不具有可观的适用性。

第九章 中国 GDP 数据的
内部一致性分析

第一节 引言

本书第七章讨论了地区 GDP 数据衔接的可能性（衔接方法的有效性），第八章讨论了 GDP 数据系统修订对于计量模型估计及其相关指标测算的影响，这两类问题都是统计数据用户在应用 GDP 数据过程中相对易于识别的问题类型——结合第三章的讨论，因而也可视为有关 GDP 数据质量的显性特征。考虑到对于此类数据质量特征的评判涉及其他统计数据，可称之为外部一致性特征。除此之外，在现有的 GDP 数据集中，还隐含了诸多内部一致性问题；这类问题相对不够外显，但对统计用户合理有效使用 GDP 数据却会产生重要影响，值得加以审慎探究。

针对 2004 年全国经济普查后的第二次系统修订，沈利生和王火根（2008）对 GDP 平减指数的变化及其合理性进行了检讨。在本次数据修订中，对 GDP 名义增长率的增加幅度大于实际增长率的增加幅度，意味着 GDP 的隐含平减指数也相应增大了。根据生产法和支出法 GDP 的构成，GDP 平减指数应该是三大产业部门增加值平减指数的加权和，并介于消费价格指数与固定资产投资价格指数两者之间。但从 GDP 数据修订的结果来看，居民消费价格指数和固定资产投资价格指数并未有所调整，而 GDP 平减指数的上调则导致其向上偏离了由前两者所界定的合理范围。另外，GDP 平减指数的上调主要是源于第三产业平减指数的上调，而第三产业的价格变动又应与消费价格变动有密切关系，因此反推判定，国家统计局对第三产业平减指数和 GDP 平减指数的修订是不合理的。

Holz（2014）认为国家统计局在基于普查结果对 GDP 历史数据进行系统修订时，虽然利用趋势离差法对之前一段时期的名义数值进行上调，但"不愿意"向前修订 GDP 的实际增长率，而是让隐含的平减指数来承担名义数据修订的大部分后果。针对 2004 年经济普查后的历史数据修订，反推发现工业部门和建筑业部门的隐含平减指数分别被予调增和调减，但经济普查并未收集相关价格数据，这种价格调整的原因和依据因而缺失；对于历史时期工业和建筑业名义增加值的调整，势必影响到在计算第二产业部门历年加权平均增长率时各自的权重，这又使得数据修订前后第二产业实际增长率的保持不变显得很不合理。国家统计局对于年度 GDP 数据的例行修订也存在类似问题。若可假定官方初始数据中隐含的平减指数是可靠的，则 1993~2004 年中国 GDP 的实际增长率应高于官方公布的数值。

本章参考沈利生和王火根（2008）、Holz（2014）的做法，针对中国 GDP 数据序列（数据集）在物量统计和价格统计之间的协调一致性进行考察，以此评判现有 GDP 数据及其修订结果对统计用户需求的可满足程度。

第二节　分部门不变价 GDP 数据的可衔接性

在官方公布的 GDP 数据集中，关于 GDP 指标大体包含两类数据：一类是反映国家整体和部门经济产出规模的名义数据，即按当年价格核算的国内生产总值（GDP）和部门增加值；另一类是反映经济增长的 GDP 指数，即按不变价核算的 GDP 和部门增加值的发展速度（发展速度减去 1 即为常用的增长率）。

对于后者，我国官方采用的核算方法为固定基期的不变价核算法，其算法可简要表达为以下形式。

（1）以基期（第 0 期）不变价格计算的分部门增加值：

$$Y'_{it} = \sum_{j \in S_i} P_{ij0} Q_{ijt}, \quad t = 1, 2, 3, \cdots; \quad i \in S \tag{9-1}$$

其中，P_{ij0}（$i \in S$，$j \in S_i$）表示部门 i 中细分行业（或产品）j 的基期价格，Q_{ijt} 为部门 i 行业（或产品）j 的第 t 期产量，S 和 S_i 分别表示部门和行业的集合。

（2）以不变价核算的分部门物量指数（环比）：

$$g_{it} = \frac{Y'_{it}}{Y'_{i,t-1}} = \frac{\sum_{j \in S_i} P_{ij0} Q_{ijt}}{\sum_{j \in S_i} P_{ij0} Q_{ij,t-1}} = \sum_{j \in S_i} \frac{P_{ij0} Q_{ij,t-1}}{\sum_{j \in S_i} P_{ij0} Q_{ij,t-1}} \frac{Q_{ijt}}{Q_{ij,t-1}}$$

$$= \sum_{j \in S_i} w_{ij,t-1}^{(0)} g_{ijt}, \quad t = 1, 2, 3, \cdots; \quad i \in S \tag{9-2}$$

其中，$w_{ij,t-1}^{(0)} = P_{ij0} Q_{ij,t-1} / \sum_{j \in S_i} P_{ij0} Q_{ij,t-1}$（$t = 1, 2, 3, \cdots$；$i \in S$，$j \in S_i$）表示部门 i 中细分行业（或产品）j 的以基期不变价格计算的上一期产出比重，$g_{ijt} = Q_{ijt} / Q_{ij,t-1}$ 为行业（或产品）j 的环比物量指数。

（3）分部门物量指数（定基）：

$$G_{it} = g_{i1} g_{i2} \cdots g_{it} = \frac{Y'_{it}}{Y_{i0}} = \frac{\sum_{j \in S_i} P_{ij0} Q_{ijt}}{\sum_{j \in S_i} P_{ij0} Q_{ij0}} = \sum_{j \in S_i} \frac{P_{ij0} Q_{ij0}}{\sum_{j \in S_i} P_{ij0} Q_{ij0}} \frac{Q_{ijt}}{Q_{ij0}}$$

$$= \sum_{j \in S_i} w_{ij0} G_{ijt}, \quad t = 1, 2, 3, \cdots; \quad i \in S \tag{9-3}$$

其中，$w_{ij0} = P_{ij0} Q_{ij0} / \sum_{j \in S_i} P_{ij0} Q_{ij0}$（$i \in S$，$j \in S_i$）表示部门 i 中细分行业（或产品）j 的基期产出比重，$G_{ijt} = Q_{ijt} / Q_{ij0}$ 为行业（或产品）j 的定基物量指数。

（4）以不变价核算的国内生产总值（GDP）：

$$Y'_t = \sum_{i \in S} Y'_{it} = \sum_{i \in S} \sum_{j \in S_i} P_{ij0} Q_{ijt}, \quad t = 1, 2, 3, \cdots \tag{9-4}$$

（5）GDP 指数（环比）：

$$g_t = \frac{Y'_t}{Y'_{t-1}} = \sum_{i \in S} \frac{Y'_{i,t-1}}{Y'_{t-1}} \frac{Y'_{it}}{Y'_{i,t-1}} = \sum_{i \in I} w_{i,t-1}^{(0)} g_{it}, \quad t = 1, 2, 3, \cdots \tag{9-5}$$

其中，$w_{i,t-1}^{(0)} = Y'_{i,t-1} / Y'_{t-1}$（$t = 1, 2, 3, \cdots$；$i \in S$）表示部门 i 的以基期不变价格计算的上一期产出比重。

（6）GDP 指数（定基）：

$$G_t = g_1 g_2 \cdots g_t = \frac{Y'_t}{Y_0} = \frac{\sum_{i \in S} Y_{i0} G_{it}}{\sum_{i \in S} Y_{i0}} = \sum_{i \in I} w_{i0} G_{it}, \quad t = 1, 2, 3, \cdots \tag{9-6}$$

其中，$w_{i0} = Y_{i0} / \sum_{i \in S} Y_{i0} (i \in S)$ 表示部门 i 的基期产出比重。

上述 GDP 指数计算方法的问题在于，若时序较长（第 t 期与第 0 期间隔较远），以基期价格计算的权重（w_{i0}、$w_{i,t-1}^{(0)}$、w_{ij0}、$w_{ij,t-1}^{(0)}$ 等）的代表性往往已经很差。为此，官方统计实践中每 5 年（或 10 年）变换一次基期①，以降低这种不良影响。实际得到轮换基期（$l = l_1, l_2, \cdots, l_k$）的不变价分部门增加值和 GDP 分别为：

$$Y_{it}^{'(l)} = \sum_{j \in S_i} P_{ijl} Q_{ijt}, \quad t = l + 1, \ l + 2, \ l + 3, \ \cdots; \ i \in S \tag{9-7}$$

$$Y_t^{'(l)} = \sum_{i \in S} Y_{it}^{'(l)} = \sum_{i \in S} \sum_{j \in S_i} P_{ijl} Q_{ijt}, \quad t = l + 1, \ l + 2, \ \cdots \tag{9-8}$$

基于式（9-7）和式（9-8），可构造类似于式（9-2）和式（9-5）的环比指数，可表示为：

$$g_{it}^{(l)} = \frac{Y_{it}^{'(l)}}{Y_{i, t-1}^{'(l)}} = \sum_{j \in S_i} w_{ij, t-1}^{(l)} g_{ijt}, \quad t = l + 1, \ l + 2, \ \cdots; \ i \in S \tag{9-9}$$

$$g_t^{(l)} = \frac{Y_t^{'(l)}}{Y_{t-1}^{'(l)}} = \sum_{i \in l} w_{i, t-1}^{(l)} g_{it}^{(l)}, \quad t = l + 1, \ l + 2, \ \cdots \tag{9-10}$$

其中，$w_{i,t-1}^{(l)}$ 和 $w_{ij,t-1}^{(l)}$ 分别表示以基期 l 年的不变价格计算的部门 i 和细分行业（或产品）j 的上一期产出比重。由于基期的轮换较为频繁（t 与 l 的间隔较小），以基期价格所构造权重的代表性不至于过度扭曲。

表 9-1 列示了 1978 年以来几个轮换基期年份的不变价格 GDP 数值，从中可见，以 5 年或 10 年为间隔，按照前后两个基期不变价格核算的同一年份 GDP 的产业结构具有较大差异：按上一轮基期不变价格核算的第一产业比重，普遍低于按新一轮基期不变价格核算的相应结果，原因在于第一产业的价格上涨率相对较高；与之相反，按上一轮基期不变价格核算的第二产业比重，则普遍高于按新一轮基期不变价格核算的相应结果，原因则在于该产业价格上涨率相对较低；第三产业以前后相邻基期不变价格核算的产出比重也多数表现为上升，而其价格上涨率也普遍高于第二产业甚至第一产业。由此可知，如果不考虑轮换基期（而是采用固定基期）的话，根据基期权重［按照式（9-5）和式（9-6）］计算得到的 GDP 指数必然会偏向于基期比重较大而后期价格上涨又较慢的部门，实际中则为第二产业。

---

① 本章数据分析的时间段为 1978～2019 年，其间国家统计局共采用了 1970 年、1980 年、1990 年、2000 年、2005 年、2010 年和 2015 年共 7 个基期的不变价格。

表 9—1 轮换基期下不变价 GDP 核算结果

年份	GDP（亿元）				分产业比重（%）			价格上涨比率			
	合计	第一产业	第二产业	第三产业	第一产业	第二产业	第三产业	GDP	第一产业	第二产业	第三产业
1980	4168.60	970.10	2181.90	1016.60	23.27	52.34	24.39	1.1005	1.4014	1.0105	1.0067
	4587.60	1359.50	2204.70	1023.40	29.63	48.06	22.31				
1990	11148.30	2479.00	5434.40	3234.90	22.24	48.75	29.02	1.6929	2.0239	1.4250	1.8893
	18872.90	5017.20	7744.10	6111.60	26.58	41.03	32.38				
2000	50886.70	7247.50	27434.90	16204.30	14.24	53.91	31.84	1.9707	2.0307	1.6644	2.4622
	100280.10	14717.40	45663.70	39899.00	14.68	45.54	39.79				
2005	160027.00	17706.00	76445.00	65875.90	11.06	47.77	41.17	1.1705	1.2316	1.1522	1.1754
	187318.90	21806.70	88082.20	77430.00	11.64	47.02	41.34				
2010	320102.60	26962.70	156945.50	136194.40	8.42	49.03	42.55	1.2875	1.4253	1.2210	1.3368
	412119.30	38430.80	191626.50	182062.00	9.33	46.50	44.18				
2015	603470.90	46935.20	281731.30	274804.40	7.78	46.69	45.54	1.1415	1.2309	0.9986	1.2727
	688858.20	57774.60	281338.90	349744.70	8.39	40.84	50.77				

注：各年份的第一行数值为根据上一轮基期（分别为 1970 年、1980 年、1990 年、2000 年、2005 年和 2010 年）不变价核算的该年 GDP 结果，第二行数值为该年份的当年价（即新一轮基期不变价）核算结果。价格上涨率为第二行数值与第一行数值（即前后相邻两个基期的不变价）的比值。

资料来源：根据《中国统计年鉴（2020）》相关数据整理计算。

但即便采用了轮换基期的方法，仍然不能完全避免累积差异所造成的结构扭曲以及相应的总量偏差。在涉及 GDP 数据的研究实践中，轮换基期核算的 GDP 指数（及其分部门指数）往往被连接起来，即将式（9-9）和式（9-10）等同于式（9-2）和式（9-5），并据此计算针对第 0 期的定基指数：

$$G'_{it} = \prod_{r=1}^{t} g_{ir}^{(l)} = \prod_{r \in R_1} g_{ir}^{(l_1)} \prod_{r \in R_2} g_{ir}^{(l_2)} \cdots \prod_{r \in R_k} g_{ir}^{(l_k)} \tag{9-11}$$

$$G'_{t} = \prod_{r=1}^{t} g_{r}^{(l)} = \prod_{r \in R_1} g_{r}^{(l_1)} \prod_{r \in R_2} g_{r}^{(l_2)} \cdots \prod_{r \in R_k} g_{r}^{(l_k)} \tag{9-12}$$

其中，R_1，R_2，$\cdots$，R_k（$R_1 \cap R_2 \cap \cdots \cap R_k = 0$ 且 $R_1 \cup R_2 \cup \cdots \cup R_k = \{1, 2, \cdots, t\}$）表示时间序列中分别以 l_1，l_2，$\cdots$，l_k 作为基期的时间段。

根据分析需要来设置时间原点（即固定基期为第 0 期），将基期部门增加值和 GDP 分别乘以式（9-11）和式（9-12）的相应定基指数序列，可计算得到较长时期内"不变价"的部门增加值和 GDP 的时间序列：

$$Y''_{it} = Y_{i0} G'_{it}, \quad t = 1, 2, 3, \cdots; \ i \in S \tag{9-13}$$

$$Y''_{t} = Y_{0} G'_{t}, \quad t = 1, 2, 3, \cdots \tag{9-14}$$

显然，这里的"不变价"已经不再是真正意义上统一基期的不变价格了，但如此处理在实质上仍是在较长时期内设置了统一的基期，因而难免放大了时间原点年份 GDP 产业结构的影响，并导致后期实际 GDP 序列中的结构性偏差。

图 9-1 绘制了根据上述算法，利用 1978 年 GDP 和部门增加值数据以及 1978~2019 年 GDP 指数和分部门指数，分别计算得到的"不变价"（相当于 1978 年价）GDP 序列和分部门增加值序列。从图 9-1 中可见，分部门"不变价"增加值的加总结果明显高于整体的"不变价" GDP 数值（$\sum_i Y''_{it} > Y''_t$），2004 年以来这一差距普遍超过 10%，最高为 2013 年的 12.98%。同时，第二产业在整个国民经济中的占比不断上升，2000 年以来普遍超过 60%，明显背离了关于我国产业结构变迁的规律性认知——与图 9-2 显示的当年价分部门增加值的结构相比，这种背离也更加明显。可知在较长时期内，以起始时点的各部门名义增加值为权重计算的"不变价" GDP 序列，过高估计了第二产业的结构性影响，也导致对 GDP 序列的整体性高估。

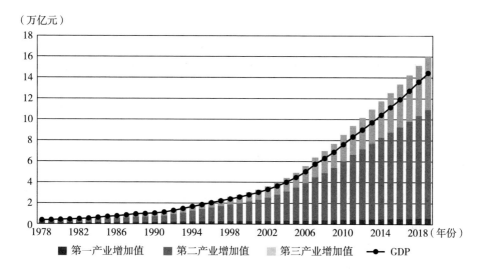

（万亿元）

图 9-1 1978~2019 年中国不变价 GDP 及分部门增加值

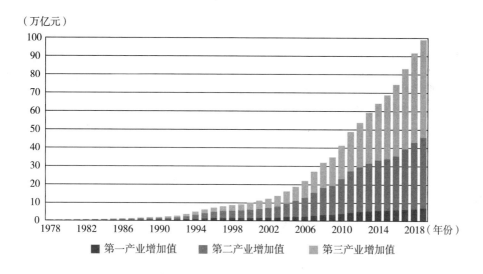

（万亿元）

图 9-2 1978~2019 年中国当年价分部门增加值

上述问题不仅存在于三次产业增加值的加权汇总过程中，同样也存在于各产业部门内部；在利用细分行业增加值指数加权汇总得到部门整体不变价增加值时，也会发生这种源于较远期（初始）结构的扭曲现象。

第三节　GDP 增长率数据修订的因素分解

前文已述，中国 GDP 历史数据经历了多次系统修订，每次修订都会对 GDP 的总量、结构、增速以及与其他宏观经济指标的比例（或相关）关系造成一定影响。不仅如此，每次修订是否降低（或者加剧）了 GDP 数据集中的不协调状况，也是值得关注的议题。本节即针对 GDP 数据的最新修订，考察其中名义数据和实际数据的协调关系。

已知名义 GDP 指数可分解为实际 GDP 指数与隐含的平减指数两个部分：

$$ng_t = \frac{Y_t}{Y_{t-1}} = \frac{Y'_t}{Y_{t-1}} \frac{Y_t}{Y'_t} = g_t p_t, \quad t = 1, 2, 3, \cdots \tag{9-15}$$

令 $ng_t^{(0)} = g_t^{(0)} p_t^{(0)}$ 和 $ng_t^{(1)} = g_t^{(1)} p_t^{(1)}$（$t = 1, 2, 3, \cdots$）分别表示修订前与修订后的数据序列；对于数据修订情况的分析，可以从 GDP 指数的修订以及隐含平减指数的修订两部分加以考察。图 9-3 ~ 图 9-5 显示了 1978 ~ 2019 年 GDP 名义增长率（指数减 1）、实际增长率以及价格缩减因子（令其为平减指数减 1）的修订情况。

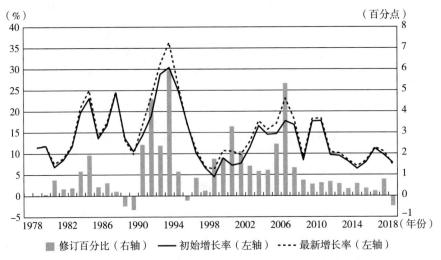

图 9-3　1978 ~ 2019 年中国 GDP 名义增长率数据的历史修订

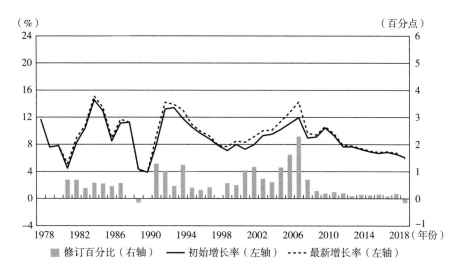

图 9-4　1978~2019 年中国 GDP 实际增长率数据的历史修订

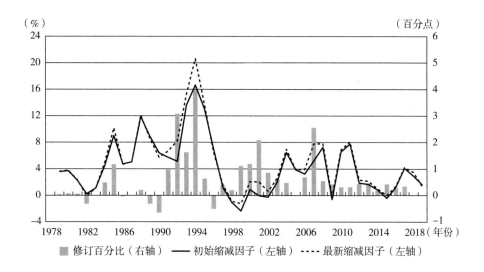

图 9-5　1978~2019 年中国 GDP 隐含缩减因子的历史修订

本书第三章图 3-1 报告了 GDP 数据的系统修订情况，显现 1993 年、2004 年、2007 年、2013 年以及 2018 年等多个修订"峰值"，对应于几次普查之后运用趋势离差法进行系统修订的可能模式。图 9-3 进一步显示了 GDP 名义增长率的修订结果，表明 GDP 增长率序列中也存在多个阶段性上调的过程，并以 1994

年、2001 年和 2007 年的上修幅度最为突出。如果按照 Holz（2014）的理解，中国官方对 GDP 数据的历史修订不涉及价格因素，即初始发布（修订前）的（隐含）缩减因子同样也适用于修订后的 GDP 数据，则图 9-3 中 GDP 名义增长率的修订模式，应该也会完全显现于对 GDP 实际增长率的修订结果之中。但由图 9-4 可知，GDP 实际增长率的修订幅度远小于名义增长率，其潜在差异则由图 9-5 中隐含缩减因子的修订来加以"弥补"，并且后者的修订幅度同样超过了实际增长率，因此也呼应了 Holz（2014）的质疑：国家统计局"不愿意"同步修订 GDP 的实际增长率，而是让隐含的平减指数来承担名义数据修订的大部分后果。

针对式（9-15），名义 GDP 指数的修订值可分解为两个部分：

$$ng_t^{(1)} - ng_t^{(0)} = g_t^{(1)} p_t^{(1)} - g_t^{(0)} p_t^{(0)}$$
$$= (g_t^{(1)} p_t^{(1)} - g_t^{(1)} p_t^{(0)}) + (g_t^{(1)} p_t^{(0)} - g_t^{(0)} p_t^{(0)})$$
$$= ap_t + ag_t, \quad t = 1, 2, 3, \cdots \tag{9-16}$$

其中，令 $ap_t = g_t^{(1)} p_t^{(1)} - g_t^{(1)} p_t^{(0)}$ 和 $ag_t = g_t^{(1)} p_t^{(0)} - g_t^{(0)} p_t^{(0)}$ 分别表示价格缩减因子修订和实际增长率修订对于名义 GDP 指数修订值的贡献。各年份的具体分解结果如图 9-6 所示。

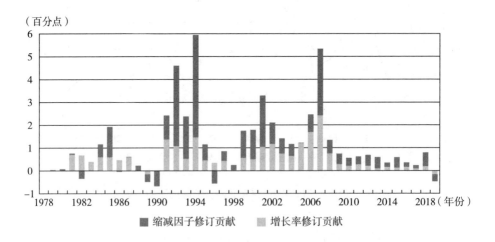

图 9-6　1978~2019 年中国 GDP 修订结果的因素分解

由图 9-6 可知，对于 1978~2019 年中国 GDP 指数（增长率）的修订，除少数年份（1978~1987 年、2002~2006 年）外，其余时间段中都是缩减因子修订的贡献居多。虽然 Holz（2014）关于国家统计局"不愿意"同步修订 GDP 的实际增长率的批评不能完全成立，但在历次 GDP 数据修订中，国家统计局确实未就缩减因子（价格指数）的修订给予说明，这部分的修订原因实可存疑。鉴于数据可得性是影响统计用户的数据质量感知的关键维度（王华、金勇进，2010a，2010b），为提高统计数据的适用性和统计部门的公信力，国家统计局确有必要针对此处价格数据修订的方法和依据给予必要诠释。

以上现象同样也存在于对三次产业增加值的修订过程中，具体如图 9-7~图 9-9 所示。在 1978~2019 年三次产业的数据修订中，对于隐含缩减因子的修订幅度普遍超过了对部门增加值指数（实际增长率）的修订幅度。

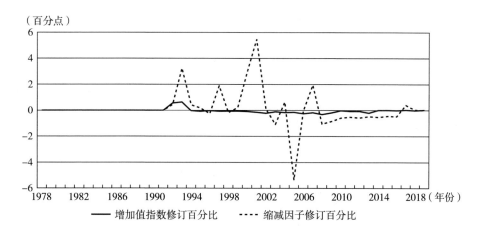

图 9-7　1978~2019 年中国第一产业增加值指数及缩减因子的历史修订情况

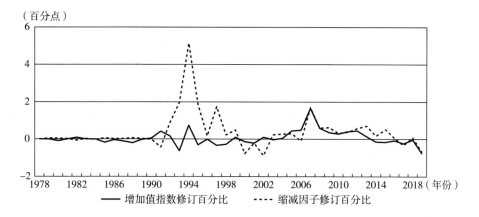

图 9-8　1978~2019 年中国第二产业增加值指数及缩减因子的历史修订情况

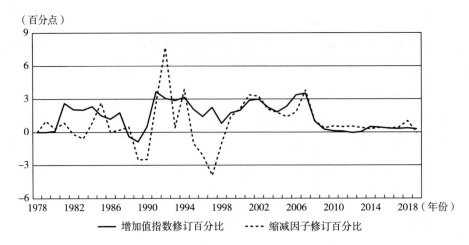

（百分点）

—— 增加值指数修订百分比　　---- 缩减因子修订百分比

图 9-9　1978~2019 年中国第三产业增加值指数及缩减因子的历史修订情况

表 9-2 列出了历次普查（1993 年、2004 年、2008 年、2013 年和 2018 年）后 GDP 数据系统修订期间的数据修订及其因素分解结果。① 表 9-2 结果表明，1993 年全国第三产业普查和 2008 年第二次全国经济普查后的 GDP 数据系统修订，都是（GDP 或第三产业增加值）实际增长率的修订幅度大于缩减因子的修订幅度；而 2004 年第一次全国经济普查、2013 年第三次全国经济普查和 2018 年第四次全国经济普查后的数据修订，则是缩减因子的修订幅度大于实际增长率的修订幅度，且主要体现于第二和第三产业部门；对于第一产业而言，整个研究期间各次系统修订结果中都是缩减因子的修订发挥主要作用。虽然各次系统修订下的因素来源（贡献比例）各有不同，但对于缩减因子（价格变动）的修订原因及其潜在影响，显然是非常值得探究的议题。

针对沈利生和王火根（2008）的质疑，本节继续考察 GDP 平减指数与居民消费价格指数、固定资产投资价格指数的对比关系。按照沈利生和王火根（2008）的观点，GDP 平减指数应该介于居民消费价格指数和固定资产投资价格指数之间，但实际情况是，2004 年经济普查后对 GDP 平减指数的上调导致其向上偏离了由后两者所界定的合理范围。不仅如此，之后几次 GDP 数据的系统修订也都是上调了隐含的 GDP 平减指数，其结果是，2000~2011 年的 GDP 平减指

---

① 为了分析的直观可比，此处未考虑 2016 年研发资本化核算之后的 GDP 数据修订情况。

表 9-2　中国 GDP 与部门增加值数据修订的因素分解

单位：%

部门	时期划分	名义增长率			实际增长率			缩减因子		
		初始值	修订值	修订百分比	初始值	修订值	修订贡献	初始值	修订值	修订贡献
GDP	1978~1993 年	15.55	16.21	0.66	9.29	9.67	0.40	5.73	5.97	0.26
	1993~2004 年	13.31	14.71	1.40	9.02	9.51	0.51	3.93	4.75	0.90
	2004~2008 年	17.10	18.39	1.28	11.01	11.93	0.98	5.49	5.76	0.30
	2008~2013 年	12.62	13.17	0.55	8.85	8.95	0.10	3.46	3.87	0.45
	2013~2018 年	8.71	9.17	0.45	6.85	7.00	0.15	1.74	2.02	0.30
第一产业	1978~1993 年	13.33	13.58	0.26	5.16	5.20	0.05	7.77	7.97	0.21
	1993~2004 年	10.56	10.65	0.08	3.70	3.70	0	6.61	6.69	0.08
	2004~2008 年	12.25	12.01	-0.25	4.87	4.84	-0.03	7.04	6.84	-0.21
	2008~2013 年	11.07	11.06	-0.01	4.25	4.14	-0.12	6.54	6.64	0.11
	2013~2018 年	4.07	4.07	0	3.74	3.73	0	0.32	0.33	0.01
第二产业	1978~1993 年	16.04	16.12	0.09	11.41	11.42	0.01	4.16	4.22	0.07
	1993~2004 年	14.43	14.63	0.20	11.17	11.18	0.01	2.93	3.11	0.19
	2004~2008 年	18.59	19.16	0.57	12.13	12.59	0.49	5.77	5.84	0.08
	2008~2013 年	10.88	11.64	0.76	9.64	9.86	0.23	1.13	1.61	0.53
	2013~2018 年	6.92	6.85	-0.07	6.31	6.15	-0.16	0.57	0.66	0.09

续表

部门	时期划分	名义增长率			实际增长率			缩减因子		
		初始值	修订值	修订百分比	初始值	修订值	修订贡献	初始值	修订值	修订贡献
第三产业	1978~1993年	16.82	18.66	1.85	9.78	11.13	1.43	6.40	6.78	0.41
	1993~2004年	13.07	16.61	3.54	8.39	9.85	1.53	4.31	6.15	2.02
	2004~2008年	16.88	19.43	2.55	11.45	13.17	1.80	4.87	5.53	0.74
	2008~2013年	14.83	15.21	0.38	9.01	8.97	-0.04	5.34	5.73	0.42
	2013~2018年	11.06	11.99	0.94	7.85	8.29	0.46	2.98	3.41	0.47

注：各时期“初始值”来源于相应普查次年的《中国统计年鉴》（数据未经系统修订），“修订值”来源于普查隔年的《中国统计年鉴》（数据已经系统修订）；实际增长率和缩减因子的“修订贡献”由式（9-16）计算得到。由于对“初始值”的不同界定，表中结果与图9-7~图9-9的结果略有差异。

资料来源：根据历年《中国统计年鉴》相关数据整理计算。

数都在居民消费价格指数与固定资产投资价格指数的区间之外，如图 9-10 所示，显示这一时期 GDP 平减指数的系统偏离。关键问题在于，在居民消费价格指数与固定资产投资价格指数都未予修订的情况下，对于 GDP 平减指数的修订依据何在？

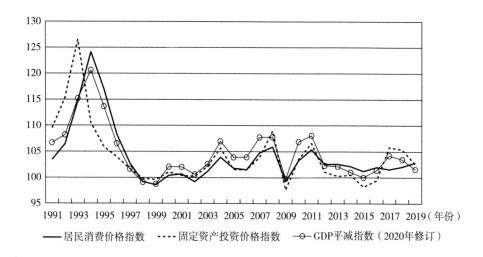

图 9-10 1991~2019 年中国 GDP 缩减因子与相关价格指数的比较

第四节 GDP 地区数据修订的时空模式

国家统计局自 2020 年起开始实施地区生产总值的统一核算改革，通过改革核算主体、核算方法和工作机制，以提高核算数据质量，实现地区生产总值汇总数与国内生产总值数据的基本衔接。在组织制定实施方案与开展试点试算的基础上，国家统计局首先统一核算了 2019 年的地区生产总值；同时，基于第四次全国经济普查结果对 2018 年地区生产总值数据进行修订；进而对地区生产总值的历史数据进行系统修订。目前，国家统计局的统计数据库已经发布了 1991 年至今的地区生产总值修订数据，但具体的修订依据和方法尚不可得。

本节针对地区生产总值数据的修订情况进行分析，一方面考察数据修订对 GDP 数据地区差异的消除情况，另一方面分析本书第七章各类地区数据衔接方法（结果）与官方衔接实践的一致性，从结果层面反推各类方法的适用与否。进一步地，也对官方数据修订的方法依据、要素构成等进行探讨。

图 9-11 呈现了 1991~2020 年全国 31 个省区市（不含港澳台地区）的地区生产总值汇总数以及三次产业增加值汇总数的修订情况。从图 9-11 可见，国家统计局对历史时期地区生产总值的修订，并非源于以往 GDP 数据地区差异（见图 3-6）的单向修订。从地区生产总值的汇总数来看，除 1991 年和 1992 年源于第三产业的较大幅度（超过 8%）上调外，1993~1998 年存在微幅下调，1999~2003 年又转为微幅上调，2004~2017 年则表现为较大幅度的下调（但幅度仍明显小于图 3-6 所示的差异率）。分产业来看，历年的第二产业增加值汇总数都表现为（较大幅度）下调，第三产业（2004 年之前）则表现为上调。结合图 3-8 和图 3-3 可知，在 2004 年第一次全国经济普查之前，虽然历年 GDP 数据的地区差异主要源于第三产业（的高估），但相对于全国层面 GDP 数据的系统修订而言，第三产业增加值的地区汇总数仍然存在低估倾向，因此在地区数据修订中被予以上调；而第二产业增加值汇总数的系统下调，则成为 1991 年以来地区数据修订的"主旋律"。

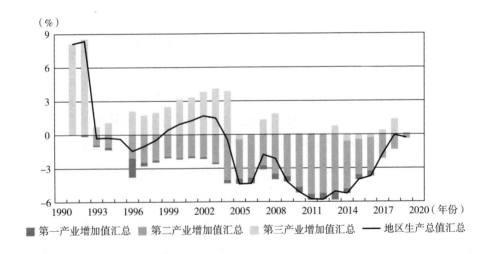

图 9-11　1990~2020 年中国地区 GDP 汇总数及三次产业增加值汇总数的修订情况

　　地区 GDP 数据修订之后，与全国 GDP 数据（同样为修订后）的差异模式如图 9-12 所示。与图 3-6 相比，修订前后 GDP 数据的地区差异模式表现出很大不同，即 1991~2002 年地区生产总值汇总数出现相较于全国 GDP 数值的连续低估（这一时期全国 GDP 数据经历了较大幅度的向上修订，反而凸显出地区数据可能的修订不足）；而 2003 年之后的地区差异已经非常微弱，几乎可以忽略不计。可以认为，在修订之后（包括全国修订和地区修订）的 GDP 数据中，地区差异已经不再成为显性问题（至少在 2003 年之后）。然而若从地区数据修订的产业构成来看（见图 9-13），即便在 2003 年之后，第二产业和第三产业增加值的地区差异仍然达到非常显著的程度——前者表现出大幅度的高估（甚至超过总量差异的 6 倍以上），后者表现出大幅度的低估，表明其在产业构成上仍然存在严重的系统性估算偏差。

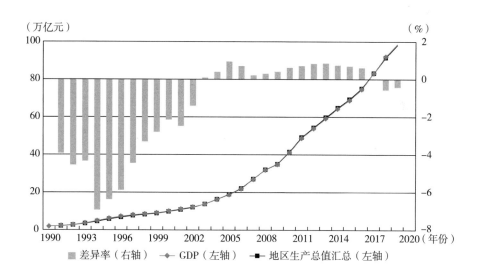

图 9-12　1990~2020 年中国地区 GDP 数据修订后的地区差异

　　修订后地区生产总值加权增长率数据与全国 GDP 增长率数据的差异模式如图 9-14 所示。图 9-14 显示，1993~2019 年，地区生产总值加权增长率仍然持续大于全国 GDP 增长率，近年来由于数据修订力度的加大及全国统一核算，地区差异才逐渐降低。与图 3-7 相比，修订前后地区生产总值加权增长率的变化不大，

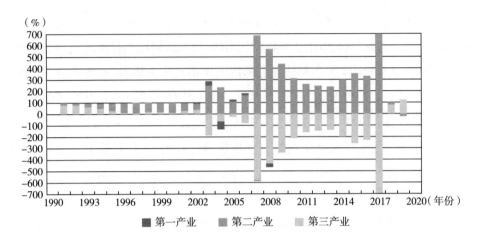

图 9-13　1990~2020 年中国地区 GDP 数据修订后地区差异的产业分解

只是由于全国 GDP 增长率数据的向上修订（见图 3-2），导致 GDP 增长率地区差异的普遍降低——尤其是在 2007 年前后，地区差异基本得以消除。结合图 9-12 来看，虽然地区生产总值名义数据的修订幅度较大，修订前后的地区差异模式表现出明显不同，但增长率数据的修订却较为微弱，仍然可能存在上节讨论的隐含的价格缩减因子被"过度"修订的问题。

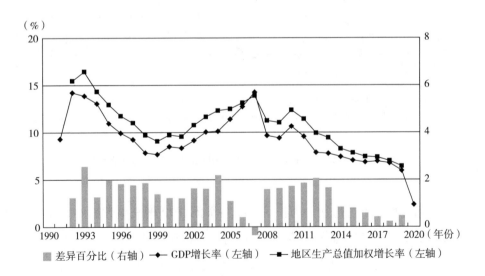

图 9-14　1990~2020 年中国地区 GDP 增长率数据修订后的地区差异

　　在总量考察之外，本节进一步考察各省份 GDP 数据修订的情况。本书第七章借助多种衔接方法，探讨对地区 GDP 数据的合宜衔接（修订），而 2020 年地区生产总值统一核算改革之后针对各省份历史数据的官方系统修订，则可以直接用于检验理论方法的可用性。为与第七章可比，本节同样给出 2013 年地区 GDP 数据的修订结果①，如图 9-15 所示。与图 7-2 相比，图 9-15 中显示的数据修订幅度普遍较小，显示官方修订力度相对较为"温和"；但就修订的方向而言，官方修订与基于 Geary-Stark 方法的修订结果具有较为相似的模式，因而也具有较好结构稳定性——只有河北、内蒙古、天津以及东北三省，因其大幅度的数据下调，而表现出明显的位次下降。

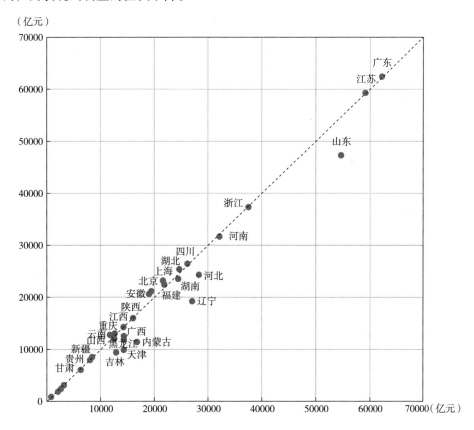

图 9-15　2013 年中国地区 GDP 数据修订结果

---

　　① 由下文分析可知，2013 年也正处于多数省份数据修订的稳定时期，其结果在较长时期内具有一定的代表性。

整体而言，1991~2018 年全国 31 个省区市 GDP 数据的修订模式如图 9-16 所示。图 9-16 中，横坐标表示研究期间各年修订率的平均值，纵坐标表示各年修订率的标准差，分别反映各省份 GDP 数据系统修订的平均幅度与变异程度。具体可以分为以下七种模式：①"先增后稳"型，包括北京、广东和重庆，以 2004 年为界，之前年份经历了很大幅度的逐渐调增（如北京最高达 46%），之后年份则只有微幅上调；②"一增再增"型，包括上海和云南，同样以 2004 年为界，之前年份经历一轮逐渐调增，之后则又经历了新一轮的调增；③"先增后减"型，包括山西、内蒙古、甘肃、宁夏、陕西和贵州，在 2004 年之前经历调增，之后则为持续（或震荡）调减；④"先减后增"型，包括安徽、福建和湖北，先经历持续调减，后经历持续调增；⑤"全面剧减"型，包括东北三省、天津、河北、山东、青海和广西，在整个研究期间经历了大幅调减（突出如天津，最高超过 35%）；⑥"全面微减"型，包括河南、湖南、江西和新疆，研究期间经历持续（或间歇）微幅调减；⑦"微调"型，包括江苏、浙江、海南、四川和西藏，调整幅度较为微弱，近乎可忽略不计。前六种模式下典型省份的 GDP 数据修订模式如图 9-17 所示。

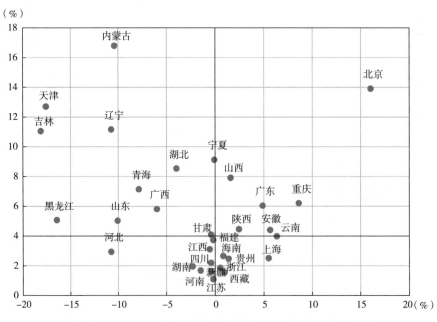

图 9-16 1991~2018 年中国地区 GDP 数据系统修订的区域模式

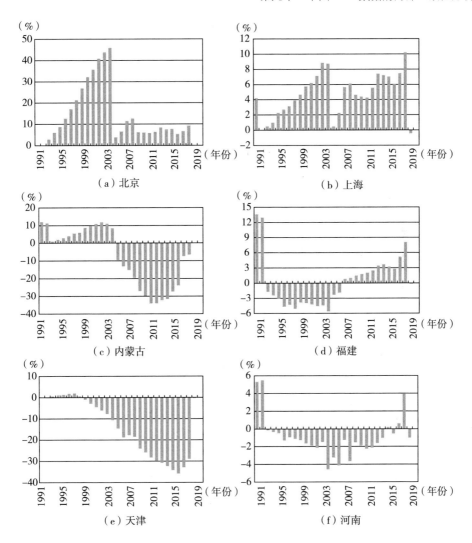

（a）北京　　　　　　　　　　　　　（b）上海

（c）内蒙古　　　　　　　　　　　　（d）福建

（e）天津　　　　　　　　　　　　　（f）河南

图 9-17　典型省份的 GDP 数据修订模式

由图 9-17 可知，各个省份的数据修订并无统一模式，不同时期、不同年份的修订方向和修订幅度都有较大差异。总体来说，2004 年是普遍性的关键节点，在此前后的修订模式往往存在系统性差异，表明国家统计局对地区 GDP 数据的修订，以第一次全国经济普查时点为重要参照点：第三产业发展较快的省份，在此之前的 GDP 结果往往存在低估，因而被向上修订；第二产业占比较大的省份，则因为该产业部门增加值的普遍高估而面临向下修订。

至于各省份数据修订的因素构成，如前文所述，加总来看，由于实际增长率修订幅度较小，因而对价格缩减因子可能存在过度修订；具体到各省份，这一问题则表现得更为明显。图 9-18 针对 1991~2018 年全时段、1991~2004 年分时段绘制了各省份数据修订的因素分解结果。① 由图 9-18 可知，在全时段中，北京、天津、河北等 10 个省份的 GDP 年均名义增长率的数据修订结果主要源于其实际增长率的修订，内蒙古、江苏等 16 个省份的修订结果主要源于其隐含缩减因子，辽宁、黑龙江等 5 个省份的修订结果中实际增长率与隐含缩减因子的贡献相当。

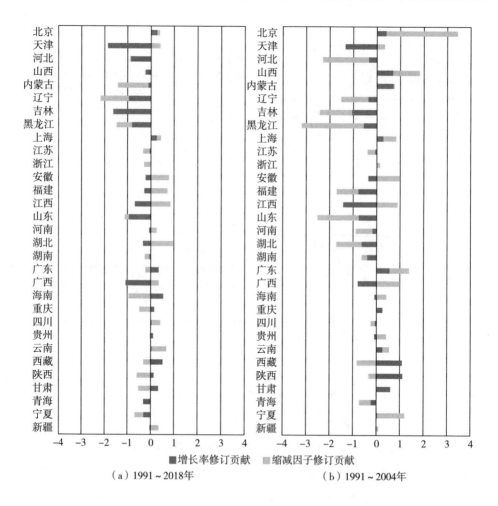

■增长率修订贡献　■缩减因子修订贡献

（a）1991~2018 年　　　　　　　（b）1991~2004 年

图 9-18　中国地区 GDP 数据修订结果的因素分解

---

①　鉴于个别省份的起止年份的数据修订模式表现出明显差异，为保障修订结果的连贯性和稳健性，在测算和绘图时忽略了相应年份的少量数据。具体细节信息备索。

值得注意的是，天津、安徽等多达半数的省份，对其实际增长率的修订幅度超过了对名义增长率的修订幅度（或是两者修订方向相反），导致隐含缩减因子表现为与前者反方向的修订。1991～2004 年，除山西、内蒙古、浙江、海南、四川、贵州、宁夏等少数省份外，多数省份的修订方向保持不变，且修订幅度普遍更大，其中隐含缩减因子的影响也更为突出。

第五节　小结

本章主要考察中国 GDP 数据集内部的几类（不）一致性问题，包括分部门不变价 GDP 数据中表现出的结构性偏差，GDP 名义数据修订与增长率数据修订之间的不协调性（表现为隐含缩减因子数据的"过度"修订），GDP 地区数据修订模式在时空两个维度上的差异性以及潜在的结构性问题。

研究结果表明：

（1）利用不变价方法核算（分部门）GDP 的过程中，以固定基期的不变价格计算的部门产出权重，其对于部门产出结构的代表性会随着时间推移而越来越差。即使采用轮换基期的做法，仍然难免放大时间原点年份 GDP 产业结构的影响，由于累积差异而导致不变价 GDP（或 GDP 指数）序列中的结构扭曲和总量偏差。实际数据分析结果显示，根据基期权重计算得到的不变价 GDP 及其内部结构会偏向于基期比重较大、后期价格上涨又较慢的部门（即第二产业）。

（2）在中国 GDP 历史数据的多次系统修订过程中，也伴随 GDP 增长率的同步修订，但后者的修订幅度往往要明显小于前者，这意味着隐含的价格缩减因子也被予以相应修订；针对 GDP 修订数据的因素分解结果显示，缩减因子的修订贡献甚至普遍超过了实际增长率，成为 GDP 修订的"主因"。鉴于国家统计局并未就缩减因子（价格指数）修订的方法和依据给予明确说明，在此方面的数据可得性质量特征难免受到不良影响。

（3）地区 GDP 统一核算改革极大改善了地区 GDP 数据与国家 GDP 数据的衔接问题。在总量水平上，地区 GDP 加总数与全国层面 GDP 数值之间的差异得以极大缩减，但分产业部门来看问题仍未得到实质解决，在地区 GDP 的产业构成上仍然存在严重的系统性估算偏差；并且在地区 GDP 数据的系统修订过程中也同样存在对价格缩减因子的"过度"修订问题。对于 1991~2018 年全国 31 个省区市 GDP 数据的修订模式及其因素构成，也仍然有待统计部门给出明确的方法论诠释。

本章讨论的内容相对而言具有一定的隐蔽性，但对统计用户准确、合理使用 GDP 数据却会造成潜在的负面影响；从用户需求角度来看，此类问题恰恰是 GDP 数据质量管理的首要目标——结合前文讨论的各类数据质量评估方法的有限功效以及 GDP 核算误差估算过程中的边际改进原则，对于 GDP 数据集内部一致性的分析评估，无疑也具有最佳的可行性和必要性。

第十章　本书总结

第一节　研究结论

　　针对中国 GDP 数据中存在的质量问题以及相应评估研究所面临的方法论困境，本书在系统梳理已有相关文献的基础上，对中国 GDP 核算制度及其核算误差发生机制进行整体考察，借助若干量化方法呈现 GDP 核算误差的特征事实，据此对两类典型数据质量评估方法（即指标重构方法与计量模型方法）的实践功效进行了分析检验；进而构造了针对 GDP 核算误差的整合性的估算框架，以期促成不同评估方法的功效互补。同时，针对 GDP 官方数据中存在的多种不一致特征（地区差异以及由历史修订造成的系统差异），通过分析利用不同方法对 GDP 地区数据进行衔接调整的有效性，GDP 历史数据修订可能造成的影响效应，以及 GDP 数据的内部（不）一致性，反向呈现中国 GDP 核算误差的现实影响机制，并探索更有效的数据质量评估策略。

　　本书研究主要得出以下研究结论：第一，关于中国 GDP 核算误差的发生机制，以各年份现价 GDP 数据的例行修订和系统修订情况来看，由覆盖误差和估算误差造成的综合效应是以低估 GDP 的规模为主，并且这种低估具有时间维度上的持续性；以 GDP（增长率）数据的地区差异格局来看，地区层级 GDP 核算过程中覆盖误差、估算误差与操作误差的综合效果以持续性的数据高估为主，其中尤其以操作误差的影响最为显著。以此为基准，针对 GDP 数据质量的评估研究，应该能够对有关 GDP 核算误差发生机制的一系列假说进行有效检验，切实反映核算误差的水平、方向、构成及其时空关联特征。

第二，基于物量外推法或价格缩减法的指标重构方法的运用，可以构造出针对官方数据的替代性的 GDP（及其组成部分）数据序列，揭示官方 GDP 数据中的各类型核算误差及其规模，因此认为该方法对于 GDP 数据质量具有必要的评估功效。与之相比，基于计量模型的参数可靠性分析方法可以从官方数据集中表现出的不一致现象推断 GDP 数据序列中可能的误差模式，但其技术假定过于严苛，可靠性难免不足；异常数值识别方法只能识别出 GDP 数据序列中"间歇性"的操作误差，却无助于展现其中可能存在的系统性误差，可知此类方法的评估功效都非常有限。在今后针对 GDP 数据质量的评估研究中，应当主要借助其他方法（如指标重构方法）来展开，计量模型方法则仅作为辅助性工具加以必要应用。

第三，鉴于在 GDP 数据质量评估研究的各项目标的达成上，指标重构方法都要优于计量模型方法，主张基于指标重构方法来构建关于 GDP 核算误差的估算框架，以此拓宽 GDP 数据质量评估的技术瓶颈，切实推动该领域研究不断取得"边际效益"，最终累积生成具有实际价值的研究成果。构建此框架的基本思路，一方面是要明确 GDP 核算误差的可拆分性，与现有的局部估算研究建立对应关系，另一方面则是要明确各项 GDP 核算误差构成要素的合成结构；通过由总到分、再由分到总的技术路线，得以厘清 GDP 核算误差整体估算与局部估算的体系脉络，辨识特定研究与整体框架的融通"接口"，并确保局部估算研究成果可以较为稳健地用于改进对整体误差规模的估算。

第四，用于 GDP 地区数据衔接的各种可行方法，其合理性和适用性不尽相同，只能满足总量一致、结构稳定、比例协调、细部优先、序列连贯等标准的若干部分，衔接结果的可靠性因而不易保障。线性调整方法便于操作，但相当于施加了各地区存在同等相对幅度的 GDP 核算误差的较强假定，未必符合现实中地区 GDP 核算误差的发生机制。Geary-Stark 方法与基于灯光数据的总量估算方法对于地区数据的调整力度过大，极大改变了地区 GDP 的初始结构（占比和排名），严重违背了结构稳定原则。相对而言，基于面板数据模型的衔接调整，既考虑了 GDP 核算结果与宏观经济系统的协调性，又能确保不会严重偏离初始空间结构，且在纵向时间序列上满足连贯性要求，因而具有更好的适用性。

第五，国家统计局依据 SNA2008 的研发资本化核算标准对 GDP 和固定资本形成历史数据所进行的系统修订，虽然导致这两项指标的时间序列都经历了向上调整的过程，资本存量（增长率）也得以相应上调，但并未对用于测算全要素生产率（TFP）的生产函数中的资本份额（以及模型的整体结构）造成明显影响。换言之，TFP 测算模型的参数估计结果相对于此次数据修订并不敏感。据此测算的 TFP 增长率呈现一定变化模式，但变化幅度较低，且不尽稳定；从长期来看，数据修订的影响效应并不显著。

第六，当前的 GDP 数据集中还存在诸多的内部不一致性。在利用不变价方法核算（分部门）GDP 的过程中，以固定基期的不变价格计算的部门产出权重，其对于部门产出结构的代表性会随着时间推移而越来越差，导致不变价 GDP（或 GDP 指数）序列出现渐趋严重的结构扭曲和总量偏差。在中国 GDP 历史数据的多次系统修订过程中，对 GDP 增长率的修订幅度相对较小，隐含价格缩减因子的修订反而成为数据修订的主要成分，但相关的修订方法和依据却不可得。地区 GDP 数据修订虽然极大改善了地区数据与国家数据的衔接问题，但在产业构成上仍然存在严重的系统性估算偏差，也同样存在对价格缩减因子的"过度"修订问题。从用户需求出发，在此方面的分析评估具有最佳的可行性和必要性。

综合各项结果，正可对本书最初所提出的问题形成呼应并给予证明。一方面，由于各种可行的 GDP 数据质量评估方法均存在方法论上的关键缺陷，导致相关研究无法生成显性而可靠的评估结论——即使是本书基本认可的指标重构方法，在实际应用中的局限性也是显而易见的；尤其是从官方立场来看，基于有限基础数据而进行的任何外部估算和数据替代，显然也都是无法接受的。鉴于此，本书构划了学术界在此方面实现累积进展的可能路径，尝试在一个相对统一的概念"框架"内，遵循渐次替代、边际改进的策略，推动实际 GDP 数据序列向其"真实"序列的序贯逼近。但这一过程所隐含的工作量无疑是巨大的，对于个体研究者而言反而意味着 GDP 数据质量评估的"不可行性"。必须承认，在理论合理性与现实可行性之间，针对 GDP 数据质量评估的研究实践还有很多问题亟待探讨和解决。

另一方面，从数据用户的需求角度进行考察，GDP 数据质量所造成的问题可能并不如媒体渲染得那样严重。国外学界之所以倾向于应用指标重构方法来重新估算中国 GDP 数据，其目的主要在于进行经济总量与增速的国际比较；而对于国内用户，这种国际比较的价值可能要逊于区域比较和跨时期比较。本书关于地区 GDP 数据衔接的实验表明，有效的衔接调整应该是综合考虑经济社会系统各方面数据信息下的稳健操作①，其结果不会对地区 GDP 的初始结构（占比和排名）造成太大影响；因此，地区 GDP 数据总和与国家 GDP 数据的衔接与否，对于区域比较结果的影响相应也就比较微弱了。本书关于 GDP 历史数据修订的影响效应的检验表明，如果 GDP 核算误差的发生主要遵循时间自相关机制——这也是官方修订中所采用的趋势离差法的潜在假设（此时 GDP 误差主要表现为系统性误差），在以 GDP 及其相关指标序列的相关关系为核心依据的计量模型估计中，GDP 数据的修订与否所能造成的影响同样也较为微弱。相对而言，GDP 数据集的内部一致性特征（包括但远不限于本书讨论的相关内容）虽然具有一定的隐蔽性，却应成为数据质量评估和管理的首要目标。

第二节　研究展望

中国宏观经济统计数据（以 GDP 为其核心指标）的质量问题由来已久，其直观上与统计标准体系的转换有关，根源则在于中国的结构性缺陷。统计管理体系的不完善固然造成基层统计能力不足，为源头数据的误差控制带来极大挑战，改革开放以来国内外舆论环境的特殊性也使得宏观经济数据质量问题被进一步放大。随着中国国际影响力的提升，西方世界中"中国崛起论""中国威胁论"乃

---

① 即基于面板数据模型拟合结果对各地区 GDP（不变价）数据进行线性调整。第五章的研究表明应用计量模型方法评估 GDP 数据质量的功效有所不足，第七章则是在计量模型（面板数据模型）估计的基础上又进行了线性调整，两套方法在应用原理上有所不同——后者可理解为一种两步衔接调整法，在第一步计量模型估计中仅将模型拟合残差视为地区 GDP 数据中的初步误差（且没有将各时期、各地区的变截距归入其中），第二步对地区数据的线性调整才在消除地区 GDP 数据的系统性误差方面发挥了主要作用。

至"中国崩溃论"此伏彼起，各种论调的支持者都会从中国官方发布的经济统计数据中寻求证据，或是刻意对官方数据的可靠性加以批判，最终则演变成中国统计数据可信与否的论争。在国内社会转型过程中，政府公信力也还有待不断提升，统计数据作为政府（统计）部门提供的最具有形性和可视性的公共产品，自然成为公众审视与苛责的"便捷"对象。在此意义上，政府统计部门颇有"代人受过"之嫌。

每当统计数据发布之时，从媒体到大众都不乏"挑刺"的"冲动"与"抨击"的"热情"，各类统计数据项目之间存在的不一致现象与"注水论""打架论""官出数字"等论调之间更形成相互循环验证的热闹景象。而当政府统计部门针对各种批评、质疑进行回应（专业诠释）时，却尴尬地将自身置于"不胜之地"——一方面，社会大众普遍将统计数据的一致性特征视同其准确性特征，既然不一致已是客观事实，还有何可能（与必要）来证明统计方法的科学性与统计数据的准确性？另一方面，调查统计过程的透明度不足，事后诠释又是高度专业化的，公众难以掌握与之匹配的相应知识，因而更倾向于对统计部门的正面诠释给予负面解读。由此，关于统计数据质量的任何支持性命题都陷入了证实难而证伪易的逻辑（技术）困境。

而实际上，社会公众对于统计数据的准确性特征未必具有明确感知。正如王华和郭红丽（2011）针对统计数据用户的调查研究发现，经常遭受批评的国民经济核算（GDP）、居民收入和价格指数等数据项目，其用户满意度相比其他数据项目已处于中高水平，但使用频率也相对更高（见图10-1），反而使其有更多机会遭受质疑与批评。

从长远来看，统计数据质量与统计公信力问题的解决途径并非借助严谨的质量评估实践来揭示宏观经济统计数据中的误差规模，或者验证其质量水准是否可以接受，而是要在统计管理体制改革的基础上切实改善用户关系。王华和金勇进（2010a，2010b）研究发现，在八项统计数据质量维度中，可得性和一致性（而非准确性）是用户最为看重而满意度却最低的两个维度，其中一致性（也称为可比性、协调性、匹配性、可衔接性等）是统计数据产品本身的最显性质量特征，涉及政府统计系统内部协调机制的改进；可得性则反映用户搜集、获取所需统计数据信息的容易程度，要求加强统计数据发布程序的优化设计，并落实微观

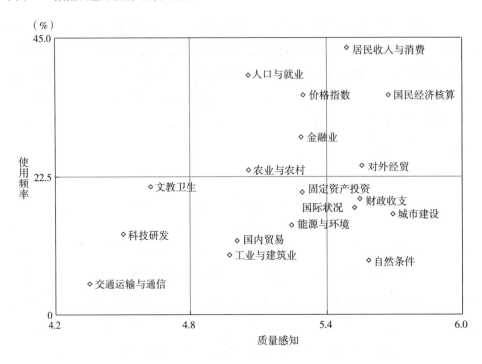

图 10-1 用户对 18 类统计数据项目的使用频率与综合质量感知

资料来源：王华和郭红丽（2011）。

数据与元数据（数据诠释）的可用性。只有确立政府统计的用户导向，借此提升统计透明度与数据可得性来改善用户关系，才可望从根源上建立政府统计的公信力。

尽管如此，针对宏观经济数据（尤其是 GDP 数据）的质量评估（误差估算）研究仍然自有其独特价值。遵循边际改进的技术路径，首先可以对官方数据集中的显性误差进行修正，包括对指标口径不一致的调整、对地区数据的衔接、对数据序列中时段缺失值的插补、对缺失数据序列的构造等；进而在掌握更翔实、更可靠数据资料的条件下，可以考虑对隐性数据误差的控制与修正，包括对不变价序列中价格缩减不充分的调整、对统计数据历史修订结果的衔接、对统计覆盖范围不充分下遗漏部分的估算、对生产指数或价格指数的独立构造等。由上述工作所生成的替代性数据序列与数据集，并非是对官方数据的完全否定或是脱离官方数据的"凭空捏造"，而是对后者可用性的极大提升，对确保宏观经济数量分析的可靠性以及指导中国政府统计质量的系统改进都将发挥关键作用。

参考文献

［1］蔡志洲. 支出法国内生产总值全国与地区数据的衔接［J］. 经济科学, 2003（4）：79-84.

［2］曹泽, 李东. R&D 投入对全要素生产率的溢出效应［J］. 科研管理, 2010（2）：18-25.

［3］陈诗一. 中国工业分行业统计数据估算：1980—2008［J］. 经济学（季刊）, 2011, 10（3）：735-776.

［4］"地区 GDP 核算的国际比较研究"课题组. 地区 GDP 核算的国际比较研究［J］. 调研世界, 2011（2）：52-60.

［5］郭红丽, 王华. 宏观统计数据质量评估的研究范畴与基本范式［J］. 统计研究, 2011（6）：72-78.

［6］郭红丽, 王华. 中国 GDP 核算误差的特征事实与发生机制［J］. 统计与信息论坛, 2017（7）：15-22.

［7］郭红丽, 王华. 计量经济模型适用于评估 GDP 数据质量吗？［J］. 经济学动态, 2020（9）：30-45.

［8］郭庆旺, 贾俊雪. 中国全要素生产率的估算：1979—2004［J］. 经济研究, 2005（6）：51-60.

［9］国外地区 GDP 核算模式研究课题组. 国外地区 GDP 核算模式研究［J］. 统计研究, 2009（4）：40-43.

［10］何锦义, 刘晓静, 刘树梅. 当前技术进步贡献率测算中的几个问题［J］. 统计研究, 2006（5）：29-35.

［11］贺菊煌. 我国资产的估算［J］. 数量经济技术经济研究，1992（8）：24-27.

［12］蒋萍. 核算制度缺陷、统计方法偏颇与经济总量失实［M］. 北京：中国统计出版社，2011.

［13］江永宏，孙凤娥. 中国 R&D 资本存量测算：1952～2014 年［J］. 数量经济技术经济研究，2016（7）：112-129.

［14］金红. 我国国内生产总值核算的改革与完善——从两次经济普查后对 GDP 数据的修订说起［J］. 调研世界，2011（12）：39-44，61.

［15］李宾. 我国资本存量估算的比较分析［J］. 数量经济技术经济研究，2011（12）：21-36，54.

［16］李宾，曾志雄. 中国全要素生产率变动的再测算：1978～2007 年［J］. 数量经济技术经济研究，2009（3）：3-15.

［17］李建军. GDP 数据修正前后中国货币缺口的变化［J］. 统计研究，2006（3）：71-74.

［18］李小平，卢现祥，朱钟棣. 国际贸易、技术进步和中国工业行业的生产率增长［J］. 经济学（季刊），2008，7（2）：549-564.

［19］李小平，朱钟棣. 国际贸易、R&D 溢出和生产率增长［J］. 经济研究，2006（2）：31-43.

［20］刘洪，昌先宇. 基于全要素生产率的中国 GDP 数据准确性评估［J］. 统计研究，2011（2）：81-86.

［21］刘洪，黄燕. 我国统计数据质量的评估方法研究——趋势模拟评估法及其应用［J］. 统计研究，2007（8）：17-21.

［22］刘洪，黄燕. 基于经典计量模型的统计数据质量评估方法［J］. 统计研究，2009（3）：91-96.

［23］刘洪，金林. 基于半参数模型的中国 GDP 数据准确性评估［J］. 统计研究，2012（10）：99-104.

［24］刘华军，杜广杰. 中国经济发展的地区差距与随机收敛检验——基于 2000～2013 年 DMSP/OLS 夜间灯光数据［J］. 数量经济技术经济研究，2017（10）：43-59.

［25］刘建翠，郑世林，汪亚楠．中国研发（R&D）资本存量估计：1978—2012［J］．经济与管理研究，2015（2）：18-25．

［26］刘玮，刘迅．我国GDP"两级"核算差异分析及对策研究［J］．湖北经济学院学报，2008（3）：74-78．

［27］刘小二，谢月华．中国分省GDP数据诊断分析［J］．山西财经大学学报，2009（2）：28-33．

［28］卢二坡，黄炳艺．基于稳健MM估计的统计数据质量评估方法［J］．统计研究，2010（12）：16-22．

［29］卢二坡，张焕明．基于稳健主成分回归的统计数据可靠性评估方法［J］．统计研究，2011（8）：21-27．

［30］卢盛锋，陈思霞，杨子涵．"官出数字"：官员晋升激励下的GDP失真［J］．中国工业经济，2017（7）：118-136．

［31］卢依吉·法布里斯，徐志全，戴宏国．中国农业普查事后质量抽查［J］．统计研究，2002（8）：50-55．

［32］吕秋芬．地区GDP核算及数据衔接问题研究［D］．沈阳：辽宁大学博士学位论文，2009．

［33］孟连，王小鲁．对中国经济增长统计数据可信度的估计［J］．经济研究，2000（10）：3-14．

［34］潘振文，安玉理．一万亿的差距从何而来——对国家级、省级核算数据差距的思考［J］．中国统计，2003（11）：8-9．

［35］阙里，钟笑寒．中国地区GDP增长统计的真实性检验［J］．数量经济技术经济研究，2005（4）：3-12．

［36］Rawski T. G. 近年来中国GDP增长核算：目前的状态［J］．经济学（季刊），2002，2（1）：53-62．

［37］任若恩．中国GDP统计水分有多大——评两个估计中国GDP数据研究的若干方法问题［J］．经济学（季刊），2002，2（1）：37-52．

［38］伞峰．GDP数据修订对我国部分经济指标的影响［J］．中国金融，2006（6）：24-27．

［39］单豪杰．中国资本存量K的再估算：1952~2006年［J］．数量经济技

术经济研究，2008（10）：17-31.

[40] 沈利生，王火根．GDP 数据修订对平减指数的影响 [J]．数量经济技术经济研究，2008（5）：155-160.

[41] Shiau A．中国政府高估了经济增长吗？[C]//岳希明，张曙光，许宪春．中国经济增长速度：研究与争论．北京：中信出版社，2005.

[42]"SNA 的修订与中国国民经济核算体系改革"课题组．SNA 的修订及对中国国民经济核算体系改革的启示 [J]．统计研究，2012（6）：3-9.

[43]"SNA 的修订与中国国民经济核算体系改革"课题组．SNA 的修订对 GDP 核算的影响研究 [J]．统计研究，2012（10）：3-5.

[44] 孙琳琳，任若恩．中国资本投入和全要素生产率的估算 [J]．世界经济，2005（12）：3-13.

[45] 孙秋碧，楼海淼．GDP 核算方法的比较与选择——数据误差引起的思考 [J]．统计与信息论坛，2006（1）：5-8.

[46] 孙晓华，王昀，郑辉．R&D 溢出对中国制造业全要素生产率的影响 [J]．南开经济研究，2012（5）：18-35.

[47] 孙艳，贡颖．中国季度 GDP 初步数据优良性检验 [J]．统计研究，2013（11）：20-24.

[48] 孙早，刘李华．中国工业全要素生产率与结构演变：1990~2003 年 [J]．数量经济技术经济研究，2016（10）：57-75.

[49] 王华．统计数据生成过程中博弈的分析 [J]．中国软科学，2008（2）：40-47.

[50] 王华．中国 GDP 核算误差的估算框架 [J]．厦门大学学报（哲学社会科学版），2017（5）：111-122.

[51] 王华．中国 GDP 数据修订与资本存量估算：1952—2015 [J]．经济科学，2017（12）：16-30.

[52] 王华．中国 GDP 数据修订与全要素生产率测算：1952—2015 [J]．经济学动态，2018（8）：39-53.

[53] 王华，郭红丽．统计数据项目、发布渠道与用户质量感知 [J]．统计研究，2011（12）：29-35.

［54］王华，金勇进．统计数据准确性评估：方法分类及适用性分析［J］．统计研究，2009（1）：32-39．

［55］王华，金勇进．统计数据质量评估：误差效应分析与用户满意度测评［M］．北京：中国统计出版社，2010．

［56］王华，金勇进．统计数据质量与用户满意度：测评量表设计与实证研究［J］．统计研究，2010（7）：9-17．

［57］王小鲁．中国经济增长的可持续性与制度变革［C］//王小鲁，樊纲．中国经济增长的可持续性——跨世纪的回顾与展望．北京：经济科学出版社，2000．

［58］王英伟，成邦文．我国研究与发展对全要素生产率影响的定量分析［J］．科技管理研究，2005（6）：39-42．

［59］王志平．我国地方 GDP 之和与中央公布 GDP 差异的实证分析［J］．上海行政学院学报，2004（5）：86-94．

［60］魏和清．SNA2008 关于 R&D 核算变革带来的影响及面临的问题［J］．统计研究，2012（11）：21-25．

［61］吴延兵．R&D 存量、知识函数与生产效率［J］．经济学（季刊），2006，5（4）：1129-1156．

［62］向书坚，柴士改．地区与国家 GDP 核算问题数据衔接方法比较研究［J］．统计研究，2011（12）：14-21．

［63］徐蔼婷．未被观测经济估算方法与应用研究［M］．北京：中国统计出版社，2009．

［64］徐康宁，陈丰龙，刘修岩．中国经济增长的真实性：基于全球夜间灯光数据的检验［J］．经济研究，2015（9）：17-29．

［65］许宪春．世界银行对中国官方 GDP 数据的调整和重新认可［J］．经济研究，1999（6）：52-58．

［66］许宪春．中国国内生产总值核算中存在的若干问题研究［J］．经济研究，2000（2）：10-16．

［67］许宪春．我国 GDP 核算与现行 SNA 的 GDP 核算之间的若干差异［J］．经济研究，2001（11）：63-68．

［68］许宪春．中国国内生产总值核算［J］．经济学（季刊），2002，2（1）：23-36．

［69］许宪春．西方经济学与1993年SNA中关于GDP概念的比较［J］．宏观经济研究，2003（5）：21-24．

［70］许宪春．中外经济学家对中国经济增长率的评论［J］．财贸经济，2003（2）：76-79．

［71］许宪春．近几年我国GDP核算改革的回顾和进一步改革的若干思考［J］．统计研究，2006（1）：16-21．

［72］许宪春．中国两次GDP历史数据修订的比较［J］．经济科学，2006（3）：5-9．

［73］许宪春．GDP数据修订对若干问题的影响［J］．中国统计，2006（9/10）：4-7．

［74］许宪春．正确看待我国GDP增长数据［EB/OL］．［2016-01-21］．http：//www．stats．gov．cn/tjsj/sjjd/201601/t2016 0121_ 1307412．html．

［75］许永洪，洪昕，陈建伟．与能源消耗等指标发生偏离的GDP是否可信［J］．统计研究，2017（5）：17-27．

［76］杨冠琼．中国经济增长数据可信度检验研究：理论、模型与实证检验［M］．北京：经济管理出版社，2006．

［77］杨林涛，韩兆洲，王昭颖．多视角下R&D资本化测算方法比较与应用［J］．数量经济技术经济研究，2015（12）：90-106．

［78］杨立勋，陈宇晟．地区与国家GDP核算总量数据衔接方法探讨［J］．统计与决策，2014（12）：66-68．

［79］余芳东．对世界银行按美元计价的中国GDP数据分析［J］．管理世界，2004（1）：24-26，153．

［80］余泳泽．中国省际全要素生产率动态空间收敛性研究［J］．世界经济，2015（10）：30-55．

［81］岳希明．我国现行劳动统计的问题［J］．经济研究，2005（3）：46-56．

［82］岳希明，张曙光．我国服务业增加值的核算问题［J］．经济研究，

2002（12）：51-59．

［83］岳希明，张曙光，许宪春．中国经济增长速度：研究与争论［M］．北京：中信出版社，2005．

［84］曾五一，薛梅林．GDP 国家数据与地区数据的可衔接性研究［J］．厦门大学学报（哲学社会科学版），2014（2）：110-119．

［85］张健华，王鹏．中国全要素生产率：基于分省份资本折旧率的再估计［J］．管理世界，2012（10）：18-30．

［86］张建伟，苗长虹，姜海宁．中国 GDP 偏离度的空间计量经济分析［J］．地理科学，2015（5）：515-520．

［87］张俊．高铁建设与县域经济发展——基于卫星灯光数据的研究［J］．经济学（季刊），2017，16（4）：1533-1562．

［88］张军，施少华．中国经济全要素生产率变动：1952—1998［J］．世界经济文汇，2003（2）：17-24．

［89］张军，吴桂英，张吉鹏．中国省际物质资本存量估算：1952—2000［J］．经济研究，2004（10）：35-44．

［90］张军，章元．对中国资本存量 K 的再估计［J］．经济研究，2003（7）：35-43．

［91］张伦俊，丁雯．经济数据修订对税收与经济关系的影响［J］．统计研究，2006（7）：22-27．

［92］张新，蒋殿春．中国经济的增长——GDP 数据的可信度以及增长的微观基础［J］．经济学（季刊），2002，2（1）：1-22．

［93］章祥荪，贵斌威．中国全要素生产率分析：Malmquist 指数法评述与应用［J］．数量经济技术经济研究，2008（6）：111-122．

［94］赵志耘，杨朝峰．中国全要素生产率的测算与解释：1979—2009 年［J］．财经问题研究，2011（9）：3-12．

［95］郑挺国，郭辉铭．GDP 数据修正对经济周期测定的影响［J］．统计研究，2011（8）：14-20．

［96］郑学工，董森．不变价服务业增加值核算方法研究［J］．统计研究，2012（11）：14-20．

［97］郑玉歆．全要素生产率的测度及经济增长方式的"阶段性"规律［J］．经济研究，1999（5）：55-60．

［98］周国富，连飞．中国地区 GDP 数据质量评估——基于空间面板数据模型的经验分析［J］．山西财经大学学报，2010（8）：17-23．

［99］周建．宏观经济统计数据诊断：理论、方法及其应用［M］．北京：清华大学出版社，2005．

［100］周黎安．中国地方官员的晋升锦标赛模式研究［J］．经济研究，2007（7）：36-50．

［101］朱天，张军．中国的消费率被低估了多少？［J］．经济学报，2014，1（2）：42-67．

［102］朱天，张军，刘芳．中国的投资数据有多准确？［J］．经济学（季刊），2017，16（3）：1199-1218．

［103］Adams F. G., Chen Y. Skepticism about Chinese GDP Growth -The Chinese GDP Elasticity of Energy Consumption［J］. Journal of Economic and Social Measurement, 1996（22）：231-240．

［104］Barro R. J., Sala－i－Martin X. Economic Growth（Second Edition）［M］. Cambridge：MIT Press, 2004.

［105］CCNM. National Accounts for China：Sources and Methods［R］. Paris：OECD, 2000.

［106］Chern W. S., James W. E. Measurement of Energy Productivity in Asian Countries［J］. Energy Policy, 1988, 16（5）：494-505.

［107］Chow G. C. Capital Formation and Economic Growth in China［J］. Quarterly Journal of Economics, 1993, 108（3）：809-842.

［108］Chow G. C., Lin A. L. Accounting for Economic Growth in Taiwan and Mainland China：A Comparative Analysis［J］. Journal of Comparative Economics, 2002, 30（3）：507-530.

［109］Crafts N. Regional GDP in Britain, 1871－1911：Some Estimates［J］. Scottish Journal of Political Economy, 2005, 52（1）：54-64.

［110］Elvidge C. D., Cinzano P., Pettit D. R., et al. The Nightsat Mission Concept [J] . International Journal of Remote Sensing, 2007, 28 (12): 2645-2670.

[111] Enflo K. , Henning M. , Schön L. Swedish Regional GDP 1855-2000: Estimations and General Trends in the Swedish Regional System [C] //Hanes C. , Wolcott S. Research in Economic History. Bingley: Emerald Group Publishing Limited, 2014 (30): 47-89.

[112] Felice E. Reginal Value Added in Italy, 1891-2001, and the Foundation of a Long-term Picture [J] . Economic History Review, 2011, 64 (3): 929-950.

[113] Fernald J. , Malkin I. , Spiegel M. On the Reliability of Chinese Output Figures [R] . San Francisco: Federal Reserve Bank of San Francisco, 2013.

[114] Geary F. , Stark T. Examining Ireland's Post-Famine Economic Growth Performance [J] . Economic Journal, 2002, 112 (482): 919-935.

[115] Geary F. , Stark T. Regional GDP in the UK, 1861-1911: New Estimates [J] . Economic History Review, 2015, 68 (1): 123-144.

[116] Gerschenkron A. A Dollar Index of Soviet Machinery Output, 1927-28 to 1937 [R] . Santa Monica CA: Rand Corporation, 1951.

[117] Goldsmith R. W. A Perpetual Inventory of National Wealth [J] . NBER Studies in Income and Wealth, 1951 (14): 5-61.

[118] Griliches Z. R&D and the Productivity Slowdown [J] . American Economic Review, 1980, 70 (2): 343-348.

[119] Griliches Z. , Lichtenberg F. R. R&D and Productivity Growth at the Industry Level: Is There still a Relationships? [C] // Griliches Z. R&D, Patents and Productivity, Chicago: University of Chicago Press, 1984.

[120] Hall B. H. , Mairesse J. Exploring the Relationship between R&D and Productivity in French Manufacturing Firms [J] . Journal of Econometrics, 1995, 65 (1): 263-293.

[121] Henning M. , Enflo K. , Andersson F. N. G. Trends and Cycles in Regional Economic Growth: How Spatial Differences Shaped the Swedish Growth Experience from 1860-2009 [J] . Explorations in Economic History, 2011, 48 (4): 538-555.

[122] Holz C. A. Deconstructing China's GDP Statistics [J] . China Economic

Review, 2004, 15 (2): 164-202.

[123] Holz C. A. China's Reform Period Economic Growth: How Reliable are Angus Maddison's Estimates? [J] . Review of Income and Wealth, 2006, 52 (1): 85-119.

[124] Holz C. A. China's Reform Period Economic Growth: How Reliable are Angus Maddison's Estimates? Response to Angus Maddison's Reply [J] . Review of Income and Wealth, 2006, 52 (3): 471-475.

[125] Holz C. A. New Capital Estimates for China [J] . China Economic Review, 2006, 17 (2): 142-185.

[126] Holz C. A. The Quality of China's GDP Statistics [J] . China Economic Review, 2014, 30: 309-338.

[127] Holz C. A. , Lin Y. Pitfalls of China's Industrial Statistics: Inconsistencies and Specification Problems [J] . The China Review, 2001, 1 (1): 29-71.

[128] Jorgenson D. W. , Griliches Z. The Explanation of Productivity Change [J] . Review of Economic Studies, 1967, 34 (3): 249-283.

[129] Keidel A. China: GNP per Capita [R] . Washington: World Bank, 1994.

[130] Keidel A. China's GDP Expenditure Accounts [J] . China Economic Review, 2001, 12 (4): 355-367.

[131] Klein L. R. , Ozmucur S. The Estimation of China's Economic Growth Rate [J] . Journal of Economic and Social Measurement, 2003, 28 (4): 277-285.

[132] Koch-Weser I. N. The Reliability of China's Economic Data: An Analysis of National Output [R] . U. S. -China Economic and Security Review Commission Research Project, 2013.

[133] Lardy N. A Brighter Future: China Will Keep on Growing [N] . Asian Wall Street Journal, 14 June, 2002: A11.

[134] Liu F. , Zhang J. , Zhu T. How Much can We Trust China's Investment Statistics? [J] . Journal of Chinese Economic and Business Studies, 2016, 14 (3): 215-228.

[135] Ma B. , Song G. , Zhang L. , Sonnenfeld D. A. Explaining Sectoral Dis-

crepancies between National and Provincial Statistics in China [J]. China Economic Review, 2014, 30: 353-369.

[136] Maddison A. Chinese Economic Performance in the Long Run [R]. Paris: OECD Development Centre, 1998.

[137] Maddison A. Do Official Statistics Exaggerate China's GDP Growth? A Reply to Carsten Holz [J]. Review of Income and Wealth, 2006, 52 (1): 121-126.

[138] Maddison A., Wu H. X. Measuring China's Economic Performance [J]. World Economics, 2008, 9 (2): 13-44.

[139] Martínez-Galarraga J. New Estimates of Regional GDP in Spain, 1860-1930 [R]. Working Papers in Economics, 2007.

[140] Mehrotra A., Pääkkönen J. Comparing China's GDP Statistics with Coincident Indicators [J]. Journal of Comparative Economics, 2011, 39 (3): 406-411.

[141] Movshuk O. The Reliability of China's Growth Figures: A Survey of Recent Statistical Controversies [J]. Journal of Econometric Study of Northeast Asia, 2002, 4 (1): 31-45.

[142] OECD. Quality Framework and Guidelines for OECD Statistical Activities [EB/OL]. [2003-01-23]. http://www.oecd.org/dataoecd/26/42/21688835.pdf.

[143] Plekhanov D. Quality of China's Official Statistics: A Brief Review of Academic Perspective [J]. The Copenhagen Journal of Asian Studies, 2017, 35 (1): 76-101.

[144] Rawski T. G. How Fast has the Chinese Industry Grown? [R]. Washington D. C.: Policy Research Department, World Bank, 1993.

[145] Rawski T. G. What is Happening to China's GDP Statistics? [J]. China Economic Review, 2001, 12 (4): 347-354.

[146] Ren R. China's Economic Performance in An International Perspective [R]. Paris: OECD Development Centre, 1997.

[147] Sinclair T. M. Characteristics and Implications of Chinese Macroeconomic Data Revisions [J]. International Journal of Forecasting, 2019, 35 (3): 1108-1117.

[148] Solow R. M. Technical Change and the Aggregate Production Function

[J]. Review of Economics and Statistics, 1957, 39 (3): 312-320.

[149] Szirmai A., Ren R., Bai M. Chinese Manufacturing Performance in Comparative Perspective, 1980-2002 [R]. Yale University Economic Growth Center Discussion Paper, 2005.

[150] Woo W. T. Chinese Economic Growth: Sources and Prospects [C] //Fouquin M., Lenoine F. The Chinese Economy. Paris: Economica Ltd., 1998.

[151] Wu H. X. Reconstruction Chinese GDP According to the National Accounts Concept of Value Added: The Industrial Sector [R]. Brisbane: Centre for the Study of Australia-Asian Relations, 1997.

[152] Wu H. X. China's GDP Level and Growth Performance: Alternative Estimates and the Implications [J]. Review of Income and Wealth, 2000, 46 (4): 475-499.

[153] Wu H. X. How Fast has Chinese Industry Grown? Measuring the Real Output of Chinese Industry, 1949-1997 [J]. Review of Income and Wealth, 2002, 48 (2): 179-204.

[154] Wu H. X. How Fast has Chinese Industry Grown? —The Upward Bias Hypothesis Revisited [J]. China Economic Journal, 2013, 6 (2-3): 80-102.

[155] Wu Y. Has Productivity Contributed to China's Growth? [J]. Pacific Economic Review, 2003, 8 (1): 15-30.

[156] Wu Y. The Role of Productivity in China's Growth: New Estimates [J]. Journal of Chinese Economic and Business Studies, 2008, 6 (2): 141-156.

[157] Xu X. Study on Some Problems in Estimating China's Gross Domestic Product [J]. Review of Income and Wealth, 2002, 48 (2): 205-216.

[158] Xu X. The Establishment, Reform, and Development of China's System of National Accounts [J]. Review of Income and Wealth, 2009, 55 (S1): 442-465.

[159] Young A. Gold into Base Metals: Productivity Growth in the People's Republic of China During the Reform Period [R]. Cambridge: NBER, 2000.

[160] Young A. Gold into Base Metals: Productivity Growth in the People's Re-

public of China During the Reform Period ［J］. Journal of Political Economy, 2003, 111（6）: 1220-1261.

［161］Zhang J., Zhu T. Debunking the Myth about China's Low Consumption ［J］. China Economic Journal, 2013, 6（2-3）: 103-112.